STARK

2025

Abitur
Original-Prüfungsaufgaben
mit Lösungen

Hessen

Deutsch LK

© 2024 STARK Verlag GmbH, St.-Martin-Straße 82, 81541 München
19. neu bearbeitete und ergänzte Auflage
www.stark-verlag.de

Das Werk und alle seine Bestandteile sind urheberrechtlich geschützt. Jede vollständige oder teilweise Vervielfältigung, Verbreitung und Veröffentlichung bedarf der ausdrücklichen Genehmigung des Verlages. Dies gilt insbesondere für Vervielfältigungen, Mikroverfilmungen sowie die Speicherung und Verarbeitung in elektronischen Systemen.

Inhaltsverzeichnis

Vorwort

Hinweise und Tipps zur schriftlichen Abiturprüfung

1	Grundlagen	I
2	Prüfungsinhalte	I
3	Aufgabenarten	VI
4	Anforderungsbereiche und Operatoren	XII
5	Praktische Tipps	XVI
6	Zum Gebrauch der Lösungshinweise	XVII

Hinweise und Tipps zur mündlichen Abiturprüfung

1	Allgemeines	XVIII
2	Tipps zur Vorbereitung und zur mündlichen Prüfung selbst	XIX

Übungsaufgaben zum schriftlichen Abitur (Leistungskurs)

Übungsaufgabe 1: Texterörterung
Geschichte und Mythos
Julia Schöll: *Settings. Der Garten als historiografisches Palimpsest in der Gegenwartsliteratur*
(mit Bezug zu Erpenbeck: *Heimsuchung*) 1

Übungsaufgabe 2: Textinterpretation
Mensch und Kunstfigur
Ovid: *Pygmalion*
E.T.A. Hoffmann: *Der Sandmann* 11

Übungsaufgabe 3: Textinterpretation
Leben und Erlebnis um 1900
Rainer Maria Rilke: *Das Ereignis* 23

Übungsaufgabe 4: Texterörterung
Das Ende des generischen Maskulinums?
Navid Kermani: *Mann, Frau, völlig egal* 39

Übungsaufgabe 5: Materialgestütztes Verfassen argumentierender Texte
Hass und soziale Medien
Argumentierender Beitrag zu Hate Speech 51

Abiturprüfungsaufgaben 2021 (Auswahl)

Aufgabe A: *„Daß du nur nichts vergißt ..."*
Peter Kurzeck: *Kein Frühling* 2021-1

Aufgabe D: *Gender und Sprache*
„Sollen in Deutschland alle Schulen eine genderneutrale Sprache verwenden?" (Kommentar) 2021-13

Abiturprüfungsaufgaben 2022 (Auswahl)

Aufgabe A: *Literatur und Politik*
„Sollen Schriftstellerinnen und Schriftsteller in ihren literarischen Texten politisches Engagement zeigen?" (Essay) 2022-1

Aufgabe C: *Machtausübung durch Sprache*
Angela Lehner: *Vater unser*
(mit Bezug zu Goethe: *Faust* / Büchner: *Woyzeck*) 2022-14

Aufgabe D: *Städte*
Georg Trakl: *Vorstadt im Föhn* /
Hugo von Hofmannsthal: *Siehst du die Stadt?* 2022-28

Abiturprüfungsaufgaben 2023

Aufgabe A: *Nächtliche Sehnsucht*
Max Herrmann-Neiße: *Verlornes Meer* /
Joseph von Eichendorff: *Der Einsiedler* 2023-1

Aufgabe B: *Formen der Verführung*
Wolfgang Koeppen: *Tauben im Gras*
(mit Bezug zu Mann: *Mario und der Zauberer*) 2023-12

Aufgabe C: *Aufruf zum Umsturz?*
David G. Richards: *Georg Büchners „Woyzeck"*
(mit Bezug zu Büchner: *Woyzeck*) 2023-23

Aufgabe D: *Politische Rhetorik*
„Politische Rhetorik – nur Mittel zur Manipulation?" (Kommentar) 2023-33

Abiturprüfungsaufgaben 2024

Aufgaben .... www.stark-verlag.de/mystark
Sobald die Original-Prüfungsaufgaben 2024 freigegeben sind, können Sie sie als PDF auf der Plattform MySTARK herunterladen (Zugangscode vgl. Innenseite des Umschlags).

Autorinnen und Autoren
Susanne Battenberg: 2021/D, 2022/A, Übungsaufgabe 1; Regina Esser-Palm: Übungsaufgabe 5; Stefan Ganghofer: Übungsaufgabe 4; Dr. Dorothea Hennig: Abiturlösung 2023/C; Andrea Klein: Vorspann; Dr. Monika Lindinger: Übungsaufgabe 3, Abiturlösung 2022/D; Dr. Stefan Metzger: Abiturlösung 2023/D; Gisela Wand: Vorspann, Übungsaufgabe 2, Abiturlösungen 2021/A, 2022/ C, 2023/A und B

Vorwort

Liebe Abiturientinnen und Abiturienten,

im Frühjahr **2025** werden Sie das **Landesabitur im Leistungskurs Deutsch** ablegen. Der vorliegende Band hilft Ihnen bei der gezielten Vorbereitung auf die Prüfung.

Das einführende Kapitel „**Hinweise und Tipps**" ...
- informiert Sie über die offiziellen Vorgaben und macht Sie mit den zur Wahl gestellten Aufgabenarten vertraut.
- liefert praktische Tipps, wie Sie bei der Bearbeitung der Aufgaben am besten vorgehen, und enthält eine Liste mit gängigen Operatoren.

Der anschließende **Trainingsteil** ...
- bietet Ihnen **Übungsaufgaben** im Stil der Prüfung.
- enthält eine Auswahl der vom hessischen Kultusministerium gestellten **originalen Prüfungsaufgaben** aus den **Jahren 2021 bis 2023**, die Ihnen zeigen, was im Abitur auf Sie zukommt.
- führt Ihnen anhand von **ausformulierten Lösungen** unserer Autorinnen und Autoren vor Augen, wie ein mustergültiger Aufsatz geschrieben sein könnte.

Lernen Sie gerne am PC, Tablet oder Smartphone? Auf der **Plattform MySTARK** haben Sie Zugriff auf:
- aktuelle **Original-Prüfungsaufgaben 2024** mit Lösungsvorschlägen
- ein **interaktives Grundlagentraining** zur Analyse von literarischen und pragmatischen Texten
- **Erklärvideos** zur Veranschaulichung der Textanalyse

Sollten nach Erscheinen dieses Bandes noch wichtige Änderungen in der Abiturprüfung 2025 vom Kultusministerium bekannt gegeben werden, finden Sie aktuelle Informationen dazu im Internet unter: *www.stark-verlag.de/mystark*

Wir wünschen Ihnen eine effektive Abiturvorbereitung und eine erfolgreiche Prüfung!

Die Autorinnen und Autoren sowie der Verlag

Hinweise zu den digitalen Zusätzen

Auf alle digitalen Zusätze können Sie online über die Plattform **MySTARK** zugreifen. Ihren persönlichen Zugangscode finden Sie auf der Umschlaginnenseite.

PDF der Original-Prüfungsaufgaben 2024

Sobald die Original-Prüfungsaufgaben 2024 freigegeben sind, können Sie sie als PDF auf der Plattform MySTARK herunterladen.

Erklärvideos

Mehr Sicherheit im Umgang mit Texten: **Erklärvideos** veranschaulichen, auf welche Aspekte bei der Erschließung litererarischer und pragmatischer Texte zu achten ist.

Folgende Erklärvideos sind enthalten:
- Epische Texte analysieren
- Lyrische Texte analysieren
- Sachtexte analysieren

Interaktives Grundlagentraining

Das Online-Training **stärkt Ihre Kompetenzen** im Umgang mit verschiedenartigen Texten. Alle Aufgaben können direkt am PC oder Tablet bearbeitet werden. Sie erhalten dann sofort eine Rückmeldung zu Ihren Antworten.

Unter anderem werden diese Fertigkeiten durch kleinschrittige und abwechslungsreiche Aufgaben trainiert:
- Inhalt und Struktur von Texten herausarbeiten (Sachtexte, literarische Texte)
- sprachlich-stilistische Gestaltungsmittel bzw. die Leserlenkung untersuchen
- Figuren charakterisieren
- Motive und Themen analysieren
- Deutungsansätze entwickeln

HINWEISE UND TIPPS

Hinweise und Tipps zur schriftlichen Abiturprüfung

1 Grundlagen

1.1 Vorgaben für das Hessische Landesabitur 2025
Die schriftlichen Prüfungsaufgaben richten sich in Format und Inhalt nach:
- der Oberstufen- und Abiturverordnung (OAVO) in der derzeit geltenden Fassung,
- den bundesweit verbindlichen *Bildungsstandards im Fach Deutsch für die Allgemeine Hochschulreife*,
- dem hessischen Kerncurriculum Deutsch
- und dem jeweils aktualisierten Erlass des Hessischen Kultusministeriums zum Landesabitur.

1.2 Zeitrahmen und Hilfsmittel
In der Abiturprüfung im Fach Deutsch werden Ihnen vier unterschiedliche Aufgaben vorgelegt, von denen Sie eine auswählen müssen. Für die Bearbeitung des Themas stehen dem Leistungskurs 315 Minuten (inklusive Einlese- und Auswahlzeit) zur Verfügung. Als Hilfsmittel sind ein Wörterbuch der deutschen Rechtschreibung sowie Textausgaben der Pflichtlektüren (Originaltext ohne Kommentar, ggf. mit Worterläuterungen) zugelassen. Zudem liegt eine Liste mit den gültigen Operatoren aus.

2 Prüfungsinhalte

Mit Erlass vom 7. Juni 2023 – *Hinweise zur Vorbereitung auf die schriftlichen Abiturprüfungen im Landesabitur 2025* – wurde eine Leseliste für den Kompetenzbereich „Sich mit Texten und Medien auseinandersetzen" festgelegt, die für die Abiturprüfung die inhaltliche Grundlage bildet. Mit den darin genannten Werken sollten Sie sich daher im Verlauf der Qualifikationsphase (Q 1–Q 3) und während der Vorbereitung auf das schriftliche Abitur gründlich auseinandersetzen.

2.1 Die Prüfungsinhalte im Überblick

Mindestens eine Prüfungsaufgabe wird sich auf eines oder mehrere der folgenden **literarischen Themen** beziehen:
- Lyrik der Romantik (Q1)
- E.T.A. Hoffmann: *Der Sandmann* (Q1)
- Jenny Erpenbeck: *Heimsuchung* (Q2)
- Georg Büchner: *Woyzeck* (Q2)
- Johann Wolfgang von Goethe: *Faust I* (Q3)
- Texte des Epochenumbruchs 19./20. Jahrhundert (Q3)

Weitere Prüfungsaufgaben können sich auf alle im Kerncurriculum aufgeführten Themenfelder beziehen. Besonderes Gewicht haben in den Themenfeldern „**Sprache, Medien, Wirklichkeit**" und „**Sprache und Öffentlichkeit**" folgende Konkretisierungen:
- linguistisches Relativitätsprinzip (Sapir-Whorf-Hypothese) und Kritik daran (Q1)
- schriftlicher und mündlicher Sprachgebrauch politisch-gesellschaftlicher Kommunikation in unterschiedlichen Medien (Q1); politisch-gesellschaftliche Kommunikation zwischen Verständigung und Strategie (Q2); sprachliche Merkmale politisch-gesellschaftlicher Kommunikation (Q2)

Im Kompetenzbereich „Schreiben" kommt unter anderem dem Meinungsbeitrag/Kommentar und dem Vortragstext sowie dem materialgestützten Verfassen argumentierender und informierender Texte eine besondere Bedeutung zu, wobei die ungefähre Länge des zu schreibenden Textes vorgegeben wird.

2.2 Die Werke – kurz vorgestellt

Johann Wolfgang von Goethe: *Faust I* (Schauspiel, 1808, Endfassung 1832)

Mit seinen Erkenntnismöglichkeiten unzufrieden, wendet sich der Universalgelehrte Faust in Goethes Drama magischen Praktiken zu und unternimmt weitere Versuche der **Selbstüberschreitung** (Beschwörung des Erdgeistes, Suizid), die allesamt scheitern. Diese Erfolglosigkeit führt zum **Teufelspakt** mit Mephisto, der sich zu einer Wette entwickelt: Mephisto wird Fausts Seele gewinnen, wenn er ihn zu Ruhe und Stillstand verführen kann.

Faust hingegen verspricht sich von der Wette eine **Erweiterung seines Horizonts** über menschliche Dimensionen hinaus. Vorbereitet wird diese Wette durch eine andere, die Mephisto mit Gott im „Prolog im Himmel" eingeht: Deren Gegenstand ist Faust selbst und die Frage, ob Mephisto sein Ziel erreichen wird.

Sie wollen mehr über *Faust I* wissen? – Die **STARK**-Interpretationshilfe hilft Ihnen weiter! (ISBN 978-3-8490-3263-0)

Der Teufel lädt den Gelehrten zu einer Reise ein, die über die Stationen „Auerbachs Keller" und „Hexenküche" (Fausts Verjüngung) in eine Kleinstadt führt, wo Faust auf Margarete, ein Mädchen aus **kleinbürgerlichen Verhältnissen**, trifft. Mithilfe Mephistos gelingt es ihm, Margarete an sich zu binden und ihr seine **Liebe** zu beteuern.

Allerdings wirkt sich Fausts **Ungeduld** in der Rolle des jugendlichen Liebhabers, die seiner Ungeduld als Wissenschaftler gleichkommt, katastrophal aus: Er trägt zum Tod ihrer Mutter und ihres Bruders bei und vernichtet durch seine Verführungskünste, die zur Schwangerschaft Margaretes führen, deren Existenz.

Während Faust in Begleitung Mephistos nach **Ablenkung** von seinen Schuldgefühlen sucht („Walpurgisnacht"), wird Margarete aus Verzweiflung zur **Kindsmörderin**. Faust will die zum Tode Verurteilte aus dem **Kerker** befreien. Die halb wahnsinnig gewordene Margarete lässt sich jedoch auf den Fluchtplan nicht ein, nimmt alle Schuld auf sich und übergibt sich in der Hoffnung auf Gnade dem Gericht Gottes.

Im *Faust* gestaltet Goethe den Menschen, der – unzufrieden mit einer statischen Lebensweise – danach strebt, über das je Erreichte hinauszukommen. Er ist auf der Suche nach ständiger Weiterentwicklung menschlichen Wissens und menschlicher Fähigkeiten. Auch wenn er dabei – wie Gretchens Schicksal zeigt – schuldig wird, erfüllt er doch die höchste Bestimmung menschlichen Lebens.

Georg Büchner: *Woyzeck* (Drama, 1836)

Das Stück, dem ein **historischer Fall** zugrunde liegt, beleuchtet in einer Anzahl von szenischen Bildern das Leben des Soldaten Woyzeck in einer hessischen Stadt. Woyzeck, ein armer und geistig einfacher Mann, lebt mit der schönen Marie zusammen, die auch ein Kind von ihm hat. Um zusätzlich Geld für ihren Lebensunterhalt zu verdienen, stellt sich Woyzeck dem Militärarzt für medizinische Experimente zur Verfügung und lässt entwürdigende Behandlungsweisen über sich ergehen. Er wird missachtet und verspottet. Zeichen **körperlicher**, aber auch **psychischer Zerstörung** zeigen sich an ihm. Als er von dem Verhältnis seiner Geliebten Marie mit einem sozial höher gestellten Tambourmajor erfährt und ihm die Unmöglichkeit, etwas dagegen ausrichten zu können, klar wird, sieht er nur noch den Ausweg, Marie zu töten. Bei einem gemeinsamen Spaziergang ersticht er sie. Als man Blut an seiner Hand erkennt, läuft er verwirrt zu einem Teich in der Nähe des Tatorts und wirft das Tatwerkzeug hinein. Da Büchner das Drama nicht mehr fertigstellen konnte, bleibt das **Ende offen**.

Sie wollen mehr über *Woyzeck* wissen? – Die **STARK-Interpretationshilfe** hilft Ihnen weiter! (ISBN 8490-3233-3)

Mit Woyzeck zeigt Büchner ein Bild des **zur Kreatur entwürdigten Menschen**, der aufgrund seiner sozialen Lebensbedingungen keine Möglichkeiten zu einem freien, selbstverantworteten Handeln hat. Seine **macht- und rechtlose Stellung** in der gesellschaftlichen Hierarchie erlaubt es ihm nicht, sich zu wehren; sein Handeln richtet sich daher ersatzweise gegen Marie, die eine ähnliche gesellschaftliche Position hat wie er – aber er trifft damit nur sich selbst, denn er zerstört so ja nur das Einzige, was ihm in seinem Leben von Bedeutung gewesen ist.

Deutlich wird hier Büchners Eigenart der dramatischen Darstellungsweise sichtbar: Es liegt **keine durchgängige Handlung** vor, sondern allmählich setzt sich aus den unterschiedlichen Gesprächssituationen auf der Bühne mosaiksteinartig ein Gesamtbild Woyzecks zusammen.

E.T.A. Hoffmann: *Der Sandmann* (Erzählung, 1816)

Das *Nachtstück* stellt die **Entstehung**, nicht Analyse **des Wahnsinns** des Protagonisten Nathanael dar. Der Student leidet unter einem **traumatischen Kindheitserlebnis:** Als er seinen Vater und den **Advokaten Coppelius** bei einem alchimistischen Experiment beobachtet hat, ist er von Coppelius entdeckt und misshandelt worden. Den unheimlichen Advokaten hielt das Kind für den „**Sandmann**", der nach Erzählungen der Kinderfrau den Kindern Sand in die Augen streut, damit diese aus dem Kopf herausspringen. In dem **Wetterglashändler Coppola** glaubt der junge Mann Nathanael nun jene Schreckgestalt aus Kindertagen, Coppelius, wiederzuerkennen, was seine **vernünftige Verlobte Clara** als Projektion seiner Ängste zu erklären versucht. Nathanael fühlt sich mit seinen düsteren Ahnungen missverstanden; die beiden Liebenden entfremden sich immer mehr. Ein **Perspektiv**, das Nathanael Coppola abkauft, **beeinflusst seine Wahrnehmung:** Durch dieses Fernrohr beobachtet er **Olimpia**, die Tochter seines Physik-Professors, und verliebt sich in sie. Ihr wortkarges, steifes Wesen stört ihn nicht. Just an dem Tag, an dem Nathanael der Geliebten einen Heiratsantrag machen will, überrascht er den Professor und Coppola bei der Zerstörung Olimpias – sie ist ein **Automat**, die beiden Männer streiten sich um ihr Eigentum. Als Nathanael das wahre Wesen Olimpias erkennt, erleidet er einen **Wahnsinnsanfall**.

Sie wollen mehr über den *Sandmann* wissen? – Die **STARK-Interpretationshilfe** hilft Ihnen weiter!
(ISBN 978-3-8490-3251-7)

© Lucie Jansch

Durch Claras Pflege scheinbar genesen, erleidet Nathanael bei einem Ausflug auf den Rathausturm erneut einen **Wahnsinnsschub**. Nach einem Blick durch Coppolas Fernrohr hält er nun Clara für eine Maschine und will sie daraufhin töten. Als Nathanael auch noch Coppelius vor dem Turm stehen sieht, stürzt er sich in die Tiefe.

Die Erzählung verwischt durch **Perspektivwechsel** die Grenze zwischen Realität und Wahn und eröffnet Einblicke in **dunkle, unbewusste Seiten der Psyche**.

Jenny Erpenbeck: *Heimsuchung* (Roman, 2008)

Der doppeldeutige Titel umschließt die beiden zentralen Motive des Romans: Er erzählt von dem, was im Laufe der **deutschen Geschichte des 20. Jahrhunderts** Menschen erlitten: was sie heimsuchte. Und er erzählt von ihrer Sehnsucht nach einem festen Boden unter den Füßen, nach **Heimat** und vielleicht sogar einer Art Paradies. Mittelpunkt des Geschehens ist darum keine Person, sondern ein **Haus** – ein Sommerhaus an einem märkischen See unweit Berlins.

In den 1930er-Jahren erwirbt ein **Berliner Architekt** ein Grundstück an diesem See und erbaut dort das Haus für sich und seine zukünftige **Frau**. Ein Garten umgibt es, bepflanzt und gehegt von einem schweigsamen **Gärtner**. Er ist da, seit das Haus da ist, und

Sie wollen mehr über Erpenbecks *Heimsuchung* wissen? – Das **Lektüre***Skript* des STARK Verlags hilft Ihnen weiter! (ISBN 978-3-8490-5991-0)

ist verschwunden, als das Haus nach mehr als 60 Jahren zu verfallen beginnt. Jedem größeren Kapitel ist eine Passage vorangestellt, die vom ruhigen, immer wiederkehrenden Tun des Gärtners im Kreislauf des Jahres berichtet.

Im Gegensatz dazu sind die mit dem Haus in Beziehung stehenden Lebensgeschichten, denen jeweils eines der elf größeren Kapitel des Romans gilt, vielfach von **Verfolgung, Todesangst, Exil, Vertreibung und Entwurzelung** geprägt: Der **jüdische Nachbar** des Architekten rettet sich und seine Familie 1936 noch nach Kapstadt, verliert aber viele Familienmitglieder im Holocaust. 1945 besetzen die siegreichen Sowjets das Gebiet und ein **russischer Major** mit seiner Truppe verbringt einige Tage in dem Haus, in dem sich die **Frau des Architekten** versteckt hält. Der Architekt, der während der Nazi-Herrschaft und dann in der DDR Karriere gemacht hat, fällt dort aber in den 1950er-Jahren in Ungnade und geht in den Westen. Eine **Schriftstellerin** und ihr Mann, die aus ihrem sowjetischen Exil zurückkehren, pachten wenig später das Haus, zweifeln aber, ob Heimkehr ins „Land der Täter" überhaupt möglich sein wird. Der **Unterpächter**, den sie auf dem Grundstück mit aufnehmen, hat eine gescheiterte Republikflucht hinter sich. **Seine Frau** erfährt spät, dass sie nicht – wie sie dachte – hier geboren ist, sondern als junges Kind ohne Eltern aus dem Riesengebirge hierher geflüchtet und bei Pflegeeltern aufgewachsen ist. Die **Enkelin der Schriftstellerin**, die das Haus innig liebt, verliert nach der Wende das Haus an die Nachfahren der Frau der Architektin, denen es aus rechtlicher Sicht gehört. Schließlich wird das Haus abgerissen.

Die Erzählstruktur ist **nicht linear**, sondern unterbrochen von Rückblicken, Erinnerungen und Reflexionen. Die Kapitel sind manchmal **szenisch** gestaltet, oft **atmosphärisch dicht** und nehmen in weiten Teilen die jeweilige Perspektive der Kapitelfiguren ein. Sie sind ineinander gehakt durch wiederkehrende Code-Wörter, Leitmotive und Kurzresümees, so dass Geschicke sich auf manchmal prekäre Weise ineinander spiegeln.

3 Aufgabenarten

Die Abituraufgaben sind nach den Bildungsstandards entweder textbezogen oder materialgestützt. Das heißt im Umkehrschluss, dass es Aufgaben ohne Texte und/oder Materialien nicht geben wird. Folgende **Schreibformate** sind im hessischen Abitur möglich:

Aufgabenart	Textbezogenes Schreiben				Materialgestütztes Schreiben
	Interpretation literarischer Texte	Analyse pragmatischer Texte	Erörterung literarischer Texte	Erörterung pragmatischer Texte	Materialgestütztes Verfassen informierender und argumentierender Texte

Quelle: Bildungsstandards

Sie erkennen: Textsorte und Arbeitsschwerpunkt differieren. Da aber fast alle Abiturvorschläge aus drei aufeinander aufbauenden Teilaufgaben bestehen, finden Sie meistens die Kombination von Aufgabenarten vor. Das häufigste Muster: a. Analysieren (bzw. interpretieren) Sie. – b. Vergleichen Sie. – c. Erörtern Sie (bzw. beurteilen oder bewerten Sie, inwiefern …).
Bei allen Aufgaben ist es ratsam, Texte bzw. Materialien mehrfach zu lesen, Auffälliges zu markieren, Beobachtungen zu notieren, Fragen an sie zu stellen und sich zu überlegen, was charakteristisch und wesentlich daran ist.

3.1 Die Textinterpretation

Die Textinterpretation bezieht sich in der Regel auf literarische Texte. Sie basiert – wie alle anderen Aufgabenarten auch – auf der Textuntersuchung (Textanalyse) und strebt darüber hinaus einen Verstehensentwurf an. Zugrunde gelegt werden kann ein Textausschnitt aus einem bekannten Werk oder ein unbekannter literarischer Text, der meistens inhaltlich zusammenzufassen, zu erschließen, zu interpretieren und mit Bekanntem zu vergleichen ist. Es geht darum, den Text in seiner Besonderheit annähernd zu durchdringen und zu verstehen und dieses Verständnis sprachlich zum Ausdruck zu bringen. Sie entwickeln die Interpretation aus textimmanenten Beobachtungen heraus und werden sie je nach Sachlage mit Kenntnissen zu Gattung, Epoche, Kontext u. a. untermauern. Fast immer wird bei dieser Aufgabenart gefordert, auch auf die formale und sprachliche Gestaltung des Textes einzugehen. Beides ist wichtig, denn die Wirkung von Literatur verdankt sich ihrer besonderen Verfasstheit und kunstvollen Sprache.

3.2 Die literarische Erörterung

Die Aufgabenform der **literarischen Erörterung** bezieht sich auf die im Unterricht behandelten **Pflichtlektüren**. Hier sind **drei Varianten** denkbar:
a) Sie erhalten eine These bzw. strittige Fragestellung ohne weiteres Material.

b) Ihnen wird eine These bzw. strittige Fragestellung zusammen mit Auszügen aus der bekannten Lektüre vorgelegt.
c) Sie bekommen einen Sachtext, dessen Aussagen Sie zunächst eigenständig erschließen müssen.

In allen drei Fällen müssen Sie die **jeweilige(n) These(n) erfassen** bzw. diese bei Variante c) erst selbst aus dem Sachtext erarbeiten. Im Anschluss gilt es, diese Aussagen **in Beziehung zur behandelten Lektüre zu setzen** und sie **kritisch zu erörtern**. Untersucht werden können Fragestellungen, die den Inhalt oder die formale Gestaltung der Lektüre oder aber textexterne Faktoren betreffen, wie z. B.: Lassen sich die Thesen des Autors auf das literarische Werk übertragen? Gelten seine Ausführungen zu einer Epoche / einer Gattung auch für die Lektüre? Trifft die Einschätzung der Autorin zu Figurenzeichnung / erzählerischer Gestaltung / Dramenaufbau etc. zu?

Sie sollten bei der literarischen Erörterung unbedingt über eine **genaue Kenntnis der Pflichtlektüre** verfügen, um schlüssige Argumente zu entwickeln und anhand des Textes zu belegen. Mithilfe **der Ihnen vorliegenden Textausgabe** können Sie sich noch einmal zentrale Passagen vergegenwärtigen oder relevante Zitate ausfindig machen, die Sie in Ihren Text einbauen wollen.

3.3 Die Analyse pragmatischer Texte

Die Textanalyse bezieht sich auf pragmatische Textsorten (Sachtexte und Medien). Im Unterschied zu literarischen Texten sind sie nicht fiktional: Keine erdachte Erzählerin oder erfundene Figur, sondern reale Persönlichkeiten des öffentlichen Lebens ergreifen darin in einer bestimmten Situation und um einer bestimmten Botschaft (Intention, Wirkungsabsicht) willen das Wort. Häufig werden Ihnen journalistische Texte (Leitartikel, Reportagen, Berichte, Meinungsbeiträge/Kommentare, Kritiken, Essays), wichtige Reden oder allgemeinverständlich geschriebene Fachtexte vorgelegt. Aber auch Blogs, Graffiti, Cartoons, Wahlplakate, Statistiken etc. sind Texte. Die für das Abitur ausgewählten Sachtexte sind oft Stellungnahmen zu kultur- und gesellschaftspolitischen Fragen. Sie wollen aufklären, kritisieren, überzeugen, für eine bestimmte Sicht der Sache werben oder auch provozieren. Sie haben die Aufgabe, die Textsorte zu bestimmen, Information (Aussage) und Intention (Wirkungsabsicht und Funktion) des Textes zu klären, ihn zu situieren (Kontext- und Adressatenbezug), seine Gliederung und Struktur darzustellen und vor allem seine wesentlichen Thesen herauszuarbeiten und zu erläutern. Es kommt darauf an, das argumentative Vorgehen samt rhetorischen Mitteln und Strategien zu erkennen, zu beschreiben, zu würdigen und/oder kritisch zu hinterfragen.

3.4 Die Erörterung pragmatischer Texte

Wie bei der literarischen Erörterung müssen Sie auch bei dieser Aufgabenart – in der Regel in Teilaufgabe 1 und/oder 2 – das vorgelegte Material erschließen und darstellen, was Sie verstanden haben und wie Sie es verstanden haben. Unterdrücken Sie Verständnisfragen nicht, sondern gehen Sie offensiv, nach Erklärungen suchend, damit um. Meistens, außer bei suggestiv und subversiv arbeitenden Texten (Reden, Werbung), sind pragmatische Texte eindeutiger formuliert als metaphernreiche Literatur. Die zentrale Anforderung ist es aber, sich auch hier problembewusst abwägend und urteilend mit der aufgeworfenen Frage auseinanderzusetzen und den eigenen Standpunkt herauszuarbeiten. Maßgeblich ist, wie textbezogen und textkritisch triftig und argumentativ überzeugend Sie Ihre Position zu entwickeln wissen.

3.5 Das materialgestützte Schreiben

Das Schreibformat zielt auf einen lebensweltlichen Bezug ab. In der Berufswelt gewinnen die Berichterstattung über komplexe Sachverhalte, die Zusammenstellung von recherchierten Sachinformationen und die argumentative Entwicklung eines Lösungsansatzes zu einem Problem immer mehr an Bedeutung.

Unter dem Begriff „materialgestütztes Schreiben" verstehen die Bildungsstandards zwei Varianten: Zum einen geht es darum, „Leser über einen Sachverhalt so zu **informieren**, dass sie eine Vorstellung über seine wesentlichen Aspekte entwickeln können" (**informierendes Schreiben**). Zum anderen kann verlangt werden, „zu strittigen oder erklärungsbedürftigen Fragen, Sachverhalten und Texten **differenzierte Argumentationen** zu entwickeln" (**argumentierendes Schreiben**).

In beiden Fällen wird Ihnen einiges an **Material** an die Hand gegeben, das Sie in der Vorbereitung auf Ihr Schreibprodukt auszuwerten haben. Bei diesem Material werden Sie neben vielen Kurztexten unterschiedlichster Art (literarisch, wissenschaftlich, journalistisch) auch Bilder, Karikaturen, Tabellen, Grafiken oder Statistiken finden. Die Erkenntnisse, die Sie aus den Materialien gewinnen, sollen Sie dann mit Ihren eigenen, im Unterricht erworbenen Kenntnissen sinnvoll verbinden. Dieses Aufgabenformat verlangt von Ihnen neben Wissen aus dem Unterricht und Verständnis des Ihnen vorgelegten Materials die Fähigkeit, gut zu strukturieren und Ihren Text sorgfältig zu planen. Es gibt jeweils nur eine Teilaufgabe, deren Bearbeitung auf einen überzeugenden, sinnvoll aufgebauten Text abzielt.

Beim materialgestützten Schreiben argumentierender Texte müssen Sie informieren und erklären, aber darüber hinaus einen begründeten Standpunkt einnehmen. Sie bereiten die Informationen aus den Materialien demnach nicht nur auf und verknüpfen sie mit dem vorhandenen Wissen, sondern stoßen einen Denkprozess bei Ihrem Adressaten an, indem Sie sich auf die Aussagen und Haltungen anderer beziehen. Es kann von Ihnen verlangt werden, einen **Meinungsbeitrag/Kommentar** oder einen **Vortragstext** zu schreiben. Beide Textsorten sind sowohl diskursiv als auch unterhaltend. Sie verfolgen das konkrete Ziel, Ihren Leser zu überzeugen, indem Sie individuell, elegant und pointiert schreiben. Der **Aufgabenstellung** müssen Sie ein hohes Maß an Aufmerksamkeit widmen, da in ihr deutlich wird, wie und in welchem Umfang die Materialien zu nutzen sind, welche Vorkenntnisse Sie einzubringen haben, welche Art von Leserschaft bzw. Zuhörerschaft Sie adressieren und welches Schreibziel Sie verfolgen sollen.

3.6 Tipps zur Arbeit mit Texten

Jeder gelungene Deutschaufsatz entsteht aus einem Zusammenspiel von genauem Eingehen auf die Aufgabenstellung und individuellem Zugang, also der Fähigkeit, den Text „zum Sprechen" zu bringen. Für die Prüfungssituation ist es nützlich, über ein **Repertoire an Fragen** zu verfügen, mit denen man sich Texte erschließt.

Interpretation einer dramatischen Szene

Hier sollte man – sofern die Aufgabenstellung nicht ausdrücklich einen spezifisch anderen Untersuchungsaspekt vorgibt – nach Kommunikationssituation, Redeanteilen und Redeweise fragen, da die Protagonisten durch ihr Reden und Schweigen erkennbar werden. Weitere Fragen, die bei der Erschließung der Szene helfen können, sind:

- Welche Spannung liegt in der Szene? Wie spitzt sich die Auseinandersetzung zu? Wo ist eventuell ein Höhe- und Wendepunkt?
- Mit welchen Absichten und Zielen betreten die Figuren die Szene und was wird aus diesen, wenn die Figuren wieder von der Bühne abgehen?
- Welche Rolle spielen der Schauplatz und eventuell ein Requisit oder ein Gang oder eine Geste?
- Was tragen die Regieanmerkungen zum Verständnis bei?
- Was bleibt hinter dem gesprochenen Wort unausgesprochen und ist mitzudenken und lässt uns ahnen, wie es in der Figur wirklich aussieht und was sie vielleicht plant?
- Über die Textimmanenz hinaus ist von entscheidender Bedeutung, welchen Platz die Szene im Handlungszusammenhang hat und welche Funktion ihr zukommt. (Was wäre, wenn sie gestrichen würde?)

Gedichtinterpretation

Gedichte brauchen Zeit. Deshalb sollte man in der ersten halben Stunde einer Gedichtinterpretation noch nicht schreiben, sondern erst einmal hinhören und in sich aufnehmen, wie das Gedicht klingt und wirkt, um sich dann am Text entlang zu überlegen, wodurch diese Wirkung zustande kommt. Man sollte zum Beispiel nicht mechanisch das Metrum bestimmen, wenn man nicht weiß, was es ausdrückt und bewirkt. Nützliche Fragen sind:

- Aus welcher Perspektive und von welchem Standort aus wird im Gedicht gesprochen?
- Da auch in Gedichten etwas passiert: Was entwickelt sich vom ersten bis zum letzten Vers?
- Welche Versgruppen gehören zusammen?
- Wie ist ein Motiv durchgeführt und inwieweit wandelt es sich? Welche Bilder und Metaphern fallen auf?
- Was ist mit dem Ich, das explizit oder implizit sich und seine Sicht der Welt zum Ausdruck bringt? Wie spricht es? Welche Sprache wählt es? Wann, wo und wie tritt das lyrische Ich in Erscheinung? Versteckt es sich?
- Ergibt sich eher fließend (liedhaft) ein Gefühls- und Erlebniszusammenhang mit einer spürbaren Atmosphäre? Oder ist es ein eher spröder, intellektuell gedachter und gebauter Text, durchsetzt von Konjunktionen, Einsprüchen und Antithesen?

Legen Sie sich deutend nicht zu schnell fest. Wie das eine oder andere, das Sie bemerken, letztlich zu verstehen ist, ist nicht immer eindeutig zu entscheiden: Gedichte haben einen offenen Deutungsraum um sich herum. Wichtig ist: Alle Einzelbeobachtungen können erst im Kontext zur Deutung führen.

Interpretation von epischen Texten

Bei erzählender Literatur sollte man sich vor der Gefahr hüten, in der Fülle des Stoffes zu ertrinken und zu viel Inhaltliches zu rekonstruieren. Man muss den gegebenen Textausschnitt zunächst im Kontext (des Romans, der Novelle oder Kurzgeschichte etc.) verankern (situieren) und eine Zusammenfassung geben, bevor man zur Untersuchung übergeht. Die Konzentration auf Wesentliches, auf den thematisierten Erzählstrang oder -aspekt und die Strukturierung der eigenen Darstellung sind hier besonders nötig.

- Entscheidend für das Verständnis ist es oft, die Erzählperspektive und Haltung des Erzählers zu erkennen und zu deuten. Weiß er nicht mehr, als die einzelne Person wissen kann, erzählt er gleichsam aus ihr heraus personal? Überschaut er allwissend alles äußere und innere Geschehen? Oder verschwindet er ganz hinter einem erzählenden Ich? Hegt der Erzähler Sympathie für seine Helden oder bleibt er ironisch distanziert?
- Wird linear-chronologisch erzählt oder gebrochen in Zeitsplittern, Facetten, Vorwegnahmen und Rückblicken?
- Wie ist das Verhältnis zwischen äußerer Handlung und inneren (seelischen, psychischen) Vorgängen?
- Entsteht ein Abbild unserer Wirklichkeit? Erscheint sie ins Artifizielle, Groteske, Absurde verfremdet? Verweist das Erzählte auf einen Bedeutungshorizont hinter dem konkreten Geschehen (wie im Gleichnis oder der Parabel)?
- Und welches Bild von der erzählten Zeit entsteht? Mit welchen Fragen setzt sich der Autor in seinem Text vermutlich auseinander?

Analyse und Erörterung von Sachtexten

- Da es sich bei Sachtexten häufig um Beiträge zu einer öffentlichen gesellschaftspolitischen oder fachlichen Debatte handelt, ist es ratsam, mit der Textsorte auch den historischen oder zeitgenössischen Kommunikationszusammenhang (Kontext) samt Erscheinungsjahr und Publikationsort (Medium) zu berücksichtigen.
- Konzentrieren Sie sich auf das zentrale Anliegen des Beitrags. Untersuchen Sie, wie er angelegt, das Thema eröffnet und durchgeführt ist: Fragen Sie also nach der Intention des Autors und arbeiten Sie seine entscheidenden Thesen und Argumente heraus. Welcher Art sind seine Argumente? In welchem Verhältnis stehen Bericht (Information, Darstellung) und Argumentation zueinander? Gibt es auffällige sprachliche Bilder oder Wendungen, Hervorhebungen, Wiederholungen? – Der Ansatz zur Erörterung: Wie stehen Sie zur dargestellten oder vorgetragenen Position?
- Bei Glossen und Polemiken kommt es sehr darauf an, Mittel der Ironie, der ironischen Übertreibung und Zuspitzung, nicht zu überlesen.

- Beachten Sie bei **Reden** Redeart (Genus), Redeanlass und Redesituation. Nicht selten wenden sich zeitgenössische Reden an verschiedene Adressaten- oder Zielgruppen (gehalten an einem spezifischen Ort, werden sie vielleicht auch weltweit im Fernsehen ausgestrahlt und online nachzulesen sein). Welche Zielgruppen können Sie ausmachen? Wie spricht der Redner sie unterschwellig oder offen an?
- Achten Sie auf die Redeeinleitung und Begrüßung: Welche emotionale Atmosphäre oder Stimmung wird erzeugt? An welche Gefühle wird appelliert?
- Arbeiten Sie heraus, was der Redner bewirken will: Was ist sein zentrales Anliegen? Welche Schlagworte sollen unbedingt hängen bleiben? Untersuchen Sie, mit welchen taktischen und rhetorischen Mitteln, er sein Publikum beeinflusst und lenkt. Fragen Sie, ob er eher überzeugen oder eher überreden und manipulieren will, ob er verschleiert und/oder mit Anspielungen und Suggestionen arbeitet. Achten Sie auf die Umschreibung zentraler Begriffe: Wie wird das Kind beim Namen genannt? Besonders in Krisensituationen suchen Redner gern den Schulterschluss mit ihrem Publikum. Achten Sie darum auf sprachliche Merkmale (Gebrauch der 1. Pers. Plural des Personalpronomens), mit denen eine Wir-Gruppe etabliert und gegen eine Feindgruppe ausgespielt wird. Achten Sie auf auf- und abwertende Äußerungen.

Materialgestütztes Schreiben

Wagen Sie sich im Landesabitur ruhig einmal an das Aufgabenformat des „materialgestützten Schreibens". Hinter diesem Wortungetüm verbirgt sich ein Schreibformat, das Ihnen besonders in der argumentierenden Variante ungeahnte Chancen und Entfaltungsmöglichkeiten bietet, wenn Ihnen das Korsett des streng wissenschaftlich-sachlichen Schreibens in den geregelten erörternden und interpretierenden Schreibformaten bisher zu eng war, Sie über Ideen, Sprachwitz und einen eigenen Kopf verfügen. Die gute **Vorbereitung** ist das A und O. Notieren Sie zunächst Ihre eigenen Ideen, Gedanken, Assoziationen zu dem Thema. Widmen Sie sich dann den **Materialien:**
- Achten Sie auf die Unterschiede in Ihren Materialien. Es ist wesentlich, diese auf ihren Gehalt hin zu prüfen.
- **Kontinuierliche Texte:** Stammt der Text von einem Wissenschaftler/ einer Journalistin/ einem Schriftsteller? Will er oder sie überzeugen, überreden, etwas erklären, vielleicht provozieren?
- **Grafiken/Schaubilder:** Wer hat die Grafik in welcher Absicht erstellt? Worauf beziehen sich die Zahlen? Formulieren Sie bei der Vorbereitung wie in der Inhaltsangabe eine Art Kernsatz, der die Gesamtaussage enthält.
- **Karikaturen:** Eine Karikatur will immer überspitzt einen Missstand oder ein Problem darstellen – achten Sie also auf ihre Stoßrichtung.

Wenn es jetzt ans Schreiben geht, machen Sie sich klar, was von Ihnen erwartet wird. Entnehmen Sie der **Aufgabenstellung**, ob Sie über einen Sachverhalt informieren oder ob Sie Argumente abwägen sollen, wie sachlich beziehungsweise wie pointiert ihr Text werden soll und an wen er sich richtet. Zielgruppengerechtes Schreiben berücksichtigt in unterschiedlicher Ausprägung folgende Grundfunktionen der Sprache: Information,

Qualität und Erkenntnisgehalt des Gesagten, Erlebnis (insbesondere im Essay: Begeisterung zeigen und wecken!) und Kontakt (mit dem Leser in Beziehung treten).
Planen Sie unbedingt Zeit für die **Überarbeitung** Ihres Schreibprodukts ein und stellen Sie sich folgende Fragen: Ist ein in sich geschlossener, klar gegliederter Text entstanden? Haben Sie elegant und abwechslungsreich formuliert? Haben Sie die Materialien hinreichend einbezogen und mit Ihren Gedanken verbunden? Haben Sie einen gut begründeten, nachvollziehbaren Standpunkt eingenommen? Fühlt Ihr Leser sich angesprochen und mitgenommen auf Ihre Gedankenreise?

Handwerkszeug

Einen guten Eindruck macht es immer, wenn korrekt und geschickt **zitiert** werden kann. Sie sollten nicht zu umfangreich zitieren oder dem Leser das Zitat wie den Stein der Weisen wortlos vor die Füße schieben oder an Ihren eigenen Satz unverbunden ankleben. Zitate, oft nur ein Satzfetzchen oder ein besonderes Wort, werden gewählt, weil sie aufschlussreich und vielsagend sind: Man muss also damit arbeiten, sie erläutern und kommentieren. Überhaupt ist es das A und O aller Interpretation, in die eigene Sprache hereinzuholen, was man vorfindet. Geben Sie dem im eigenen, selbstständig formulierten Text eingebauten Teilzitat immer den Vorzug. Wer sprachfaul nur wiederholt, was der Autor sagt, bleibt gleichsam erkenntnisblind. Die Anstrengung dagegen, Fremdes selbstständig in der eigenen Sprache wiederzugeben, wirft Fragen auf und bildet daher den ersten Schritt zum Verständnis eines Textes.

Sehr ratsam ist es, über **Fachbegriffe** so zu verfügen, dass über Erzähltes und Dargestelltes präzise gesprochen werden kann. Man sollte etwa schreiben können: „Die Peripetie erkenne ich in dem Moment, in dem ..." Oder: „Hier wird der Beziehungsaspekt wichtiger als der Inhaltsaspekt." Oder: „In diesen Ellipsen, diesen Kurzsätzen ohne Prädikat, drückt sich aus, wie ..." – Sehen Sie zu, dass Sie Wortarten, Satzteile und Nebensatztypen korrekt ansprechen können. Üben Sie sich darin, die wichtigsten rhetorischen Figuren zu erkennen, die gestalteter Sprache ihre Wirkung verleihen. (Eine Übersicht über rhetorische Figuren findet sich in dem Band: Werner Winkler, *Prüfungswissen Deutsch Oberstufe*, Stark Verlag 2015, Titel-Nummer: 94406, dort S. 23 ff.)

4 Anforderungsbereiche und Operatoren

4.1 Anforderungsbereiche (AFB)

In den Bildungsstandards werden **drei Anforderungsbereiche** definiert, die sich in jeder Aufgabe – in jeweils leicht variierenden Anteilen – wiederfinden. Die einzelnen Bereiche bauen aufeinander auf und verlangen von Ihnen einen zunehmenden Grad an Abstraktionsfähigkeit und Problemlösungsvermögen.

- **Anforderungsbereich I** betrifft die **Reproduktion:** die Wiedergabe von gelernten Sachverhalten sowie die wiederholende Zusammenfassung, die sehr oft in Teilaufgabe 1 der Abiturprüfung verlangt ist. Der im Unterricht erarbeitete Hintergrund an

Lektüre- und Faktenwissen, fachspezifische Arbeitstechniken, Methoden der Texterschließung sowie Darstellungstechniken sollen zum Einsatz gebracht werden.
- **Anforderungsbereich II** zielt auf die Anwendung erworbener Arbeitsweisen, auf **Reorganisation von Bekanntem und Transferleistungen**. Meistens sind in der zweiten Teilaufgabe solche Anforderungen gestellt, die ein selbstständiges Auswählen, Ordnen, Erläutern, Interpretieren oder Vergleichen verlangen. Erwartet wird von Ihnen eine eigenständige, argumentativ begründete Interpretation bzw. Erörterung, die zeigt, dass Sie in der Lage sind, Gelerntes auch auf unbekannte Zusammenhänge anzuwenden. Auf dem AFB II liegt in der Abiturprüfung das Hauptgewicht, die Teilaufgabe wird auch entsprechend stark bewertet.
- **Anforderungsbereich III** betrifft die gedankliche Selbstständigkeit der Leistung, die oft besonders in der letzten Teilaufgabe nötig wird: Hier müssen Sachverhalte und Zusammenhänge eigenständig ausgewertet, durchdacht und begründet beurteilt oder gestaltet werden. Sie sollen zu einer differenzierten und kritischen Wertung von Texten und Sachverhalten gelangen und Ihre Fähigkeit zur **Reflexion und Problemlösung** beweisen.

4.2 Operatoren

Operatoren sind **Arbeitsanweisungen**. Sie machen deutlich, welche Art von Aufgabenstellung gemeint ist, lassen sich den einzelnen Anforderungsbereichen zuordnen und geben einen Hinweis auf das Gewicht der Aufgabe. Die offizielle Liste des Hessischen Kultusministeriums listet im Folgenden alle relevanten Operatoren auf.

Anforderungsbereich I (Reproduktion)

beschreiben (I–II)	Aussagen, Sachverhalte, Strukturen o. Ä. in eigenen Worten strukturiert und fachsprachlich darlegen	*Beschreiben Sie die zentralen Merkmale der Epoche des Expressionismus.*
nennen (I)	zielgerichtet Informationen zusammentragen, ohne diese zu kommentieren	*Nennen Sie die zentralen Thesen der Rede.*
skizzieren (I–II)	einen Sachverhalt oder Gedankengang in seinen Grundzügen angeben	*Skizzieren Sie die Beweggründe des Protagonisten aus dem vorliegenden Romanauszug.*
wiedergeben (I)	ausgehend von einem Einleitungssatz Informationen aus dem Material unter Verwendung der Fachsprache in eigenen Worten ausdrücken	*Geben Sie die Passage Z. 13 bis Z. 20 aus der vorliegenden Rede wieder.*
zusammenfassen (I–II)	ausgehend von einem Einleitungssatz die zentralen Aussagen eines Textes strukturiert und komprimiert unter Verwendung der Fachsprache herausstellen	*Fassen Sie die wesentlichen Inhalte der Rede zusammen.*

Anforderungsbereich II (Reorganisation und Transfer)

Operator	Definition	Beispiel
analysieren (I–III)	Materialen, Texte, Sachverhalte, Zusammenhänge o. Ä. als Ganzes oder aspektgeleitet bzw. kriterienorientiert erschließen und das Ergebnis der Erschließung darlegen unter Wahrung des funktionalen Zusammenhangs von Inhalt, Form und Sprache	*Analysieren Sie Kafkas Tagebuchnotiz in Bezug auf die Beziehung Kafkas zu seinem Vater.*
charakterisieren (II–III)	die jeweilige Eigenart von Figuren, Sachverhalten o. Ä. verdeutlichen	*Charakterisieren Sie einen der Protagonisten in dem vorgegebenen Textauszug.*
darstellen (I–II)	Sachverhalte o. Ä. und deren Bezüge sowie Zusammenhänge aufzeigen	*Stellen Sie die Bedeutung der Szene im Kontext der Dramenhandlung dar.*
einordnen / zuordnen (I–II)	Texte oder Sachverhalte unter Verwendung von Vorwissen begründet in einen genauen Zusammenhang stellen	*Ordnen Sie den vorliegenden Text in die Epoche der Romantik ein.*
erklären (II)	Materialien, Sachverhalte o. Ä. in einen Begründungszusammenhang stellen, z. B. durch Rückführung auf fachliche Grundprinzipien, Gesetzmäßigkeiten, Modelle oder Regeln	*Erläutern Sie, inwiefern Alfred Ill am Ende des zweiten Aktes zu dem Schluss kommen kann, er sei „verloren".*
erläutern (II–III)	Materialien, Sachverhalte, Zusammenhänge, Thesen o. Ä. mit zusätzlichen Informationen und Beispielen veranschaulichen	*Erklären Sie anhand ausgewählter Beispiele die Funktion der sprachlichen Mittel.*
herausarbeiten (II)	aus Materialien nicht explizit genannte Sachverhalte erschließen	*Arbeiten Sie aus der Szene die Vorgeschichte der beiden Partner heraus.*
in Beziehung setzen (II–III)	Zusammenhänge unter vorgegebenen oder selbst gewählten Gesichtspunkten begründet herstellen	*Setzen Sie die Poetik der Romantik in Bezug zu dem vorliegenden Gedicht Eichendorffs.*
untersuchen (II)	Sachverhalte unter bestimmten Aspekten betrachten und belegen	*Untersuchen Sie, inwieweit Büchners Kunstauffassung in diesem Text erkennbar ist.*
vergleichen / gegenüberstellen (II–III)	nach vorgegebenen oder selbst gewählten Gesichtspunkten Gemeinsamkeiten, Ähnlichkeiten und Unterschiede begründet darlegen	*Vergleichen Sie die Naturschilderungen in den vorliegenden Gedichten von Eichendorff und Heym.*

Anforderungsbereich III (Reflexion und Problemlösung)

Operator	Definition	Beispiel
begründen (II–III)	einen Sachverhalt bzw. eine Aussage durch Argumente stützen	*Begründen Sie, warum dieser Text der Epoche der Romantik zuzuordnen ist.*

beurteilen (II–III)	zu einem Sachverhalt oder einer Aussage auf Basis von Kriterien und unter Verwendung von Fachwissen und Fachmethoden eine begründete Einschätzung geben	*Beurteilen Sie, welche Bedeutung dem in der Textvorlage dargestellten Menschenbild heute zukommt.*
bewerten/ Stellung nehmen (II–III)	wie Operator „beurteilen", aber zusätzlich die eigenen Maßstäbe begründet darlegen	*Nehmen Sie Stellung zu der These, dass Kafkas Biografie sich in seinem Roman widerspiegelt.*
diskutieren/ sich auseinandersetzen mit (II–III)	zu einer Aussage, Problemstellung oder These eine Argumentation entwickeln, die zu einer begründeten Bewertung führt	*Setzen Sie sich kritisch mit der Argumentation des Autors auseinander.*
entwickeln (II–III)	einen eigenen Gedankengang bzw. ein Konzept zu einem Thema entfalten und Schlussfolgerungen ziehen	*Entwickeln Sie (mithilfe der vorliegenden Materialien) Gestaltungsmöglichkeiten für eine Ausstellung zum Thema X.*
erörtern (II–III)	ggf. auf Grundlage einer Materialanalyse oder -auswertung eine These oder Problemstellung unter Abwägen von Pro- und Kontraargumenten hinterfragen und zu einem eigenen Urteil gelangen	*Erörtern Sie die These, dass es sich bei Büchners „Woyzeck" um ein politisches Drama handelt.*
gestalten/ entwerfen (III)	Aufgabenstellungen kreativ und produktorientiert bearbeiten, z. B. auf der Grundlage eines Textes und seiner inhaltlichen oder stilistischen Gegebenheiten eine kreative Idee in ein selbstständiges Produkt umsetzen	*Gestalten Sie für ein Programmheft einen Beitrag über die Stoffgeschichte von „Faust".*
interpretieren (I–III)	auf der Grundlage einer Analyse Sinnzusammenhänge aus Materialien methodisch reflektiert erschließen, um zu einer schlüssigen Gesamtdeutung zu gelangen	*Interpretieren Sie die Kurzgeschichte.*
überprüfen (II–III)	Aussagen auf der Grundlage von Fachkenntnissen kritisch hinterfragen und auf ihre Angemessenheit hin begründet einschätzen	*Überprüfen Sie die Geltung der These in Bezug auf Goethes Faust-Drama.*
verfassen (I–III)	auf der Grundlage einer Auswertung von Materialien wesentliche Aspekte eines Sachverhaltes in informierender oder argumentierender Form darlegen	*Verfassen Sie auf der Grundlage der Materialien M 1–M 7 einen Vortragstext mit dem Titel: „Sind die Monster von gestern die Helden von morgen?"*

5 Praktische Tipps

5.1 Die Auswahl der Aufgabe

Von Ihrer sorgfältigen Entscheidung, welchen der angebotenen Aufgabenvorschläge Sie wählen, hängt ein Teil des Erfolgs Ihrer Arbeit ab. Deshalb sollten Sie nicht nur die Textvorlagen (den Inhalt), sondern auch die Aufgabenstellung, die Verteilung der Bewertungseinheiten (BE) und besonders die Schwerpunktaufgabe genau ansehen und sich die folgenden Fragen beantworten:

- Wie hoch ist der Anteil der zu erbringenden Reproduktionsleistung im Verhältnis zur eigenständigen Texterschließung? Wie hoch wird gedankliche Selbstständigkeit honoriert? Liegt mir das Thema?

- Bei welcher Schwerpunktaufgabe kann ich am besten meine Stärken (mein Wissen, mein methodisches Können, meine geistige Beweglichkeit, meine literarische Sensibilität, meine Argumentationslust und so weiter) einbringen?

- Welche Aufgabe fordert mich heraus, etwas zu entdecken und vielleicht etwas zu riskieren? Bei welcher muss ich so viel Stoff bewältigen, dass ich in Gefahr gerate, mich zu lange bei der Reproduktion aufzuhalten?

Wählen Sie den für Sie sichersten, wenn auch etwas langweiligen Weg, wenn Sie im Fach Deutsch eher schwach sind. Hüten Sie sich aber vor den vermeintlich „einfachen" Aufgaben. Diese haben oft Tücken, die auf den ersten Blick nicht erkennbar sind. Wählen Sie dagegen die Aufgabe, die für Sie den größten Reiz besitzt, wenn Sie im Fach Deutsch stark sind.

5.2 Die Zeitplanung

- Legen Sie sich einen Papierstreifen mit Ihrem Zeitplan an den oberen Rand des Tisches: Teilen Sie darauf die Uhrzeiten ab und ordnen Sie ihnen die zu bewältigende Arbeit so zu, dass die letzte halbe Stunde für die Durchsicht des Ganzen und für kleine Nachbesserungen (Anschlüsse überprüfen, Absätze machen, Rechtschreibung und Zeichensetzung korrigieren) reserviert ist.

- Halten Sie die Zeit für die – der Aufgabe entsprechend zu veranschlagende – Vorbereitungsarbeit (Inhalte aufnehmen und durchdenken, Textmarkierungen setzen, Aspekte und Stichworte festhalten) unbedingt ein.

- Reservieren Sie für die Schwerpunktaufgabe den größten Anteil der verfügbaren Zeit, denn trotz sorgfältiger Vorarbeit können Sie nicht Vorgedachtes einfach niederschreiben. Vielmehr werden Ihnen schreibend neue Ideen kommen, die durchdacht, nachgewiesen, eingebaut und vor allem auch noch gut formuliert sein wollen.

6 Zum Gebrauch der Lösungshinweise

In den Übungsaufgaben dieses Bandes spiegelt sich hessische Unterrichtspraxis. In den Lösungshinweisen zu den Übungsaufgaben und zu den Prüfungsaufgaben des Landesabiturs wird nicht einfach das Maß an Erkenntnis und Gestaltungsfähigkeit nachgeahmt, das einer Abiturientin beziehungsweise einem Abiturienten abverlangt werden kann. Sie weisen auf mehr Aspekte hin, als ein Schüler in der Regel sehen kann. Von der Fülle der Beobachtungen, Aspekte, Deutungseinfälle und Problematisierungen wird ein Abiturient oder eine Abiturientin jeweils nur auf einiges selbst kommen. Die Lektüre der entfalteten Lösungswege kann aber Textverstehen anleiten, bereichern und intensivieren und in Fragen der Herangehensweise (der Methode und Strukturierung) dazu anregen, ähnliche Ansätze, Übergänge oder Schlussbilanzen auszuprobieren.

Zu empfehlen ist, bei dem einen oder anderen Thema nach der Lektüre der Aufgabenstellung und der gegebenen Texte (der Arbeitsgrundlagen) nicht gleich weiterzulesen. Der Übungseffekt ist entschieden größer, wenn man nicht nur rezeptiv folgt (Vorgesetztes aufnimmt), sondern selbst aktiv wird, wenn man also einige Zeit darauf verwendet, sich in Thema und Text einzudenken und auf einem Zettel (auch diese Fixierung ist wichtig!) erst einmal eigene Ansätze, Fragen und Gedanken zu Text und Thema skizziert. Sobald man selbstständig einen Verstehens- und Fragehorizont entwickelt hat, sieht man – im Vergleich damit – fremde Ausführungen kritischer und mit mehr Gewinn.

Hinweise und Tipps zur mündlichen Abiturprüfung

1 Allgemeines

Eine mündliche Abiturprüfung gibt es in jedem Fall im vierten Prüfungsfach. Im ersten bis dritten Prüfungsfach erfolgt eine mündliche Prüfung, wenn die Prüfungskommission sie aufgrund des Leistungsbildes des Prüflings beschließt oder wenn Sie sich freiwillig zur Prüfung melden, um Ihren Notendurchschnitt zu verbessern. Letzteres ist aufgrund des komplizierten Verrechnungsmodells einer Nachprüfung, das eher nachteilig wirkt, selten zielführend. Sie müssten mindestens 04 Punkte besser abschneiden, um überhaupt ein besseres Ergebnis zu erhalten. Die mündliche Prüfung im ersten bis dritten Prüfungsfach darf keine inhaltliche Wiederholung der schriftlichen Prüfung sein, sie darf sich nicht auf das Sachgebiet und die Lernziele nur eines Schulhalbjahres beschränken, sie kann aber, im Unterschied zur schriftlichen Prüfung, Sachgebiete des letzten Schulhalbjahres einbeziehen.

Für die Vorbereitung der mündlichen Prüfung haben Sie „mindestens 20 Minuten" Zeit (OAVO § 35 (2)). („In der Regel nicht mehr als 30 Minuten.") Sie erhalten eine Aufgabe, die ähnlich gegliedert ist, wie die schriftlichen Abituraufgaben es sind, die aber auf die kürzere Zeit zugeschnitten ist, die zu ihrer Lösung zur Verfügung steht. Die Anforderung der 20-minütigen Prüfung besteht darin, sich in einem Vortrag in sprachlich korrekter Weise zu äußern, ein themengebundenes Gespräch zu führen und dabei auf Impulse der Prüfenden einzugehen sowie begründet Stellung zu nehmen. In der Regel steht Ihnen „die Hälfte der Prüfungszeit für [den] kurzen, möglichst frei gehaltenen Vortrag zur Verfügung." (OAVO § 35 (3))

Eine besondere Form der mündlichen Prüfung ist die vorbereitete, selbstständige Präsentation eines Themas, das seinen Schwerpunkt im gewählten Fach (hier: im Fach Deutsch) hat. An die 15-minütige Präsentation schließt sich ein ebenfalls 15-minütiges Kolloquium, also eine Befragung durch den Fachausschuss, an. „Folgende Kriterien fließen u. a. in die Bewertung einer Präsentation ein:
- Qualität und Umfang der vermittelten fachlichen Informationen, auch Vollständigkeit, exemplarisches Vorgehen, Aktualität, Kreativität,
- Strukturierung der Präsentation [...],

- sachgerechter Einsatz von Medien […],
- Präzision und logische Nachvollziehbarkeit der Darstellung,
- kommunikative (einschließlich rhetorischer) Fähigkeiten,
- Reflexion über die gewählte Präsentationsmethode, die vorgetragenen Lösungen und Argumente." (OAVO § 37 (3))

2 Tipps zur Vorbereitung und zur mündlichen Prüfung selbst

2.1 Die Vorbereitung auf die Prüfung

Während der „mindestens 20-minütigen" Vorbereitung auf die mündliche Prüfung werden Sie sich ganz ähnlich wie bei der Vorbereitung schriftlicher Abiturklausuren mit Aufgabenstellung und gegebenem Material auseinandersetzen. Darüber hinaus muss der geforderte 10-minütige Vortrag, mit dem Sie die Prüfung vor der Kommission einleiten sollen, besonders bedacht werden. Im Deutschunterricht gibt es meistens nicht viel Gelegenheit, sich im zusammenhängenden, längeren Vortrag zu üben; mit einem guten Vortrag in der Abiprüfung machen Sie aber sofort Eindruck.

- Prüfen Sie genau Thema und Zielrichtung der gestellten Aufgaben, damit Sie während der Texterschließung nicht daran vorbeigehen. Stellen Sie fest, worin der Schwerpunkt der Aufgabe besteht. Konzentrieren Sie sich auf diesen Schwerpunkt und durchdenken Sie, was darin das Wesentliche ist. Kluge Leute haben die Fähigkeit, Wesentliches von Unwesentlichem klar unterscheiden zu können; sie treten nichts breit, halten sich also nicht lange bei dem auf, was auf der Hand liegt, sondern sie komprimieren und differenzieren und können das als wesentlich Erkannte sprachlich präzis vermitteln. Streben Sie solche Konzentration an.
- Gliedern und markieren Sie den Text zunächst so, wie Sie es gewohnt sind. Notieren Sie sich am Rand Erkanntes/Entdecktes in Stichwortform für den Vortrag. Nehmen Sie sich während des letzten Durchgangs durch den Text einen andersfarbigen Stift (Marker): Heben Sie mit ihm die Textstellen und Schlüsselbegriffe hervor, die Sie im Vortrag zitieren wollen. Seien Sie sparsam im Markern (siehe oben: es kommt auf die Auswahl des Wesentlichen an!).
- Notieren Sie groß und deutlich, in welcher Reihenfolge Sie die verschiedenen Stichworte und Aspekte ansprechen wollen. Setzen Sie Einfaches, Informierendes und Inhaltliches an den Anfang, um einen Sockel für das Anspruchsvollere zu haben; die meisten Aufgaben geben diese Gliederung bereits vor.
- Sie haben keine Zeit, eine Interpretation auszuformulieren. Die nummerierten Stichworte sind also das Skelett für Ihren Vortrag: Es sind die Anhaltspunkte, die Sie in freier Rede erläutern und entfalten werden. Aber formulieren Sie sich einen ins Zentrum der Aufgaben- und Problemstellung zielenden Einleitungssatz aus. Vielleicht gelingt es Ihnen außerdem, ein sprachlich ebenso bündiges (vorläufiges) Fazit auszuformulieren.

2.2 Der Vortrag innerhalb der Prüfung

- Rücken Sie sich ohne Hetze Ihr Material und Ihren Stuhl zurecht, atmen Sie einmal bewusst durch, schauen Sie die Kommission und Ihren Lehrer oder Ihre Lehrerin grüßend an und nehmen Sie auch während des Fortgangs der Prüfung immer wieder Blickkontakt auf. Man wird Ihnen wohlgesonnen sein: Es befreit, das zu bemerken.
- Legen Sie Ihre Uhr auf den Tisch und stellen Sie die Zeiger auf 12: So fällt es bei aller Aufregung am leichtesten, die Zeit zu kontrollieren.
- Teilen Sie einleitend knapp mit, worin Ihre Aufgabe bestand/besteht und wie Sie vorzugehen gedenken. Lesen Sie aber nicht die Aufgabenstellung vor, sondern kommen Sie rasch zu Ihrem Einleitungssatz und anschließend zur möglichst frei vorgetragenen Inhaltsübersicht und zur Darstellung Ihrer aufgabenbezogenen Beobachtungen, Erkenntnisse und weiterführender Einsichten oder Hypothesen.
- Die Textanalyse oder Textinterpretation muss durch Zitate belegt werden. Wenn Sie nicht sofort die benötigte Textstelle finden, so hat die Kommission Verständnis dafür, wenn Sie einen Augenblick lang suchen müssen. Kommentieren Sie Ihr Suchen (etwa: „Entschuldigung, ich finde gerade die Stelle nicht, aber es muss hier im letzten Drittel sein, sinngemäß steht da ... – hier ist es wörtlich: ...").
- Sprechen Sie immer wieder mit erhobenem Kopf klar und deutlich und nicht zu schnell. Auch hier gilt: Hetzen Sie nicht. Machen Sie sich Ihren Zuhörern in gutem (elaboriertem) Deutsch verständlich und sprechen Sie so, dass Sie selber mitkommen (mitdenken können!). Greifen Sie auf Fachbegriffe zurück, durch die sich weitschweifige Erklärungen oft erübrigen. Sprechen Sie immer wieder begründend statt additiv in Satzreihen („Und dann ... Und dann ..."). Sie haben Zeit, gleichsam laut nachzudenken. Gerade das ist es, was die Kommission hoch bewertet: dass der Prüfling auf der Grundlage seines Wissens selbstständig denken und urteilen kann. Am deutlichsten stellt sich im Prüfungsgespräch heraus, wie gut er das kann.

2.3 Das Prüfungsgespräch

- Der zweite Teil der mündlichen Prüfung soll die Form des Gesprächs haben. Ein Gespräch ist kein Ping-Pong zwischen Frage und Kurzantwort und kein Abgefragtwerden. Schießen Sie also nicht knappe Lösungssätze, isolierte Begriffe oder Ja-nein-Antworten ab; antworten Sie stattdessen in vollständigen Sätzen, nehmen Sie die gestellten Fragen auf und gehen Sie umsichtig erläuternd und themenbezogen darauf ein. Bevor man das zu Sagende ausführt, empfiehlt es sich bei etwas komplizierteren oder komplexeren Fragen, zunächst zu formulieren, wie man die Frage verstanden hat („Sie fragen also danach, ob .../wie ...?"). Treten Sie in einen kommunikativen Zusammenhang ein.
- Haben Sie eine Frage einmal nicht verstanden, so wird Ihr Blick den Prüfer dazu veranlassen, seine Frage neu zu formulieren.
- Auch der Prüfer geht in dem von ihm vorbereiteten Gespräch in der Regel vom Einfachen zum Schwierigeren und vom konkreten Beispiel zum Allgemeineren. Er wird über den gegebenen Text hinaus nach Vergleichbarem, Entgegengesetztem

und seiner möglichen Einordnung in einen größeren Zusammenhang fragen. Wenn Ihnen selbst passende literarische oder theoretische Bezüge einfallen, so bringen Sie sie aktiv (von sich aus) ein. Je proaktiver Sie Ihre Prüfung angehen, desto mehr haben Sie die Kontrolle selbst in der Hand und überzeugen die Kommission zudem von Ihrem selbstständigen Denken.

- Wenn Sie Zweifel an einer Zuordnung oder Setzung haben oder wenn Ihnen eine Interpretation zu glatt oder aber verrenkt erscheint, so artikulieren Sie Ihre Bedenken: Unterdrücken Sie Problembewusstsein nicht, wenn es denn echt ist.
- Manchmal unterbricht ein Prüfer. Der Grund dafür kann sein, dass er Sie von einem Nebenweg zurückholen will oder dass er abkürzt, weil er Ihnen Gelegenheit geben will, sich noch zu einem wichtigen Punkt zu äußern, dass er Ihnen also noch mehr zutraut. Meist drängt nur schlicht die Zeit.
- Eine Abiturprüfung ist eine Veranstaltung mit offiziellem Charakter. Es muss Sie also nicht irritieren, wenn Ihr Prüfer Ihnen ein wenig förmlicher begegnet, als Sie es vom Unterricht her gewohnt sind. Seien Sie überzeugt, auch er will bestehen: Ihn leitet der Wunsch, dass Sie glänzen – und so ein helles Licht auf die Qualität seines Unterrichts werfen.

ÜBUNGSAUFGABEN

Hessen Deutsch ▪ Leistungskurs
Übungsaufgabe 1 ▪ Texterörterung

GESCHICHTE UND MYTHOS

Erlaubte Hilfsmittel
- Jenny Erpenbeck: *Heimsuchung*
- ein Wörterbuch der deutschen Rechtschreibung
- eine Liste der fachspezifischen Operatoren

Aufgabenstellung

1 Geben Sie den Gedankengang der Verfasserin Julia Schöll wieder und stellen Sie ihren Interpretationsansatz dar. (30 BE)

2 Erörtern Sie Julia Schölls Deutung des Gärtners und seines Wirkungsbereichs. Berücksichtigen Sie dabei den von Schöll betonten Unterschied zum übrigen Personal des Romans. (70 BE)

Material   **Julia Schöll: Settings. Der Garten als historiografisches Palimpsest in der Gegenwartsliteratur (2016, Auszug)**

Jenny Erpenbecks Roman „Heimsuchung" erzählt die Geschichte eines Grundstücks, eines Hauses und eines Gartens am märkischen Scharmützelsee entlang seiner wechselnden Besitzer und ihrer Schicksale: von der Bauerntochter, die das noch bewaldete Stück Land um 1900 erbt, über den Architekten, der im frühen 20. Jahrhundert ein
5 Haus auf dem Grundstück baut, die jüdischen Nachbarn, die während des ‚Dritten Reichs' fliehen oder ermordet werden, über die aus dem Exil zurückgekehrte Schriftstellerin bis zu deren Enkelin, die Haus und Garten am Ende des Romans räumen muss, da die Erben des ursprünglichen Besitzers Anspruch darauf erheben. Die erzählte Zeit des Romans umfasst – Prolog und Epilog ausgeklammert – etwa 80 bis 100 Jahre,
10 erinnerungstheoretisch gesprochen also eine Einheit des kommunikativen Gedächtnisses[1]. Dessen Inhalte werden hier erzählt und zugleich immer wieder rückgebunden an die Narrative[2] der kulturellen Erinnerung. Prolog und Epilog des Romans greifen indes historisch deutlich weiter aus: Der Prolog erzählt die topografische Geschichte des Ortes und seiner Plattentektonik, beginnend mit der Eiszeit, der Epilog berichtet vom Ab-
15 riss des Hauses und der (zumindest vorübergehenden) Renaturisierung des Gebiets.

Während das Haus der Ort ist, an dem die *master narratives*[3] der deutschen Geschichte des 20. Jahrhunderts – Weimarer Republik, Nazizeit, Exil und Rückkehr aus dem Exil – auf individuelle Einzelschicksale heruntergebrochen werden, erscheint der Garten, in dem das Haus steht, als der Zeit und Geschichte enthoben. Immer neue Bewohner nehmen das Sommerhaus am See in Besitz, die einzige Konstante in diesem Reigen scheint der Gärtner zu sein, der für die wechselnden Hausherren und Hausherrinnen Bestellung und Pflege des Gartens sowie die Instandhaltung der Gebäude übernimmt. Die Geschichte der Gärtner-Figur wird von der heterodiegetischen Erzählinstanz[4] in betont neutralem Modus berichtet, schon deren Auftauchen scheint der Erzählinstanz ein Rätsel: „Woher er gekommen ist, weiß im Dorf niemand. Vielleicht war er immer schon da. Ihm selbst gehört kein Grund- und auch kein Waldstück, allein wohnt er in einer verlassenen Jagdhütte am Rande des Waldes, wohnt da schon immer, jeder im Dorf kennt ihn und dennoch wird er von den Leuten, jungen und alten, nur Der Gärtner genannt, als hätte er sonst keinen Namen."[5]

Die Geschichte des Gartens und die des Gärtners werden fortan gemeinsam erzählt, in kurzen Episoden, die jeweils zwischen die längeren Passagen montiert sind, welche die Geschichte des Hauses und seiner Besitzer verhandeln. Das Haus steht dabei für das lineare Zeit- und Geschichtsverständnis, der Garten für den zyklischen Modus des Mythos[6]. Auch der Gärtner ist kein Individuum, vielmehr eine mythische Figur: scheinbar alterslos, schweigsam, gleichsam verwachsen mit dem Stück Land, auf dem er arbeitet, und der Natur, die er *be*arbeitet. Im Gegensatz zu den Individualnarrativen der wechselnden Hausbewohner wird vom Gärtner nicht das Einmalige erzählt, sondern das immer Wiederkehrende, seine den Jahreszeiten und dem Zyklus der Natur folgende Tätigkeit des unablässigen Schreibens und Neuschreibens dieses Gartens. Im Gegensatz zum anderen Romanpersonal zeichnet sich der Gärtner nicht durch sein Erleben oder Reflektieren aus, sondern durch seine sich stets wiederholenden rituellen Handlungen im Raum, die das Palimpsest[7] Garten erst entstehen lassen. Während die Hausbewohner – im folgenden Zitat der Architekt und sein Vetter – über den Garten philosophieren, arbeitet der Gärtner schlicht: „Jede der beiden oberen Wiesen wird durch die natürliche Einfassung zur Bühne, sagt der Gartenarchitekt zu seinem Vetter, dem Hausherrn, während der Gärtner eine Schubkarre mit Komposterde auf das zukünftige Rosenbeet vor der Terrasse ausleert. Der Hausherr sagt: Im Grunde kommt es ja immer nur darauf an, den Blick zu lenken. Und auf den Wechsel, sagt der Gartenarchitekt: Licht und Schatten, freie Fläche, dichter Bewuchs, das Schauen von oben, das Hinausblicken von unten. (...) Der Gärtner schiebt die nächste mit Erde gefüllte Karre heran und leert sie aus. Die Wildnis bändigen und sie dann mit der Kultur zusammenstoßen lassen, das ist die Kunst, sagt der Hausherr. Genau, sagt sein Vetter und nickt. Der Gärtner verteilt mit der Kante der Schaufel die Erde gleichmäßig auf dem Beet. Sich der Schönheit, unabhängig davon, wo man sie findet, zu bedienen, sagt der Hausherr. Genau. Der Gärtner schiebt an den beiden Männern, die auf der Terrasse stehen und schweigen, seine leere Schubkarre vorüber."[8]

Der Garten bildet die „Bühne" für die historiografische[9] Inszenierung des Romans: Die Geschichte des Hauses steht für das Außerordentliche, die des Gartens für die ewige

Wiederkehr des Gleichen und somit für ein anderes historisches Verständnis – Teleologie[10] versus[11] sich ständig erneuernder Mythos.

Aus: Julia Schöll: Settings. Der Garten als historiografisches Palimpsest in der Gegenwartsliteratur. In: Text und Kritik. Sonderband: Poetik des Gegenwartromans. X/16, München: Boorberg 2016, S. 65–74, hier S. 66–68. [Hinweis: Die Fußnoten aus dem Originaltext wurden aus Gründen der besseren Lesbarkeit nicht mit abgedruckt.]

Zur Verfasserin
Julia Schöll ist eine deutsche Literaturwissenschaftlerin und Professorin an der Technischen Universität Braunschweig.

Anmerkungen
1 Das kommunikative Gedächtnis umfasst die mündliche Überlieferung der vorangegangenen drei Generationen, also etwa 80 Jahre.
2 *Narrative:* Erzählungen – hier im Sinne von im kulturellen Gedächtnis verankerten Perspektiven, aus denen geschichtliche Abschnitte betrachtet, eingeordnet und bewertet werden – der Begriff geht auf die Vorstellung zurück, dass Geschichte *erzählt* wird.
3 *master narratives:* übergeordnete Erzählzusammenhänge, die das vorherrschende historische Verständnis in Bezug auf bestimmte geschichtliche Zeitabschnitte ausdrücken
4 *heterodiegetische Erzählinstanz:* Der Erzähler und die Geschichte gehören nicht zur selben Welt; der Erzähler erscheint in der Geschichte nicht als Figur.
5 Dieses Zitat stammt von Seite 11 des Romans (Reclam-Ausgabe).
6 *Mythos:* eigentlich eine Art von Erzählung, in der ein – oft mit übernatürlichen Mächten verbundenes – Geschehen erzählt wird, das nicht historisch verortbar ist und insofern nicht auf die konkrete Wirklichkeit referiert. Aus philosophischer Perspektive dienen Mythen der Selbst- bzw. Weltdeutung, sie drücken auf symbolische Weise wiederkehrende Probleme und Konflikte des menschlichen Lebens aus. Schöll benutzt den Begriff „Mythos" hier als Gegenbegriff zur Geschichtsschreibung, die die historische Realität linear-chronologisch abzubilden versucht, während der Mythos in seiner Zeitlosigkeit auf zyklische Wiederholung angelegt ist.
7 *Palimpsest:* altertümliches Schriftstück (Papyrus, Pergament), dessen ursprüngliche Beschriftung abgekratzt und das dann wieder neu beschrieben wurde. Später in ihrem Text erläutert Schöll die Metapher des Palimpsests so: „[W]as der Gärtner im Garten tut, ist zwar im Reigen der Jahreszeiten jeweils das Gleiche, doch entsteht gerade durch diese Wiederholungen das genuin Neue: Blumen, Pflanzen, frisches Grün."
8 Dieses Zitat stammt von Seite 28 f. des Romans (Reclam-Ausgabe).
9 *Historiografie:* Geschichtsschreibung
10 *Teleologie* (von altgr. *telos:* Ziel, Zweck, Ende): Ausgerichtetsein auf ein Ziel, Zweckbestimmtheit von Ereignissen. Nach teleologischem Geschichtsverständnis sind geschichtliche Entwicklungen und Handlungen auf einen bestimmten Zweck, ein (End-)Ziel ausgerichtet; z. B. göttlicher Heilsplan, Weltkommunismus usw.
11 *versus:* im Gegensatz zu

TIPP Bearbeitungshinweise

In dem Textauszug, der Ihnen vorliegt, befasst sich die Autorin Julia Schöll mit der **Grundstruktur des Romans von Jenny Erpenbeck**; sie nimmt aber vor allem eine Figur und deren Wirkungsbereich besonders in den Blick: **den Gärtner und seinen Garten**. Die **Schwierigkeitsgrade** der einzelnen Textteile sind **unterschiedlich**: Ihnen dürfte es leichtfallen, Schölls Beschreibung des Romans wiederzugeben. Die Deutungen der Verfasserin sind hingegen schwerer zu erfassen. Da Sie sich aber in der zweiten Teilaufgabe, die immerhin 70 BE ausmacht, mit

Schölls Deutungen auseinandersetzen müssen, ist es besonders **wichtig**, dass Sie die **Gedankengänge** der Verfasserin **gut verstanden** haben. Lesen Sie also **konzentriert** und berücksichtigen Sie auch die **Fußnoten**, da hier schwierige Begriffe und Zusammenhänge erklärt werden, die für das Verständnis des Textes essenziell sind.

Gehen Sie so vor, wie Sie es bei der Textwiedergabe gewohnt sind: Teilen Sie z. B. den Text in **Abschnitte** ein und fassen Sie **am Rand schlagwortartig** das Wichtigste zusammen. **Tipp:** Im Hinblick auf die zweite Teilaufgabe **markieren** Sie sich die Deutungen zum Gärtner und zum Garten bereits für die Textwiedergabe in einer **bestimmten Farbe**. Am besten machen Sie sich auch stichwortartig Notizen zu Schölls Thesen. Sie werden sehen, dass sich dann die schriftliche Wiedergabe des Gedankengangs der Verfasserin viel einfacher gestaltet. Geben Sie Schölls Überlegungen **so knapp wie möglich** wieder. Da Sie diese in der zweiten Teilaufgabe erörtern müssen, ist es sinnvoll, Schölls Argumente bzw. ihre Erläuterung in die **Argumentation der zweiten Teilaufgabe einzubeziehen**. So können Sie sich besser auf ihre Ausführungen beziehen. Ziel Ihrer Texterfassung sollte es sein, Schölls Interpretationsansatz herauszuarbeiten, wie es im zweiten Arbeitsauftrag von Teilaufgabe 1 ja auch gefordert wird.

In **Teilaufgabe 2** sollen Sie erörtern, d. h. eine „These oder Problemstellung unter Abwägen von Pro- und Kontraargumenten **hinterfragen und zu einem eigenen Urteil gelangen**". Sie werden feststellen, dass sich die Erörterung nicht auf eine einzige These bezieht, sondern dass Sie sich – wesentlich komplexer – mit **verschiedenen Aussagen auseinandersetzen** müssen. Deshalb wird Ihnen die zweite Teilaufgabe auch besser gelingen, wenn Sie Ihre Erörterung gewissenhaft **vorbereiten**: Schölls Deutungen haben Sie während der Textarbeit für Teilaufgabe 1 bereits herausgearbeitet. Schreiben Sie sich die **Deutungsansätze als Thesen** untereinander und lassen Sie dazwischen Platz für Ihre eigenen inhaltlichen Füllungen. Machen sie sich auch noch einmal klar, wie Schöll den Begriff „Mythos" in ihrem Aufsatz gebracht, damit Sie eine Basis für Ihre Argumentation haben. **Visualisieren** Sie hier **Pro- und Kontra-Argumente**, z. B. durch eine Tabelle. So können Sie Ihre eigenen Gedanken leicht den einzelnen Thesen zuordnen. Notieren Sie zunächst ungefiltert, was Ihnen zu Schölls Gedanken einfällt. Suchen Sie dann im Roman nach geeigneten **Textstellen**, die Ihre Überlegungen **untermauern**, und notieren Sie sie mit **Seitenzahlen**. Sicherlich haben Sie inzwischen eine eigene Position entwickelt. So können Sie leichter entscheiden, in welcher **Reihenfolge** Sie Ihre **Argumente** vorbringen möchten und welche Notizen als unpassend gestrichen werden müssen.

Am besten erstellen Sie auch einen **Schreibplan**, in dem Sie Ein- bzw. Überleitung, Erörterung und das Fazit mit Ihrer eigenen Position skizzieren.

Hinweis: Die Seitenverweise auf Erpenbecks Roman beziehen sich auf folgende Ausgabe: *Jenny Erpenbeck: „Heimsuchung". Ditzingen: Reclam 2024.*

Lösungsvorschlag

TEILAUFGABE 1

Julia Schöll setzt sich in einem in der literaturwissenschaftlichen Fachzeitschrift „Text und Kritik" veröffentlichten Aufsatz aus dem Jahre 2016 mit Jenny Erpenbecks 2008 erschienenem Roman „Heimsuchung" auseinander. Der Fokus in ihrem Aufsatz „Settings. Der Garten als historiografisches Palimpsest in der Gegenwartsliteratur", der hier in Auszügen vorliegt, richtet sich auf den Gärtner und den Garten. Diesen schreibt sie einen **mythischen Charakter** zu.

Einleitung
Autor, Titel, Gattung, Jahr, Thema

Zunächst stellt die Verfasserin Erpenbecks Roman „Heimsuchung" vor: Er erzähle im Wesentlichen – wenn man Prolog und Epilog nicht einbeziehe – die **Geschichte** eines am Scharmützelsee liegenden **Grundstücks**, auf dem ein Sommerhaus gebaut wird, und zwar anhand der Schicksale seiner Besitzer. Ihre **individuellen Geschichten** sind nach Schöll mit den großen Linien der deutschen Geschichte des 20. Jahrhunderts, der „kulturellen Erinnerung" (Z. 12), verbunden. Die Verfasserin grenzt von diesen geschichtlich gebundenen Einzelschicksalen die **Figur des Gärtners** ab, der den Garten versorgt: Dieser sei die „einzige Konstante" (Z. 20) in dieser rund 80 bis 100 Jahre umfassenden erzählten Zeit. Die Besonderheit des Gärtners und seines Wirkungsbereichs, des Gartens, nimmt Schöll nun genauer in den Blick.

Hauptteil
Vorstellung des Romans
Überleitung zu Gärtner/Garten

Der **Garten** scheint ihr auf mythische Weise „der Zeit und Geschichte enthoben" (Z. 19) zu sein, während die individuellen Erlebnisse der unterschiedlichen Hausherren an einzelne Epochen der deutschen Geschichte gebunden seien. Der Garten stehe im Wechsel der Jahreszeiten für den „**zyklischen Modus des Mythos**" (Z. 33 f.), der sich losgelöst von der geschichtlichen Entwicklung in der ewigen „Wiederkehr des Gleichen" (Z. 59) ständig erneuere.

Das Mythische des Gartens

Der **Gärtner** ist für Schöll eine „**mythische Figur**" (Z. 34) und **kein Individuum**. Im Unterschied zu den übrigen Romanfiguren wirke er besonders **rätselhaft**: Niemand wisse, woher er komme, er lebe allein am Waldrand, alle nennten ihn nur den Gärtner, als habe er keinen Namen. Er zeichne sich durch Schweigsamkeit aus, wirke „alterslos" (Z. 35) und scheint eins mit dem Stück Land und der Natur zu sein, deren zyklischer Struktur er folge. Eine weitere Besonderheit ist nach Schöll sein beständiges **Tätigsein**, dem bei den anderen Figuren der Fokus auf das Erleben bzw. Reflektieren gegenüberstehe. Er arbeite schlicht, wie Schöll anhand eines längeren Zitates aus dem Roman belegt (vgl. Z. 44–56): Während der Architekt, zusammen mit seinem Vetter über die Gartenarchitektur philosophiert, wird der Gärtner

Das Mythische des Gärtners

gezeigt, wie er mehrmals eine Schubkarre an den beiden vorbeischiebt, ohne in das Gespräch mit einbezogen zu sein. Schöll unterstreicht mit dem Zitat, dass vom Gärtner **nicht das Einmalige** erzählt werde (vgl. Z. 37), sondern das, was immer **wiederkehrt**: wie er im Zyklus der Jahreszeiten mit „rituellen Handlungen" (Z. 41 f.) der Gartenarbeit den Garten beständig pflege und immer wieder neu zum Blühen und Gedeihen bringe.

Schöll betrachtet vor dem Hintergrund des Zitats den Garten mit dem zyklisch Wiederkehrenden als „,Bühne'" (Z. 57) für die Darstellung der **geschichtlichen Ereignisse** des Romans. Sie resümiert, dass in der **Geschichte des Hauses**, die für das Außerordentliche stehe, sich ein **teleologisches Verständnis** des Historischen artikuliere, während der Garten den „sich ständig erneuernde[n] **Mythos**" (Z. 60) widerspiegele.

Garten und Haus: Unterschied

Die Verfasserin **grenzt** in diesem Auszug also deutlich den **Gärtner** und den von ihm gepflegten **Garten** von den **Grundstücksbesitzern** und dem darauf **gebauten Haus** ab: Erstere stünden dem **Mythischen** nahe und Letztere folgten dem Muster einer **linear-chronologischen Geschichtsdarstellung**.

Fazit: Schölls Interpretationsansatz

TEILAUFGABE 2

Die Geschichte des Gärtners und seines Gartens erzählt Erpenbecks Roman vor allem in elf eigenen Gärtner-Kapiteln. Sie trennen und verbinden die Schicksale der Bewohner des Sommerhauses am See, zu dem dieser Garten gehört. Die Aufgabe des Gärtners ist es, den Garten im Zyklus der Jahreszeiten zu gestalten, zu pflegen und im Einvernehmen mit den Hausherren weiterzuentwickeln. Der Garten wird durch die Arbeit des Gärtners zu einem **fachmännisch kultivierten Ort**, in dem immer wieder aufs Neue Blumen blühen, Pflanzen gedeihen und Obstbäume reichlich Ertrag bringen.

Überleitung
Der Gärtner und sein Garten

Julia Schöll vertritt in ihrem Aufsatz die These, der Gärtner und sein Garten in Jenny Erpenbecks „Heimsuchung" seien **mythisch** zu verstehen. Der Garten stehe für den „sich ständig erneuernden Mythos" (Z. 56 f.), und der Gärtner, der diese ständige Erneuerung bewerkstelligt, sei „kein Individuum, vielmehr eine mythische Figur" (Z. 32 f.).

Hauptteil
Arbeitsgrundlage: Schölls Grundthesen

Schöll erläutert ihre These vom Garten als mythischem Element der ständigen Erneuerung (vgl. Z. 60), indem sie ihn im Kontrast zum Haus **außerhalb des linearen Verlaufs der Zeit und der Geschichte** ansiedelt (vgl. Z. 18 f.). Das Mythische des Gartens entstehe dadurch, dass er im steten Wechsel der Jahreszeiten immer wieder neu

Schölls These: Garten als mythisches Element

aufblühe (Z. 33 f., 37–39, 60). Damit versinnbildliche er die ständige **Erneuerung** und „ewige Wiederkehr des Gleichen" (Z. 58 f.).

Den markanten Unterschied zur chronologisch voranschreitenden Geschichte begründet Julia Schöll damit, dass die ständige Erneuerung des Gartens **keine lineare Weiterentwicklung** – womöglich auch in Bezug auf einen übergeordneten Sinn und Zweck („Teleologie", Z. 59 f.) – impliziere.

Diese Deutung des Gartens in der „Heimsuchung" erscheint **plausibel**. Aber sie sollte **relativiert** werden. Denn die ständige Erneuerung des Gartens ist nicht selbstverständlich, sondern grundsätzlich gefährdet, da sie von der permanenten **Gartenpflege durch den Gärtner abhängig** ist. Dieser muss das immer wieder neue Blühen und Gedeihen des Gartens der Natur stets aufs Neue abringen und verteidigen. **Gegenkräfte** sind nicht nur die schleichende „Renaturisierung" (Z. 15; vgl. S. 9 f.), sondern auch natürliche Schädlinge wie Kartoffelkäfer (vgl. S. 43), Milben (vgl. S. 120), Marder und Maulwürfe (vgl. S. 103) oder zerstörerische Eingriffe durch Menschen (Pferde der russischen Soldaten; vgl. S. 67 f.). Der Gärtner **kultiviert** die Natur und erhält so den Garten. Diese Kultivierung ist zudem von den Vorlieben der wechselnden Hausbewohner abhängig, die den Gärtner immer wieder beauftragen, etwas am Garten zu verändern. Insofern **spielt** hier die **Historie** in den von Schöll als **mythisch begriffenen Bereich hinein**.

Relativierung der These und Kontra-Argument

Darüber hinaus ist die von Schöll behauptete „ewige Wiederkehr des Gleichen" (Z. 58 f.) eine **Übertreibung**, denn die Wiederholungsstruktur des Erblühens und Gedeihens erstreckt sich keineswegs über den gesamten Verlauf des Romans. Denn infolge seiner Abhängigkeit vom Gärtner verfällt der Garten, nachdem sich der Gärtner ein Bein gebrochen hat und den Garten nicht mehr bearbeiten kann (vgl. S. 119). Schon bald verdirbt ein Pilz das Obst, der Walnussbaum trägt keine Früchte mehr, die Rohre zur Bewässerung rosten durch (vgl. S. 119 f.). Nach dem Beinbruch des Gärtners kann man also nicht mehr davon sprechen, dass der Garten ein „sich ständig erneuernder Mythos" (Z. 56 f.) sei. Und diese Phase umfasst immerhin das gesamte letzte Drittel des Romans.

Kontra-Argument

Die immerwährende Aufgabe des Gärtners ist es, den Garten in Schuss zu halten. Julia Schöll erklärt, der Gärtner schaffe durch seine Gartenarbeit im Wechsel der Jahreszeiten stets „das immer Wiederkehrende" (Z. 38), das Gleiche. Er repräsentiere das „Konstante" (Z. 20), während man von den übrigen Romanfiguren ihr persönliches Schicksal und damit etwas „Einmaliges" (vgl. Z. 37) erfahre. Damit werde der Gärtner zu einer **mythischen Figur** (vgl. Z. 34).

Schölls These: Gärtner als mythischer Gartenarbeiter

7

Schölls Begründung für das Mythische des Gärtners erscheint erst einmal naheliegend. Er pflanzt, er sät, er erntet, er jätet Unkraut, er verbrennt Laub usw. – immer wieder **aufs Neue und in Abhängigkeit von den Jahreszeiten**. Der Gärtner hat insofern teil am „zyklischen Modus" (vgl. Z. 33), der nach Schöll Garten und Mythos verbindet.

Pro-Argument

Doch **nicht alles**, was der umtriebige Gärtner macht, fällt unter die „sich stets wiederholenden **rituellen Handlungen** im Raum" (Z. 41 f.): zum Beispiel die „Instandhaltung der Gebäude" (Z. 22), Imprägnierung von verbautem Holz (vgl. S. 106) oder gar die Reparatur der Pflüge und Eggen der Dorfbewohner. Außerdem arbeitet der Gärtner auch als Hausmeister der Hausbewohner: Er dreht für den Architekten das Wasser auf und zu, wenn dieser kommt oder geht, und heizt ihm das Haus vor (vgl. S. 30, 103). Im Übrigen vermarktet der Gärtner auch die Produkte des Gartens. Er gewinnt durch das Ausschleudern der Bienenwaben Honig, tauscht ihn zusammen mit Obst und Brennholz bei den Bauern gegen alles ein, was er zum Leben braucht, er liefert Obst und Gemüse an die Genossenschaft (vgl. S. 102 ff.).

Relativierung der These und Kontra-Argument

Ganz und gar vergeht das Mythische des Gärtners dann durch seinen **Beinbruch**, der ein tiefgehender Einschnitt in seinem Leben ist. Von diesem Moment an kann er den Garten nicht mehr tätig erneuern. **Die Wiederkehr des Immergleichen**, die Schöll als zentralen Beleg für das Mythische von Garten und Gärtner anführt, **endet**. Der Beinbruch stellt zudem etwas „**Einmaliges**" (vgl. Z. 37) dar – ein Figurenaspekt, den Schöll eigentlich nur den Hausbewohnern zuschreibt.

Kontra-Argument

Das Mythische des Gärtners begründet Schölls auch durch dessen **Rätselhaftigkeit** (vgl. Z. 25). Die Verfasserin belegt seine Eigenartigkeit mit einem Zitat aus dem ersten Gärtner-Kapitel. Dort präsentiert Jenny Erpenbeck den Gärtner als einen Menschen, von dem niemand wisse, woher er gekommen sei, der kein Grundstück besitze, am Waldrand in einer Jagdhütte lebe und den alle nur „den Gärtner" nennen, als habe er keinen eigenen Namen (vgl. Z. 25–29); er sei auffallend schweigsam (vgl. Z. 35) und „scheinbar alterslos" (Z. 35).

Schölls These: Gärtner als mythische Figur

Dass die Figur von den Dorfbewohnern nur als „der Gärtner", also mit seinem Beruf, und **nicht mit seinem Namen identifiziert** wird, darf man als Indiz für seine **Sonderstellung** werten. Ihm **fehlt** der Name als äußerer Ausweis von **Individualität**. Und tatsächlich wirkt der Gärtner über eine weite Strecke des Romans alterslos. Während bei vielen anderen Figuren das Vergehen der Zeit ausdrücklich zum Thema wird (vgl. z. B. S. 43, 71, 79), verrichtet der Gärtner die immer gleichen Arbeiten auf immer gleiche Art und Weise (vgl. z. B.

Pro-Argumente

das Zersägen von Holz, S. 29, 43, 106). Das hebt ihn aus dem Figurenensemble heraus.

Was den Gärtner zudem als **geheimnisvoll-mythisch** erscheinen lässt, ist am Ende des Romans die **Art seines Verschwindens:** Er stirbt nicht einfach, sondern er verfällt nach seinem Beinbruch, der ihm das Arbeiten verwehrt. Er wird zunehmend schwächer (vgl. S. 119) und zieht ins Gästezimmer des Hauses (vgl. S. 134). Die Leute erzählen sich jetzt merkwürdige Dinge über ihn, zuletzt, dass er (nur noch) Schnee esse (vgl. S. 164). Als ein Investor für das Haus und den Garten auftaucht, **verschwindet** der Gärtner **auf wundersame Weise** für immer (vgl. S. 164 f.). *Pro-Argument*

Es gibt jedoch eine ganze Reihe von Anhaltspunkten, die den Gärtner gar nicht mythisch abgehoben, sondern durchaus als **menschliches Individuum** erscheinen lassen (vgl. Z. 34 f.). Denn bei aller Zurückgezogenheit ist der Gärtner durchaus in **regem Austausch** mit seinen Mitmenschen. Auch wenn der Roman keine Gespräche des Gärtners mit den übrigen Figuren präsentiert, so berichtet er doch davon, dass der Gärtner ausgiebig mit seinen Mitmenschen kommuniziert. Er treibt Handel mit ihnen, er arbeitet mit ihnen zusammen, er berät sie, er bespricht mit den Hausherren die Gestaltung des Gartens (vgl. z. B. S. 27). Mit dem jungen Sohn der Schriftstellerin scheint ihn sogar eine **freundschaftliche Beziehung** zu verbinden. Er sitzt mit ihm zusammen und erklärt ihm ausführlich das Leben und Treiben der Bienen (vgl. S. 106) und scheint ihm später helfen, wenn sich der Sohn im Badehaus mit einem Mädchen vergnügt (vgl. S. 120). *Gegenthese / Kontra-Argument / Belege*

Auch wenn der eine oder andere den Gärtner für „wahnsinnig" hält (vgl. S. 26), so ist er doch **nicht nur** ein **geheimnisvoller Außenseiter.** Im Gegenteil, er ist bei den anderen hoch angesehen für sein handwerkliches und gärtnerisches Wissen und Können. Alle schätzen ihn als einen **Fachmann,** der anderen gerne mit Rat und Tat zur Seite steht. *Kontra-Argument / Belege*

Die **Entwicklung** des Gärtners **nach seinem Beinbruch** hat ebenfalls wenig Mythisches: Wie alle Menschen ist er dem Verfall unterworfen. Das Konstante, das immer Gleiche, das ihn nach Schöll „alterslos" (Z. 35) zu machen schien, findet ein Ende. Er zieht sich zurück und wird offenbar – ganz menschlich – ein **schrulliger Greis** (vgl. hierzu S. 140): Die Leute sagen ihm jetzt nach, er schneide sich die Fußnägel nicht mehr und könne deswegen schon nicht mehr richtig gehen, nur noch hinken. Außerdem ändert sich das Verhalten des Gärtners grundlegend. Er ruht nicht mehr in sich, sondern wütet *Kontra-Argument / Belege* wie ein böser alter Mann gegen den Berliner Arzt, der das Gartenhaus erworben hatte: So soll er die kleine Tochter des Hausherrn angestiftet haben, den frisch verputzten Neubau des Berliner Arztes mit Dreckklumpen zu bewerfen, und man erzählt sich im Dorf, der Gärtner behaupte, der Arzt aus Berlin habe den alten Hausherrn bei einem Krankenhausaufenthalt totgespritzt; und der Gärtner versichere, genau gesehen zu haben, wie der Berliner Arzt seine Frau mit einem Mädchen aus Frankfurt an der Oder auf dem Steg betrogen habe. Er helfe der Tochter des Hauses mit einer Räuberleiter, damit sie sich heimlich aus dem Haus davonstehlen kann (vgl. S. 150).

Schölls durchgängige Kontrastierung des Hauses und der Grundstücksbesitzer auf der einen Seite mit dem Garten und dem Gärtner auf der anderen Seite bleibt von diesen Einwänden gegen ihre Lesart allerdings weitgehend unberührt. Die Verfasserin hat recht, wenn sie den Gärtner und den Garten als **Kontrastfolie** für die eng mit der Historie verbundenen Lebensgeschichten der anderen Figuren betrachtet. Dies liegt nicht nur daran, dass die geschichtlichen Entwicklungen kaum Auswirkungen auf den Gärtner haben, sondern auch an Erpenbecks Erzählweise: Der – auch von Schöll erwähnte (vgl. Z. 24) – **neutrale Erzählmodus**, der in den Gärtner-Kapiteln vorherrscht, steht in deutlichem **Gegensatz** zu den **Innensichten**, die in den anderen Kapiteln Einblick in die Auswirkungen der **Geschichte auf die persönlichen Schicksale** gewähren.

<small>Schölls These: Kontrast zwischen Garten / Gärtner und Haus / Bewohner
Pro-Argument</small>

In dieser Konstrastierung muss man aber nicht gleich zwei unterschiedliche Sichtweisen auf Geschichte erblicken, wie Schöll es tut (vgl. Z. 59 f.: „Teleologie versus sich ständig erneuernder Mythos"). Dafür sind die Sphären – wie deutlich geworden sein sollte – **zu wenig klar voneinander abgegrenzt**.

<small>Kontra-Argument</small>

Auch wenn sich dem Garten und dem Gärtner **mythische Züge** zuschreiben lassen, geht vor dem Hintergrund der obigen Argumentation die **Absolutheit**, mit der Schöll diesen die Zugehörigkeit zum Mythischen bescheinigt, zu weit. Immer mehr verloren geht das Mythische im letzten Drittel des Romans, nachdem der Gärtner nicht mehr arbeiten und den Garten im Zyklus der Jahreszeiten nicht mehr aufblühen lassen kann.

<small>Fazit</small>

Hessen Deutsch ▪ Leistungskurs
Übungsaufgabe 2 ▪ Textinterpretation

MENSCH UND KUNSTFIGUR

Erlaubte Hilfsmittel
- E.T.A. Hoffmann: *Der Sandmann*
- ein Wörterbuch der deutschen Rechtschreibung
- eine Liste der fachspezifischen Operatoren

Aufgabenstellung

1 Fassen Sie Ovids Verserzählung knapp zusammen und interpretieren Sie seinen Text. (35 BE)

2 Vergleichen Sie die im *Sandmann* beschriebene Liebe Nathanaels zu Olimpia mit der antiken Vorlage besonders in Hinblick auf die jeweilige epochenspezifische Welterfahrung und Weltdeutung. (40 BE)

3 Erörtern Sie ausgehend von M 2 und seiner Wortwahl, inwiefern sich der Umgang mit etwas „Menschenähnlichem" im 21. Jahrhundert von dem der Romantik unterscheidet. (25 BE)

Material 1   Ovid (43 v. Chr. –17 n. Chr.): Pygmalion

[...]
Weil er diese[1] gesehen ihr Leben verbringen in Unzucht,
weil die Menge der Fehler ihn abstieß, die die Natur dem
weiblichen Sinne gegeben, so lebte Pygmalion einsam
ohne Gemahl[2] und entbehrte gar lange der Lagergenossin.
5 Weißes Elfenbein schnitzte indes er mit glücklicher Kunst und
gab ihm eine Gestalt, wie sie nie ein geborenes Weib kann
haben, und ward von Liebe zum eigenen Werke ergriffen.
Wie einer wirklichen Jungfrau ihr Antlitz, du glaubtest, sie lebe,
wolle sich regen, wenn die Scham es nicht verböte.
10 So verbarg sein Können die Kunst. Pygmalion staunt und
fasst in der Tiefe der Brust die Glut für das Bild eines Leibes.
Oftmals berührt er sein Werk mit der Hand und versucht, ob es Fleisch, ob
Elfenbein sei, und versichert auch dann, kein Elfenbein sei es,
gibt ihm Küsse, vermeint sie erwidert, spricht an und umfängt es,
15 glaubt, seine Finger drückten dem Fleisch ihres Leibes sich ein und
fürchtet, es mache der Druck das berührte Glied sich verfärben.
Schmeichelworte sagt er ihm bald, bald bringt er Geschenke,
wie die Mädchen sie lieben, geschliffene Steine und Muscheln,
kleine Vögelchen auch und tausendfarbige Blumen,
20 Lilien, farbige Bälle und die von Bäumen getropften
Tränen der Heliostöchter[3]; auch schmückt er den Leib ihr mit Kleidern,
gibt ihren Fingern den Ring, eine lange Kette dem Halse;
zierliche Perlen hangen vom Ohr, auf der Brust ein Geschmeide.
All das ziert sie, doch war sie auch nackt nicht weniger schön zu
25 schauen. Er legt sie so auf die purpurfarbenen Decken,
nennt sie Genossin des Lagers, er stützt ihren Nacken mit weichen,
flaumigen Kissen und bettet ihn sanft, als ob er es fühle.
Wieder ist da der Tag der Venus, gefeiert im ganzen
Cypern; das weite Gehörn vergoldet, waren die jungen
30 Rinder, im weißen Nacken getroffen, niedergesunken;
Weihrauch dampfte; Pygmalion trat, nachdem er geopfert,
hin zum Altar: „Vermögt ihr Götter alles zu geben",
bat er schüchtern, „so sei meine Gattin" – ‚die Elfenbeinjungfrau'
wagte er nicht und sprach – „meiner elfenbeinernen ähnlich."
35 Venus, die goldene, die ihrem Feste zugegen, verstand wohl,
was mit dem Wunsche gemeint; ein Zeichen der günstigen Gottheit,
hob sich dreimal die Flamme und trieb in die Luft ihre Spitze.
Als er zurückkam, eilt er sogleich zu dem Bild seines Mädchens,
wirft sich aufs Lager und gibt ihr Küsse. Sie schien zu erwarmen.
40 Wieder nähert den Mund er, betastet die Brust mit der Hand, da
wird das betastete Elfenbein weich, verliert seine Starrheit,
gibt seinen Fingern nach und weicht, wie hymettisches Wachs[4] im

Strahl der Sonne erweicht, von den Fingern geknetet, zu vielen
Formen sich fügt und, gerade genutzt, seinen Nutzen bekundet.
45 Während der Liebende staunt, sich zweifelnd freut, sich zu täuschen
fürchtet, prüft mit der Hand sein Verlangen er wieder und wieder:
Fleisch ist's und Bein! Es pochen vom Finger betastet die Adern.
Worte aus voller Brust, mit denen Venus er danke,
fasst der Paphier[5] da. – Auf den Mund, der endlich ihn nicht mehr
50 täuschte, presst er den seinen. Die Jungfrau fühlte die Küsse,
und sie errötete, sah, als empor zum Licht sie die scheuen
Lichter erhob, zugleich mit dem Himmel den liebenden Jüngling.
Gnädig ist Venus der Ehe, die sie selbst gestiftet, und als die
Hörner des Mondes sich neunmal zum vollen Runde vereint, hat
55 jene die Paphos geboren, nach der die Insel benannt ist.

Aus: Ovid: Metamorphosen Buch X. Ins Deutsche übertragen von Erich Rösch.
München und Zürich: Artemis & Winkler 1996, S. 371–373.

Zum Autor
Ovid (Publius Ovidus Naso, 43 v. Chr. – wohl 17 n. Chr.), römischer Dichter, griechisch gebildet.
Seine 8 n. Chr. vollendeten *Metamorphosen* (Verwandlungsmythen) gelten als Meisterwerk
römischer Hochklassik.

Anmerkungen
1 *diese:* die Propoetiden; Frauen, die sich prostituierten und denen Liebe unbekannt war
2 *Gemahl:* gemeint ist: Gemahlin
3 *Tränen der Heliostöchter:* Bernstein
4 *hymettisches Wachs:* Wachs aus Bienenwaben des Hymettos-Gebirges
5 *Paphier:* Pygmalion

Material 2 Werbeanzeige

Das ist Pepper
Ihre helfende Hand aus der Zukunft

Neugierig, hilfsbereit und selbstständig: Dies sind nur drei von Peppers wichtigsten Eigenschaften, die Ihnen den Alltag erleichtern. Entwickelt als „Companion Robot" (Roboter-Gefährte), ist er darauf ausgelegt, informativ und kommunikativ zu agieren. Die Kommunikation mit Pepper erfolgt intuitiv und unkompliziert, da er in der Lage ist, Emotionen anhand von Körpersprache, Mimik und Stimmlage zu interpretieren und entsprechend zu reagieren.

So bereichert Pepper Ihr Unternehmen

Mit aufgeweckten Augen und einem kleinen Zwinkern schaut Pepper uns an und lernt durch Entrance die Welt um sich herum immer besser verstehen. Pepper ist die Verkörperung der kommenden sympathischen KIs und lässt uns erahnen, was in den kommenden Jahren alles möglich wird. Noch sind Roboter selten und grenzen Ihr Unternehmen positiv von der Konkurrenz ab – durch Pepper wird die Fortschrittlichkeit Ihres Unternehmens sichtbar.

Mit Entrance zu Ihrem Pepper

Entrance macht Ihre Visionen zur Realität. Wir sind nicht nur einer der ersten offiziellen Vertriebspartner, sondern erwecken Pepper zum Leben. Wir machen aus einem humanoiden Roboter mit künstlicher Intelligenz Ihren personalisierten Weggefährten, der Sie und Ihren Alltag bereichert. Wenn Pepper aus seiner Box kommt, muss er noch viel lernen. Mithilfe unserer Experten und der Entrance-Software können wir Pepper das beibringen, was Sie sich zu Ihrer Unterstützung wünschen.

Pepper – Roboter-Spezifikationen
Übersicht der Systemeigenschaften

Allgemeine Daten:

- 120 cm
- 28 Kg
- LEDs an Kopf, Augen, Ohren, Schultern
- 3 omnidirektionale Rollen
- 3 km/h Maximalgeschwindigkeit
- Anti-Kollisions-System
- 12 Stunden Akku
- 20 Bewegungsgrade

© ENTRANCE Robotics GmbH

> **TIPP** Bearbeitungshinweise

Teilaufgabe 1: Ovid gehört zu den griechisch gebildeten großen römischen Dichtern der Augustuszeit. Im Mittelteil seines Hauptwerks *Metamorphosen* erzählt er in klassischen Hexametern durchgehend – ohne Zwischenüberschriften zu setzen – griechische Verwandlungsmythen auf seine Weise nach. Der Nebensatz, mit dem die Pygmalion-Geschichte anfängt (M 1, Z. 1: „Weil ..."), knüpft also an die vorangegangene Begebenheit an, in der bereits von der Schlechtigkeit der Frauen auf Zypern die Rede war.
Klären Sie das **Wer, Was, Wo, Wann und Wie**. Vollziehen Sie Ovids Gliederung nach, fragen Sie sich, aus welchem Geist heraus hier die Liebe des Künstlers zum Werk erzählt wird bzw. in welcher Art von Vorstellungswelt oder Weltbild Ovids Geschichte verankert ist. Während Sie darüber nachdenken, wird sich Ihnen bereits der große Unterschied zwischen Ovid und Hoffmann bzw. zwischen Pygmalion und Nathanael aufdrängen, sodass Sie leicht eine **Überleitung** zu Aufgabe 2 finden können.
Zu Beginn von **Teilaufgabe 2** muss zudem umrissen werden, welche inhaltlichen Vorgänge und „Stellen" im *Sandmann* es sind, die den Vergleich mit M 1 nahelegen. (Im Lösungsvorschlag wird die Reclam-Ausgabe Stuttgart 2003 zitiert.) Um Ihre Gegenüberstellung der beiden Texte zu **strukturieren**, sollten Sie nach geeigneten **Unteraspekten** suchen und darstellen, ob sich hierzu **Gemeinsamkeiten, Ähnlichkeiten oder Unterschiede** finden lassen. Da *Der Sandmann* Pflichtlektüre war, kann erwartet werden, dass Sie den Text über die textimmanente Darstellung hinaus auch als **Werk seiner Epoche** deuten und aus dem Vergleich heraus den Unterschied zwischen römischer Klassik und Romantik in einigen Merkmalen charakterisieren können.
M 2 ist in **Teilaufgabe 3** nicht um seiner selbst willen zu interpretieren oder zu analysieren. Seine Funktion ist es vielmehr, **Impulsgeber** und Beispieltext für Ihre Erörterung zu sein. Aufschlussreich ist darin die Kombination der **Sprachbereiche**. Führen Sie ein paar **Beispiele für den heutigen Umgang mit Robotik**/Künstlicher Intelligenz (KI) an.

Lösungsvorschlag

TEILAUFGABE 1

Ovid hat in seiner 8 n. Chr. vollendeten Sammlung von *Metamorphosen* auch die Geschichte des zyprischen (vgl. V. 29) Künstlers **Pygmalion** aufgenommen, dessen von ihm geschaffene **Elfenbeinstatue** sich durch die Gunst der **Göttin Venus** in eine Frau aus Fleisch und Blut verwandelt. Er erzählt von dieser außerordentlichen Begebenheit im unaufgeregten epischen Präteritum und linear in vier Schritten.

Einleitung
Autor, Titel, Jahr, Thema

Die **vier ersten Verse** genügen, um in die Situation einzuführen: Pygmalion, obwohl jung (vgl. V. 52), lebt einsam. Zwar leidet er darunter, ohne „Lagergenossin" (V. 4) zu sein, aber von den Frauen des Landes fühlt er sich abgestoßen.

Zusammenfassung
1. Abschnitt: Situation Pygmalions

Der **zweite Abschnitt** (V. 5–27), mit 23 Versen der umfangreichste, hat die Liebe des Künstlers zu seinem Werk zum Gegenstand. Es glückt Pygmalion, aus Elfenbein die Gestalt einer Jungfrau zu erschaffen, die alle Natur an Vollkommenheit übertrifft, zugleich aber so lebensecht erscheint, dass er staunt und kaum glauben kann, dass sie tatsächlich nur aus Elfenbein ist. Er berührt sie und hat den Eindruck von warmer Haut; er küsst sie und bildet sich ein, dass sie seine Zärtlichkeiten erwidert. Er spricht zu ihr und fängt an, ihr hübsche Geschenke zu bringen und sie mit Kleidern und Geschmeide zu schmücken. Schließlich legt er sie auf purpurne Decken, nennt sie „Genossin des Lagers" (V. 26) und stützt ihren Nacken fürsorglich mit Kissen.

2. Abschnitt: Pygmalion und sein Werk

Als (**Abschnitt 3**, V. 28–37) das Fest der Liebesgöttin Venus gekommen ist, opfert auch Pygmalion entsprechend dem Brauch des Landes. Er ist sich der Vermessenheit seines Wunsches bewusst und wagt nicht, ihn direkt auszusprechen. Dennoch trägt er schüchtern und nur kaum bemäntelt seine Bitte vor, Venus möge ihm eine Gattin gewähren, die „[s]einer elfenbeinernen ähnlich" (V. 34) sei. Das besondere Auflodern der Opferflamme liest er als günstiges Zeichen.

3. Abschnitt: Bitte an die Göttin

Der **Schlussabschnitt** (V. 38–55) erzählt das Wunder: Pygmalion eilt nach Hause zurück zur „Elfenbeinernen", stutzt, freut sich zweifelnd, fürchtet, sich zu täuschen (vgl. V. 45 f.), und erlebt dann überglücklich, wie wirklich das Abbild zum Leben erwacht, die Augen öffnet und „zugleich mit dem Himmel den liebenden Jüngling" (V. 52) erblickt. Die Erzählung schließt mit dem Dank an Venus, die, der Ehe gnädig, auch diese Ehe gestiftet habe. Neun Monate später wird die Tochter Paphos geboren.

4. Abschnitt: glückliches Ende dank Wunder

Ovids Fassung des griechischen Pygmalion-Mythos ist so etwas wie die **Verherrlichung der Kunst**. Er entfaltet eine wohlgeordnete Welt. Auf der Erde leben die Sterblichen, die von Natur aus fehlerhaft und sogar auch lasterhaft sein können wie die von Pygmalion abgelehnten Frauen seines Landes. Über den Sterblichen wohnen die Götter, denen die Menschen opfern und die sie verehren. Pygmalion aber genügt nicht, was er auf Erden findet. Er überragt die Menschen in seinem Anspruch und Schönheitssinn. Durch seine Kunst wird er zu einer Art **Mittler zwischen den Sphären**, denn seine Hände erschaffen, was es vorher nicht gab. Es gab Natur, und es gab Geist und das körperlose Ideal. In seinem Werk aber verbinden sich Natur (im Naturstoff Elfenbein) und Geist zu einer Gestalt, „wie sie nie ein

Interpretation
Status des Künstlers und seines Werks

geborenes Weib kann / haben" (V. 6f.). Das **Werk übertrifft** also die **Natur** und verhilft dem Ideal zur Anschauung. Venus scheint die Liebe Pygmalions und die Meisterschaft der Skulptur zu achten, denn gnädig haucht sie ihr Leben ein. Dass **das Schöne gut** und das Gute wahr sei, gehört zu den Grundüberzeugungen des antiken und idealistisch-klassischen Denkens.

Auffällig ist, wie detailliert und sich in Pygmalion einfühlend Ovid im zweiten Abschnitt von dessen Liebe, seinem Entzücken über die bekleidete und die nackte Schönheit „der Elfenbeinernen", von seinen Zärtlichkeiten und Geschenken für sie erzählt. Offensichtlich nimmt Ovid sich hier Zeit, um **einen allmählichen inneren Prozess in Pygmalion** nachvollziehbar zu machen. In dieser einzigen Skulptur ist es ihrem Schöpfer gelungen, dass „sein Können die Kunst [verbirgt]" (V. 10), sodass auch er selbst sich immer wieder zu täuschen glaubt, wenn er sie anschaut oder berührt. Dennoch gerät er nicht in grundsätzliche Erkenntniszweifel, denn konsequent ist „die Elfenbeinerne" zunächst mit dem Personalpronomen „es", also der Form des Neutrum für „das Bild eines Leibes" (V. 11) oder „das Werk" bezeichnet (so V. 12, 13, 14; V. 17: „ihm"), und Konjunktivformen und andere Formen des Als-Ob durchziehen den Text (Er „vermeint", „glaubt", „fürchtet, es mache": V. 14ff.; V. 27: „als ob ..."). Ab Vers 21 allerdings wechselt das Personalpronomen in das Femininum: Pygmalion schmückt „ihr" den Leib, gibt „ihren Fingern" den Ring. Mehr und mehr wünscht er sich, sie wäre wirklich seine Lagergenossin. Aber er **verfällt keinem Wahn**, sondern braucht den göttlichen Beistand zur Erfüllung seines Wunsches. Also bricht er zum Altar der Venus auf, um ihr seine Bitte vorzutragen.

Beziehung Pygmalions zu seiner Skulptur

Von uns aus gesehen erstaunt, dass im erzählten Geschehen nicht der Hauch eines schiefen Gefühls aufkommt, weder der Verdacht des Perversen noch der Vorwurf der Verdinglichung der Frau zum Objekt des Mannes, weder moralische noch psychologische Bedenken und auch keinerlei Ironie oder Einwände bezüglich der chemischorganischen oder physikalischen Möglichkeit dieser Verwandlung. Ovid hat also den Mythos als **Mythos** beibehalten ohne die Versuchung, ihn im modern denkenden Rom Ovids „modern" auszulegen. Wohl aber gibt es **moralisches Empfinden**. Pygmalion verurteilt die Prostitution (vgl. V. 1 ff.); und er erkennt das dem Menschen gesetzte Maß an, sodass er der Göttin sein vermessenes Anliegen nur „schüchtern" (V. 33) vorzutragen wagt. Und die Jungfrau empfindet Scham, als sie erwacht: Sie errötet und erhebt vorerst nur scheu den Blick (vgl. V. 51 f.). Insgesamt aber ist Ovids Nachdichtung ein schönheitstrunken-vorchristlich-antiker Text voll **freudiger Sinnlichkeit und Liebe** (vgl. V. 11), in dem „**Kunstgenuss**" wörtliche Bedeutung gewinnt.

Ovids Mythosdeutung als Bekenntnis zur Sinnlichkeit

TEILAUFGABE 2

Etwa 1800 Jahre nach Ovids *Metamorphosen* kehrt in der europäischen Literatur das Motiv wieder, dass ein junger Mann sich in das kunstvolle Ab- oder Nachbild einer vollendet schönen Jungfrau verliebt. In **E.T.A. Hoffmanns Erzählung** *Der Sandmann* ist es der Student **Nathanael**, dem es widerfährt, **Olimpia**, der vermeintlichen Tochter seines Professors Spalanzani, zu verfallen.

Überleitung zu *Der Sandmann*

Pygmalion verliebt sich in das Werk seiner Hände – und ist sich dieses Sachverhalts bewusst. Nathanael aber ist eines Tages wie verhext, „**wie festgezaubert**" (S. 29) vom Anblick einer Schönen, die de facto **eine Automate** ist, die ihm unbekannte Konstrukteure erschaffen haben, eine Apparatur mit Glasaugen, beweglichen Gliedmaßen und eingebautem Räderwerk. Im Gegensatz zu Pygmalion weiß er also nicht, wer oder was bzw. woraus die Schöne eigentlich ist. Anfangs ahnt er noch so etwas wie Täuschung, denn als er sie das erste Mal von seinem Fenster aus im Haus gegenüber erblickt, gesteht er sich zwar ein, nie eine schönere Figur („einen schöneren Wuchs") gesehen zu haben, empfindet sie aber ebenso wie seine Freunde noch ganz richtig als „steife, starre [...] schöne Bildsäule" (S. 27).

Vergleich
Verhältnis des Protagonisten zur Kunstfigur

Pygmalion ist ein alter Mythos, eine der wunderbaren oder sagenhaften Erzählungen vom Eingreifen der Götter ins Menschenleben. Venus schenkt der „Elfenbeinernen" Leben und segnet so gleichsam das Paar. Was da geschieht, ist dem kunstfertigen Pygmalion in seiner redlichen Liebe zu gönnen; es beglückt, dass die Welt bei Ovid so sinnreich eingerichtet ist wie das Ende unserer Märchen. **In der Welt des** *Sandmann* hingegen agieren statt freundlicher Gottheiten Betrug und irrational-diffuse „**feindliche Mächte**" **oder dämonische Kräfte**. Nathanael ist sich sicher, dass ihnen einst sein Vater zum Opfer fiel und dass sie auch ihn schon als Kind in Bann geschlagen und traumatisiert haben. Nun kehren sie – nachdem doch seine Freundin Clara ihn mit der Kraft ihrer Ratio gegen solche Ängste gefeit zu haben schien – für ihn in der Gestalt des Wetterglashändlers Coppola wieder.

die Rolle übersinnlicher Kräfte

Dass Nathanael eine Automate lieben kann, hat Gründe und Ursachen. Sie ist ästhetisch vollendet schön; aber das bezwingt ihn, im Unterschied zu Pygmalion, anfangs noch nicht. Es müssen noch **Manipulation und Magie von außen** hinzukommen und seine eigene besondere **dichterische Veranlagung**.

Auslöser für Liebe

Den Wendepunkt bringt der Kauf eines kleinen **Taschenperspektivs**, wohl eine Art Opernglas. Widerwillig kauft Nathanael es dem sehr unheimlichen Händler Coppola ab, um ihn möglichst schnell wieder loszuwerden. So ein Glas holt Fernes näher heran. Indem er

Prozess des Sich-Verliebens

seinen Blick aber durch dieses optische Gerät auf Olimpia im Haus gegenüber richtet, belebt und beseelt sie sich ihm plötzlich. Statt der vorherigen Starre ist ihm nun, als ‚entzünde' sich ihre Sehkraft: „immer lebendiger und lebendiger flammten die Blicke" (S. 28). Da verliebt er sich Hals über Kopf in die Automate und vergisst Clara. Wenig später gibt Professor Spalanzani in seinem Haus einen Ball, um Olimpia als seine Tochter in die Gesellschaft einzuführen und wohl vor allem ihre Wirkung auf Menschen zu testen. Nathanael ist eingeladen, und wieder entfaltet das Glas seine übernatürlichen Kräfte. Sie singt, er schaut durchs Glas nach ihr, und da erkennt er ihren auf ihn gerichteten „Liebesblick, der zündend sein Inneres durchdrang" (S. 31). Noch ergeben sich Irritationen. Als Parallele zu Pygmalion spürt auch Nathanael zunächst die kalte Hand und die kalten Lippen der Schönen. Beide erleben dann aber, wie sich **Hand und Lippen** unter ihren Zärtlichkeiten bald warm und **lebendig anfühlen**. Dennoch hat Hoffmann, ganz anders als Ovid, diese Situation superlativisch und **schauerromantisch** ausgestaltet und die Assoziation des Todes hinzugefügt: „Eiskalt" war Olimpias Hand, er „fühlte sich durchbebt von grausigem Todesfrost" (S. 31). „[E]iskalte Lippen begegneten seinen glühenden", ein inneres Grausen erfasst ihn und er muss an die Legende von der toten Braut denken (S. 33). Pygmalion hat solche Anwandlungen nie.

Der wohl triftigste Grund dafür, dass Nathanael in die Lage geraten kann, einem künstlichen Menschen zu verfallen, sind sein **Narzissmus** und seine beträchtliche Vorstellungs- und **Einbildungskraft**. Nicht Venus macht – gleichsam objektiv – „die Bildsäule" lebendig, sondern Nathanael bildet sich ihre Lebendigkeit **subjektiv** ein, als wäre er ihr Schöpfer. Sie wird ihm zur beseligenden wahren Geliebten, weil er seine tiefsten Gedanken und Gefühle auf oder in sie **projiziert**. Sie lebt, weil er es sich so fingiert und sich wahnhaft in den Schleifen seines Selbstbezugs verfängt. Sie spricht nicht, aber ihm fällt das Fehlen von echter Kommunikation gar nicht auf. Sie verfügt nur über ein monoton wiederkehrendes „Ach, Ach!". Aber in diesem „Ach" drücken sich ihm die reichsten Schattierungen eines menschlichen Gemüts zumal dann aus, wenn er ihr seine eigenen Dichtungen vorliest. Von niemandem sonst fühlte er sich je besser verstanden.

<small>Nathanaels Narzissmus und Realitätsverlust</small>

Nathanael hat also die **romantische** Fähigkeit, sich **die Welt zu poetisieren** (sie sich als seine Dichtwelt zu erschaffen und umzudeuten), aber er verliert dabei die Fähigkeit, zwischen Spiegel und Spiegelbild, Realität und Selbstsuggestion, Sachverhalt und „Phantom des Inneren" (Clara) zu unterscheiden. Er glaubt, Resonanz zu erfahren, begegnet aber letztlich nur sich selbst und lässt sich auch vom besorgten Freund Siegmund nicht auf den Boden der Tatsachen zurückholen. Seine arrogante Erwiderung: Gott tue sich in Zeichen, in

<small>Epochenbezug</small>

Hieroglyphen kund, für die prosaische Menschen nun einmal keinen Sinn hätten. Nur poetische Naturen wie ihm sei gegeben, Olimpias wenige Worte als göttliche Hieroglyphen zu erkennen und zu lesen.

Ovid und Hoffmann richten es jeweils so ein, dass **zwei Frauenbilder** miteinander **konkurrieren**. Pygmalion lehnt den Lebenswandel der ihm bekannten realen Frauen ab und wendet sich darum dem idealisierten Bildnis zu. Bei Hoffmann aber wäre das Kind der Aufklärung, die vernünftige und liebevoll um Nathanael besorgte **Clara**, vielleicht seine Rettung gewesen, aber in Verdrehung der wahren Verhältnisse beschimpft er gerade sie als „lebloses, verdammtes Automat" (S. 25) und zählt sie verächtlich den „prosaischen Gemütern" zu, die keinen Sinn für Höheres haben.

Mann zwischen zwei Frauenbildern

Mit Vernunft also ist ihm nicht mehr beizukommen, Argumente überzeugen ihn nicht mehr. Ihm widerfährt die Gefährdung des in sich selbst verstrickten genialischen Ich. Pygmalion verlor nie den Boden unter den Füßen. Die Empfindungen Nathanaels dagegen schwanken **zwischen Extremen:** zwischen Todesfurcht und Liebesglut (immer in der Metaphorik des Feuers und Lichts), zwischen Unheimlichem (Coppola, Coppelius) und Himmelsglanz, zwischen Verteufelung und Verherrlichung. **Seine Liebe** ist schwärmerisch **überspannt**. Statt der freudigen Erotik bei Ovid ist sie im *Sandmann* kaum sinnlich, sondern erschnt Innerlichkeit und die Übereinstimmung der Seelen. Die Welt des Pygmalion ist heiter und klar. Man kann an Winckelmanns Formel von der „edlen Einfalt" und „stillen Größe" denken, die er für die antike wie für die zeitgenössische Klassik geprägt hat. Nathanaels Welt aber ist weder maßvoll schlicht noch still, sondern berührt **Sphären des Unheimlichen und rational Unerklärlichen**. Hoffmann verstärkt diesen Eindruck mit vielfachen Brüchen der Erzählperspektive. Niemand, auch nicht der Erzähler, kann sich mehr dafür verbürgen, was eigentlich wahr ist oder vielleicht doch schon Wahn. Im Zeitalter der Vernunft brach der Glaube an die Vernunft in der Zeit der *Terreur* der Französischen Revolution jäh zusammen. **Die deutschen Romantiker**, vernunftskeptisch geworden, erfuhren und erforschten, dass jenseits der Ratio dunkle psychische und überhaupt irrationale Wirkkräfte die Welt bestimmen und in der Lage sein können, auch den Menschen zu manipulieren und experimentell zur Marionette ideologischer Zwecke zu machen. Und da bei Hoffmann nicht mehr die lichten griechischen Götter die menschlichen Geschicke lenken, sondern tückische Mechaniker und Ingenieure des beginnenden Industriezeitalters sich Menschen wie Nathanael als Probanden aussuchen, steht am Ende **nicht die glückliche Metamorphose, sondern das Desaster:** die wütende Zerstörung der Automate Olimpia, die Nathanael in den Wahnsinn treibt und letztlich in den Tod.

Menschen- und Weltbild

TEILAUFGABE 3

Vor der Zerstörung der Olimpia durch ihre Konstrukteure hatte Nathanael keine Ahnung davon, dass es so etwas überhaupt geben könnte: Maschinen in Menschengestalt, mechanische Menschenimitate mit Aufziehschlüssel. Spalanzani & Co. haben den Arglosen aufs Grausamste zu ihrem Spielball gemacht.   *Überleitung künstlicher Mensch im Sandmann*

Uns kann so etwas heute wohl nicht mehr passieren, denken wir. Wir haben uns daran gewöhnt, dass zum Ehrgeiz der Ingenieurskunst zunächst der mechanische Automat mit bestimmten Bewegungsabläufen und Greifarmen gehörte. Er wird in Arbeitsprozessen eingesetzt. Wir gruseln uns nicht vor solchen Maschinen, diskutieren höchstens, dass durch **Automatisierung** Arbeitsplätze wegfallen. In China und den USA spenden neuerdings Roboter als „automatische Schulschwestern" Desinfektionsmittel und messen Fieber. Wie praktisch! Diskutiert wird ihr Einsatz auch in der Altenpflege, was schon eher unangenehm berührt.   *Einsatz von Robotern heute*

Seit den großen Fortschritten in heutigen Hightech-Laboren regt sich allerdings doch wieder die tief in uns sitzende **Furcht**, eine **KI**, eine menschengeschaffene **künstliche Intelligenz als selbstlernendes System**, könnte sich eines Tages von ihrem Schöpfer emanzipieren, ihn übertreffen und die Kontrolle an sich reißen. Es ist und bleibt unheimlich, wenn ein Supercomputer amtierende Schachmeister besiegt, weil er schneller, komplexer und bar aller Emotion kombinieren und taktieren kann. Manche in meiner Jahrgangsstufe nutzen als faszinierendes Spielzeug den Sprachassistenten „Alexa", der auf einer von Amazon entwickelten Software basiert. Da er (im Gegensatz zu uns) eine Cloud-Anbindung hat, kann er an Fragen und Antworten der Nutzer anschließen und daraus lernen – und vielleicht bald besser argumentieren und debattieren als die Runde der menschlichen Teilnehmer. Auch unsere Nachbarin hat „Alexa". Im Gespräch gestand sie mir neulich, dass sie sich scheue, sich in deren Gegenwart zu unterhalten. Sie fühle sich „belauscht".   *KI: Chancen und Befürchtungen*

Der **Roboter Pepper** wird ebenfalls durch die entsprechende Software zu einer KI, mit der er „informativ und kommunikativ zu agieren" lernt. Die Werbung verspricht, dass der Erwerb dieses Produkts ein Unternehmen bereichern und – als Symbol des Fortschritts – „positiv von der Konkurrenz ab[grenzen]" werde. Ihre Deutung des Sachverhalts: Die Herstellung von KI sei ein menschlicher Traum, eine Vision, die mit Pepper Realität werde.   *Auswertung der Pepper-Werbung*

Die Pepper-Werbung insgesamt ist darauf ausgerichtet, die eventuelle Grundangst vor künstlicher Intelligenz zu brechen, indem sie mit dem **Kindchen-Schema** arbeitet. Pepper ist niedlich mit seinem netten Namen, seinem runden Kopf und seinem gewinnenden Zwinkern. Er ist kein Frankenstein-Monster, sondern von kleiner Gestalt. Wohl ganz automatisch lächelt das Menschenpaar bei Peppers Begrüßung. Wie ein Neugeborenes kommt Pepper unfertig aus seiner Box und muss – mit der Software der Firma Entrance – lernen, „die Welt um sich herum immer besser [zu] verstehen". Er sei die Verkörperung der „kommenden sympathischen KIs", die „helfende Hand aus der Zukunft". Pepper wird deklariert als „humanoider", also als menschenähnlicher Roboter. Und so gehören zu ihm einerseits technische Daten (aufgelistet), andererseits werden ihm (im Fließtext) menschliche Eigenschaften zugesprochen: Er sei „[n]eugierig, hilfsbereit und selbstständig"; er könne „intuitiv" auf Menschen reagieren. Er ist nicht nur ein „Assistent" wie „Alexa", vielmehr entwickle er sich zum Freund, **zum Gefährten** („Weggefährten"/„Companion Robot").

Mein Freund, der Apparat mit dem 12-Stunden-Akku? Gerade dadurch, dass Pepper mit derart vielen Attributen ins Menschenähnliche oder doch Menschenkompatible gerückt wird und so etwas wie Zuneigung hervorruft, regt sich in mir Widerstand, hinter dem Beängstigung steht. Es erschrickt mich besonders die Auskunft, Pepper reagiere „intuitiv". Ist **Intuition** nicht exklusiv menschlich? Die geheimnisvolle Quelle etwa künstlerischer Kreativität? Ist sie nicht gerade das Unberechenbare, das rational nicht zu Erklärende und nicht zu Steuernde in der Kunst? Aber nun hört und liest man, dass leistungsstarke Computer komponieren und Kunstwerke schaffen und selbst ihren Programmierern dabei rätselhaft bleiben. Dass diese Systeme mit ihren Abermillionen Verknüpfungen derart verzwegte Lösungswege einschlagen, dass oft weder der menschliche Experte noch das System selber rekonstruieren kann, wie es zu welchen Schlüssen gelangt ist. **Intuitive, unberechenbare und geheimnisvolle Entscheidungen eines Systems** rücken es nun doch wieder in die Nähe des Frankenstein-Monsters, das eines Tages eine Freundin für sich verlangt. Dass man so ein digitales Geschöpf verkennen und sich fatal in es verlieben könnte wie der arme Nathanael in Olimpia, ist heute ausschließlich Science-Fiction-Motiv. Aber so wie E.T.A. Hoffmann – vielleicht mit vorausschauender Ahnung – alle Schrecken der Verwechselbarkeit von Mensch und Maschine im *Sandmann* durchgespielt hat, nimmt vielleicht auch gute Science-Fiction Schrecken der Zukunft vorweg.

persönliche Stellungnahme

Hessen Deutsch • Leistungskurs
Übungsaufgabe 3 • Textinterpretation

LEBEN UND ERLEBNIS UM 1900

Erlaubte Hilfsmittel
- ein Wörterbuch der deutschen Rechtschreibung
- eine Liste der fachspezifischen Operatoren

Aufgabenstellung

1 Interpretieren Sie die Erzählung *Das Ereignis. Eine ereignislose Geschichte* von Rainer Maria Rilke. Beziehen Sie dabei auch Ihr literaturgeschichtliches Wissen mit ein. (80 BE)

2 Erläutern Sie, ausgehend von Ihren Ergebnissen, inwiefern das sogenannte „Lebenspathos" der Jahrhundertwende und der Begriff des Dionysischen in Rilkes Erzählung eine Rolle spielen. Nutzen Sie dazu den literaturwissenschaftlichen Text (M 2). (20 BE)

Material 1   Rainer Maria Rilke (1875–1926):
Das Ereignis. Eine ereignislose Geschichte (1896)

Man saß beim Tee bei Frau von S... – Auf dem blendend weißen Tischtuche stand der mächtige russische „Samovar"[1] und begleitete mit melodischem Summen die Gespräche. Die Ereignisse des Tages waren nach allen Seiten gewendet und gedreht worden, die Kunstausstellungen und Theater boten keinen allzureichen Stoff im Frühherbst. Es
5 drohte eine jener Pausen einzutreten, welche wie dicke Luft alle bedrückt und ängstigt, und in welche dann die Kaffeelöffel und Tassen laut und gellend hineinklingen.
Aber die Hausfrau empfand die Gefahr. Frau von S...., eine noch junge, rotblonde Witwe, machte den Vorschlag, jeder sollte die interessantesten Begebenheiten seines Lebens erzählen. Beifall.
10 Ein junger Mann, von des Zufalls und weiland seines Papas Gnaden Baron, – begann. –

Er näselte ein paar Abenteuer, mühsam und von dem Lachen über die Fürtrefflichkeit[2] seines eigenen Witzes immer wieder unterbrochen, hervor; Abenteuer, deren Szenerie immer ‚Bretter' oder ‚Brettchen' von der Bedeutung der Welt[3], deren Hauptpersonen
15 jene Damen mit den kurzen Röcken und dem kurzen Verstand, mit leichten Füßen und noch viel leichterem Herzen waren. – Mehrere Male war die Dame vom Hause gezwungen zu hüsteln, wenn der glattrasierte, blinzelnde Freiherr sich allzu eingehender

Detailmalerei befleißte. Dann kniff er wie beschämt seine farblosen Augen zusammen und errötete bis an die spärlichen mattblonden Haupthaare.

20 Endlich hatte er geendet. – Er meckerte in seiner Weise ein Lachen vor sich hin. Die Herren lachten mehr oder weniger herzlich mit, die Damen hatten die Teetassen an den Lippen, so daß man ihre Mienen nicht gut betrachten konnte.

Hierauf polterte ein Major ein paar Erinnerungen wach, sprach, lachte, fluchte und kommandierte in einem fort, ohne Rast, daß es klang wie Kleingewehrschnellfeuer ...

25 Und dann Der und Jener.

Einer wußte auch von Ägypten zu erzählen. Lebendig schilderte er die Wüstenreise mit ihren Schrecken und Fährlichkeiten.

Dann lehnte er sich zurück, sprach mit leiser, weicher Stimme von den Mondnächten am Nil und der Pracht des Lotos.

30 Eine träumerische Rührung lag über allen, als er geendet. –

„Und nun kommt die Reihe an Sie, Herr Savant", wandte sich die Frau vom Hause an einen etwa dreißigjährigen blassen Mann.

Er erhob bei der Aufforderung sein großes, graues Auge.

Um seine Lippen huschte unstät ein Lächeln.

35 Ein irres, müdes Lächeln.

Wie ein Mondstrahl in einer Herbstnacht durch ein Distelfeld geht.

Aller Augen waren auf ihn gerichtet.

Er betrachtete jetzt seine Fingernägel.

Er seufzte leise.

40 Und hub dann an, ohne aufzublicken.

„Sie werden mir nicht Glauben schenken, wenn ich Ihnen sage: Ich habe noch nie etwas – erlebt. –

Nie.

Mein Leben rollt hin wie der Regentropfen vom Dache.

45 Gleichmäßig, blöde, monoton.

Und so war es immer. –

Und es ist schrecklich, daß es immer so war.

Aber ...

Doch Sie sehen, gnädige Frau, ich wüßte keine erfreulichen Worte zu sagen, daher
50 gestatten Sie mir zu schweigen."

Aber da gabs heftigen Widerspruch!

Und die Hauswirtin scherzte in das allgemeine Geraune hinein: „Jetzt müssen Sie fortfahren, Herr Savant; Sie haben uns einmal neugierig gemacht, und wir Frauen können das nie ungestraft hingehen lassen."

55 Der junge Mann richtete sein Auge, als blickte er durch Alle hindurch, ins Weite.

„So sei es"; lispelte er trocken.

„Muß weit ausholen; will es aber kurz machen. In meinem Herzen liegt ein Drang nach Großem, Mächtigem, Ungewöhnlichem! Immer, als Knabe schon, empfand ich diesen Drang. Ich las die Märchen alle in mich hinein. Und aus den Bruchstücken, die mir die schönsten schienen, baute ich das Märchen meiner Kindheit. – Kein erlebtes, aber ein erträumtes. Denn die Tage meiner Jugend flossen so eintönig dahin, wie ein Bach im Flachland. Keine Erregung, kein Unfall, kein Geschehnis, das in meine Seele tiefer hätte greifen dürfen. – Die Mutter war weich und empfindlich, mürrisch und düster mein Erzeuger. Ich empfand eine gewisse naturgemäße Anhänglichkeit, die ich gern Liebe genannt hätte, für sie. Frühzeitig starben beide. Ich weinte. Aber ohne Schmerz. Nur weil ich einen Druck in den Lidern fühlte. Dieselbe Last, die man zu empfinden vermeint, wenn man in allzu grelles Licht sieht.

Herzlich gern ließ ich das Vaterhaus, seine düsteren Stuben voll steifbeiniger melancholischer Lehnstühle." –

Der Baron hüstelte. Die anderen aber waren gespannt und blickten etwas unwillig nach dem Störer. Er schwieg also.

„Hinaus", – fuhr der Erzähler, der nichts bemerkt hatte, fort – „hinaus, dachte ich, gehst du jetzt in die Welt, ins Leben, von dem sie immer erzählt, daß es wild, stürmisch und wechselvoll ist. Du wirst kämpfen dürfen! Und ich zog hinaus. –

Aber ich mußte nicht kämpfen. Das Schicksal wollte es nicht. Ich fand Freunde meines Vaters, die sich freuten, mir Gönner sein zu können. – Sie ließen mich die Mittelschule besuchen, gaben mir Nahrung, Kleidung, Wohnung, und wieder rollte das bleierne Einerlei über mich seine Nebel. Nur daß ich in helleren Zimmern saß, etwas mehr Fleisch genoß als zu Hause und daß ich Suppe mit Gewürzen aß, was der Vater nicht hatte mögen.

Und die Hochschule kam. Manche Zeit war ich fleißig. Aber es trug mir kein besonderes Lob ein. Ich ließ die Arbeit im Stiche. Aber ich fiel nicht durch; nein, ich kam gerade recht in die monotone Beamtenbahn hinein.

Ich mietete das Zimmer, das ich heute noch bewohne. Das echte Mietzimmer für ledige Herren mit Kleiderständer und eisernem, winzigem Waschtisch."

Ein Schauer rüttelte den jungen Mann. Er schloß eine Weile die Augen, und dann: „Es kam ein Tag, wo ich das erste Ereignis meines Lebens nahe wähnte. Ich glaubte ein Weib zu lieben. Mit einiger Erregung gestand ich ihrs. Sie war auf der Stelle mit sich einig. Wir verlobten uns.

O hätte es nur einen Widerstand, einen Zwischenfall gegeben!

Hätte sie sich geweigert und mich den herrlichen, süßen Kampf kämpfen lassen, als dessen Preis sie Leib und Seele setzen durfte. Aber nein, nein. Und ich malte mir in Gedanken aus, wie dann Alles doch nur glatt im alten, ausgefahrenen Gleise gehen würde. Ich bebte davor. Und als ich eines Nachmittags im Kaffeehause saß (ich sitze nämlich seit zehn Jahren täglich von vier bis sechs im Kaffeehause), – da schrieb ich ihr ab[4]. Mit paar Worten auf einer einfachen Karte, in ungelenken Sätzen, die schmutzig aus der abgenutzten Gasthausfeder herausflossen. – Ich fühlte, daß es ja doch dies nicht sein könne, was man Liebe nennt. Denn ich war ja die ganze Zeit so ruhig gewesen. Nein, gewiß sie war mir ganz gleichgiltig. – Aber mit boshafter, toller Freude stellte ich mir dafür vor, welchen Schrecken meine Zeilen hervorrufen würden. Welchen vielleicht unheilbaren Schmerz ich durch meine Absage in dies Frauenherz schleudern konnte …

Sie würde voll der Vorwürfe zu mir kommen, mich zur Rechenschaft ziehen – und ich, ich würde dann kalt und hochmütig sie von mir weisen – aus Übermut, nur um endlich, endlich etwas zu – erleben.

Mit diesen Gedanken ging ich aus dem Kaffeehaus heimwärts. Auf meinem Tische lag ein Brief. Ihre Handschrift! Ich reiße ihn auf: Ihre Absage! – Ebenso kalt, nüchtern und ruhig wie meine, die unterwegs sein mußte."

Und Herr Savant stützte den Kopf in die Hände und schwieg.

Ganz schüchtern klapperten die Löffel. Der ‚Samovar' war verstummt, als müßte auch er lauschen.

Niemand hatte Lust ein Wort zu sagen.

Nur der Major brummte etwas in seinen struppigen Bart.

Der junge Freiherr fuhr mit der beringten, weißen Hand hin und her über seinen Kahlkopf. Er sah jetzt sehr dumm aus. Nach ein paar Sekunden hob der junge Mann wieder sein Haupt. Er musterte mit großem Auge die Runde und sagte dann träumend:

„Also – nichts; – wieder nichts.

Wieder trollten Tage, Wochen, Monate, Jahre vorbei.

Eines dem anderen zum Verwechseln gleich.

Täglich kam ich abends nachhause zur selben Stunde.

Täglich wußte ich: der Schlüssel wird krachen, wenn ich ihn ins Schloß stecke, sich erst nicht drehen lassen und dann nach einer Sekunde mir leicht und willig die Tür öffnen, – auf dem Schreibtisch werden ein oder zwei bedeutungslose Briefe harren, und die Schlafschuhe werden beim Lehnstuhl liegen, statt unterm Bette, wohin ich der Bedienerin sie zu legen befohlen hatte.

Und täglich kams so. –

Einmal noch eine Unterbrechung. Mir ward ein Verhaftbefehl zugestellt. Ich war mir keines Vergehens bewußt. Aber alles jubelte in mir: ein Ereignis. Ich zog mich sorgfältiger denn sonst an, mich zu Gericht zu begeben in Begleitung des draußen harrenden Schutzmannes. Allein ich war noch nicht angekleidet, da trat ein Beamter bei mir ein, erzählte von einer Verwechslung und bat mich um Vergebung ob der Belästigung …

Und dann wieder Jahre …

Wie oft hab ich schon ein Verbrechen begehen wollen.

Vergebung, gnädige Frau", unterbrach sich Savant, als er bemerkte, wie erschrocken ihn Frau von S. anblickte. „Sie haben verlangt, daß ich erzähle, und ich will nichts verschweigen. Ja, ich war oft daran, ein Verbrechen zu begehen; denn ich will, ich muß mit aller Gewalt endlich ein Ereignis hereinzerren in mein graues, grausames Leben!" Sein Auge lohte⁵, wie das eines verwundeten Wildes.

140 „Den Nächsten erschlagen! So packt es mich oft auf der Straße. Aber dann fehlt mir das Mittel und die Kraft. Und ich stehe da, wie ein blöder Schulbube, der die Federn vergessen hat und schreiben soll ...

Oft auch geh ich aus mit dem Pistol in der Tasche. Aber dann begegnen mir nur Leute, auf die zu schießen mich ekelt. Kleine verschrumpfte Gestalten, die mit dem bißchen
145 armseliger Daseinskraft am Leben haften, wie die Spinne an ihrem Faden. Und wieder markige Arbeiter, die das Recht des Lebens an ihren schwieligen Händen tragen und auf der dumpfen, rußigen Stirn. –

Wenn ich doch wenigstens wahnsinnig würde, das ist mein Gebet, wenn ich nachts schlaflos daliege.

150 Und bisweilen, da ist mir auch: Jetzt kriecht es herauf. Schwül und schrecklich. Und jetzt kichert es mir im Schädel und lacht mich aus – lacht ... und ich lache mit, laut und gellend. Aber dann ist es doch nicht. Ich nehme ein Zeitungsblatt und lese zwei, drei Zeilen, und sehe, daß ich alles noch erfasse Wort für Wort, Satz für Satz. – Nein, auch wahnsinnig darf ich nicht werden! Auch das nicht."

155 Savant kämpfte ein Weinen zurück.

Alle saßen stumm da und blickten entsetzt auf den Sprecher. Nur der Major, der krebsrot war, hackte mit dem Sporn des linken Fußes leise gegen die Dielen.

Das klang wie Totenwurmpochen.

Ein Schauer ging durchs Zimmer.

160 Keine Tasse regte sich.

„Ich bin zu Ende", raunte der Unglückliche jetzt matt und klanglos.

„Ein anderer könnte glücklich sein in diesem glatten, farbenarmen Leben. Er könnte gut und viel essen, die gute Verdauung behalten und sehr dick werden.

Mich aber, mich, der ich einen heißen, sehnenden Drang nach einem Ereignisse in mir
165 trage, von Kindheit an, mich tötet es.

Meine Wange glüht vor Sehnsucht, aber der Sturm des Lebens kommt nicht, der sie kühlen soll."

Aus: Rainer Maria Rilke: Sämtliche Werke: Frühe Erzählungen und Dramen, Bd. 4. Frankfurt a. M.: Insel 1961.

Anmerkungen
1 *Samovar:* aus Russland kommender Wasserkocher, der zur Teezubereitung genutzt wird
2 *Fürtrefflichkeit:* Vortrefflichkeit, herausragende Qualität
3 Anspielung auf „die Bretter, die die Welt bedeuten", d. h. die Bühne am Theater
4 *ich schrieb ihr ab:* im Sinne von: trennte ich mich per Brief von ihr
5 *lohen:* wie eine Flamme flackern

Material 2 — Viktor Žmegač: [Zu Nietzsches[1] Begriff des Dionysischen]

Die Bejahung des Lebens in allen seinen Erscheinungsformen [...], dieses Lebenspathos teilt Rilke mit zahlreichen Zeitgenossen [...]. Man darf voraussetzen, daß Rilkes Anschauungen zumindest teilweise durch seine Nietzsche-Lektüre um 1900 angeregt worden sind. Jedenfalls muten zahlreiche Äußerungen Rilkes [...] wie Paraphrasen
5 einer Aufzeichnung Nietzsches aus den späten achtziger Jahren an [...]. Der Versuch Nietzsches, den Begriff des Dionysischen zu definieren, einen seiner Leitbegriffe [...], enthält gleichsam das ganze Arsenal sprachlicher Prägungen, die in den verschiedenen Umschreibungen der Lebensvorstellungen in Texten jener Zeit vorkommen.

„*Mit dem Wort ‚dionysisch' ist ausgedrückt: ein Drang zur Einheit, ein Hinausgreifen*
10 *über Person, Alltag, Gesellschaft, Realität, über den Abgrund des Vergehens: das leidenschaftlich-schmerzliche Überschwellen in dunklere, vollere, schwebendere Zustände; ein verzücktes Jasagen zum Gesamtcharakter des Lebens [...]; die große pantheistische*[2] *Mitfreudigkeit und Mitleidigkeit, welche auch die furchtbarsten und fragwürdigsten Eigenschaften des Lebens gutheißt und heiligt; [...] das Einheitsgefühl der*
15 *Notwendigkeit des Schaffens und Vernichtens.*"[3]

[...] Auch Rilkes gesamtes Schaffen erscheint bis zuletzt vom Lebensbegriff der Jahrhundertwende durchdrungen. „Oh wie ich daran glaube, an das Leben", heißt es in einem Brief [...] (vom 3. April 1903). „[...] Darum liebe ich es, barfuß weite Wege zu tun, um kein Sandkorn zu versäumen und meinem Körper in vielen Formen die ganze
20 Welt zu geben zum Gefühl, zum Ereignis".

Aus: Viktor Žmegač (Hg.): Geschichte der deutschen Literatur vom 18. Jahrhundert bis zur Gegenwart. 2. Aufl. Königstein/Ts: Athenäum 1985, S. 329 f.

Zum Autor:
Viktor Žmegač (1929–2022) war Literaturwissenschaftler.

Anmerkungen
1 Friedrich Nietzsche (1844–1900): deutscher Philosoph
2 Pantheismus bezeichnet die Überzeugung von der Einheit des Göttlichen und des Kosmos; folglich offenbare sich das Göttliche in allen belebten Wesen der Natur, also auch im Menschen.
3 Viktor Žmegač zitiert hier direkt einen Text Friedrich Nietzsches.

 **Bearbeitungshinweise**

Teilaufgabe 1 verlangt, dass Sie über **Inhalt und Aufbau** des Textes informieren, sinnvolle Erschließungskategorien an den Text anlegen und diesen interpretieren. Zudem ist ausdrücklich gefordert, dass Sie Ihr **literaturgeschichtliches Wissen** (zur Literatur um 1900) in Ihre Arbeit mit einbeziehen.

Bevor Sie mit den Arbeiten für Ihren eigenen Aufsatz beginnen, setzen Sie sich gründlich mit den zur Verfügung gestellten Informationen und Materialien auseinander. Zum einen können die Informationen des Literaturwissenschaftlers Žmegač nützlich für die literaturgeschichtliche Einordnung des Textes sein. Vor allem aber ist es wichtig, die Teilaufgabe 2 bei der Planung des Aufsatzes zu berücksichtigen. So empfiehlt es sich, bereits im Vorfeld zu entscheiden, welche Aspekte der Interpretation im zweiten Teil vertieft behandelt werden sollen.

Sie haben verschiedene Möglichkeiten, mit einer **Einleitung** zum Text hinzuführen. Der folgende Lösungsvorschlag knüpft an mögliche eigene lebensweltliche Erfahrungen an; dann wird das Thema der Erzählung genannt. Alternativ wäre es denkbar, zunächst allgemein kurz auf den literaturgeschichtlichen Kontext der Zeit um 1900 einzugehen. Zwingend notwendig ist es, zu dem Text, den Sie bearbeiten, die wichtigsten **Rahmeninformationen** (Autor, Titel, Erscheinungsjahr) zu geben.

Im **Hauptteil** müssen Sie zunächst den Inhalt strukturiert, das heißt: gegliedert nach **Sinnabschnitten**, zusammenfassen. Halten Sie sich hier kurz, um Wiederholungen zu vermeiden. Am besten planen Sie im Voraus, welche inhaltlichen Aspekte Sie bei der eigentlichen Interpretation noch genauer ansprechen wollen. Entscheiden Sie sich auch im Vorfeld, an welcher Stelle des Aufsatzes Sie Ihre **literaturwissenschaftlichen Kenntnisse** mit einbeziehen wollen. Sie haben dazu prinzipiell zwei Möglichkeiten: Entweder Sie stützen Ihre Interpretationsansätze fortlaufend auf Ihre Kenntnisse (wie hier im Lösungsvorschlag), was sowohl Ihren Kriterien der Interpretation als auch den möglichen Ergebnissen viel Substanz verleiht. Oder Sie formulieren die Aus-führungen dazu in einem eigenen Abschnitt, beispielsweise als Abschluss Ihrer Interpretation.

Der Aufbau der Erzählung wird hier ganz wesentlich durch die **erzählerische Gestaltung** rhythmisiert, sodass es sich empfiehlt, diese beiden Kriterien der Untersuchung im Zusammenhang zu betrachten.

Im Weiteren geht die Interpretation der – recht handlungsarmen – Erzählung von der **Charakterisierung** der Figuren und deren **sprachlich-stilistischer Gestaltung** aus. Dabei werden die Nebenfiguren zusammengefasst, der Schwerpunkt der Untersuchung liegt auf der Hauptfigur, die unter verschiedenen Aspekten betrachtet wird. Achten Sie darauf, all Ihre Aussagen gründlich am Text zu belegen.

Teilaufgabe 2: Der Operator „**erläutern**" besagt, dass Sie, ausgehend von Ihren Ergebnissen aus der Interpretation, in strukturierter Form die Zusammenhänge und Bezüge zwischen den beiden Texten entfalten sollen.

Versuchen Sie, rhetorisch-stilistisch einen Übergang zum zweiten Teil Ihres Aufsatzes zu schaffen. Auch in diesem Teil ist ein strukturiertes Vorgehen nötig. Arbeiten Sie dazu aus **M 2 aussagekräftige Zitate** heraus und setzen Sie diese **in Beziehung zu den entsprechenden Passagen von M 1**. Gehen Sie hier kleinschrittig vor, um nicht den Überblick zu verlieren. Achten Sie beim Zitieren darauf, dass klar wird, ob Sie aus M 1 oder M 2 zitieren. Sie können Ihren Aufsatz mit einem **Schlussgedanken** abrunden, der Elemente der Einleitung aufgreift. Möglicherweise ergibt sich auch aus der Bearbeitung der zweiten Teilaufgabe eine Wendung, die rhetorisch das Ende des Aufsatzes markiert, der dann nichts mehr hinzugefügt werden muss.

Lösungsvorschlag

TEILAUFGABE 1

Endlich etwas erleben! Möglichst viel! Möglichst außergewöhnlich! Dieser Drang unserer heutigen „Erlebnisgesellschaft" bestimmt das Leben vieler auf der Suche nach Sinn und Erfüllung und lässt ganze Wirtschaftszweige blühen. Ein ähnliches Lebensgefühl und die Verzweiflung darüber, dass jener Drang unerfüllt bleibt, behandelt die Erzählung *Das Ereignis. Eine ereignislose Geschichte* von Rainer Maria Rilke, die 1896, also zur Jahrhundertwende, erschienen ist.

Einleitung
Erlebnisgesellschaft heute
Rahmendaten des Textes

Die **Erzählsituation**, in der die Geschichte ihren Ausgang nimmt, ist nahezu musterhaft: An einem herbstlichen Nachmittag kommt eine nicht näher bestimmte Anzahl vornehmer Damen und Herren bei einer jungen Witwe, der adeligen „Frau von S…", zum Tee zusammen. Als die Konversation ins Stocken gerät, regt die Gastgeberin an, jeder der Anwesenden möge über das interessanteste Ereignis seines Lebens sprechen. Somit schafft dieser erste Sinnabschnitt des Textes (Z. 1–9) eine **Rahmensituation**, in die hinein die einzelnen Geschichten reihum erzählt werden sollen.

Interpretation
Erzählsituation: zum Tee bei Frau von S.

Die ersten Erzählungen einiger Gäste bilden den **zweiten Sinnabschnitt** des Textes (Z. 10–30). Als Erstes ist ein junger **Baron** an der Reihe (Z. 10–22). Er prahlt mit seinen Liebesabenteuern, schildert sexuell anzügliche Details seiner diversen Affären mit Tänzerinnen vom Theater und überschreitet damit ganz offensichtlich die Grenzen des guten Geschmacks, wie an den Reaktionen der Zuhörerinnen zu erkennen ist. Nachdem ein **Major** und noch einige andere ihre Erinnerungen zum Besten gegeben haben, erzählt schließlich jemand von seiner Reise nach Ägypten und wiegt die Zuhörenden in eine träumerische, entspannte Stimmung (Z. 23–30).

die Erlebnisse einzelner Gäste

Schlagartig wird man aus dieser schläfrigen Passivität herausgerissen, als sich die Gastgeberin in der direkten Rede, die von diesem Punkt an den Text bestimmt, an einen weiteren Gast richtet, an einen gewissen **Herrn Savant**, der jetzt an der Reihe sei. Dieser weigert sich zunächst mit der Begründung, in seinem ganzen Leben noch nichts Erwähnenswertes erlebt zu haben (Z. 31–56). Als Frau von S. und die anderen Anwesenden insistieren, beginnt Herr Savant schließlich widerwillig mit seiner **Lebensgeschichte**, die den **dritten Sinnabschnitt** und größten Teil der Geschichte einnimmt (Z. 57–167). Savant setzt allem voran, schon als Knabe den großen Drang verspürt zu haben, etwas erleben zu wollen. Dann spricht er von seiner Kindheit und Jugend, von seinen Eltern, für die er keine Liebe und über deren frühen Tod er keinen Schmerz empfunden habe. Auf sich selbst gestellt, habe er sich danach gesehnt, sich behaupten zu können. Dies erwies sich jedoch als unnötig, da Freunde seines Vaters ihm den Schulbesuch und das Studium finanzierten, was ihm schließlich den Eintritt in die Beamtenlaufbahn ermöglichte. Nach einer kurzen Pause kommt er zur nächsten biografischen Episode, nämlich zu seiner **Verlobung**, von der er gehofft hatte, sie möge endlich das erste richtige Ereignis seines Lebens sein. Da dem nicht so war, bekam er Zweifel an dieser Liebe und löste die Verbindung schriftlich, um dann festzustellen, dass die Frau ihrerseits die Verlobung abgesagt hatte, dass sich ihre Briefe also gekreuzt hatten. Erneut bricht die direkte Rede ab und im Raum herrscht betretene Stille, bis Herr Savant wieder ansetzt und berichtet, wie die in **quälender Monotonie** vergehenden Jahre nur einmal kurz unterbrochen wurden, als ihm nämlich ein **Haftbefehl** zugestellt wurde, was sich jedoch rasch als Irrtum herausstellte. Dann spricht er offen über seine Gedanken daran, ein Verbrechen zu begehen, ja einen Menschen zu töten, nur um damit endlich die Ereignislosigkeit seines Lebens zu überwinden. Doch hätten ihm dazu letztendlich Kraft und Mittel gefehlt. Schließlich offenbart Savant seinen Wunsch, wahnsinnig zu werden. Obwohl er bisweilen glaubt, etwas Ähnliches in sich zu spüren, bleibt ihm auch dieses „Erlebnis" verwehrt. Seine Rede erstickt in Tränen, im Salon herrscht entsetztes Schweigen, bis Savant schließlich resümierend feststellt, dass ein derart glatt und problemlos verlaufendes Leben einen anderen Menschen durchaus glücklich machen könnte, er jedoch gehe an der ungestillten Sehnsucht nach Erleben zugrunde. Mit diesem resignierten Fazit endet die Geschichte.

das ereignislose Leben des Herrn Savant

Was die **Darbietungsform** angeht, ist die **Zweiteilung** des Textes offensichtlich: Der erste Teil geht im **Erzählbericht**, aus dem nur gelegentlich eine **indirekte Figurenrede** hervorscheint (z. B. Z. 8 f.), **gleichförmig, distanziert** und oberflächlich dahin. So entspricht auch die Erzähltechnik der entspannten, vielleicht etwas gelangweilten

*Aufbau und erzählerische Gestaltung:
– Zweiteilung in Darbietungsform, Erzählverhalten*

Stimmung während der träge dahinplätschernden Konversation. Umso eindringlicher wirkt die **abrupte Änderung** in der Darbietungsform hin zur **direkten Figurenrede**, die den Herrn Savant plötzlich ins Rampenlicht rückt. Damit steht er als Sprecher im Mittelpunkt des zweiten, umfangreicheren Teils. Indem der **Erzähler** bei seiner Schilderung der Teegesellschaft die Anwesenden durchaus ironisch porträtiert, zeigt er im **ersten Teil auktoriale Züge**, tritt dann aber während der **Erzählungen von Herrn Savant** ganz in den **Hintergrund** und überlässt gleichsam diesem das Wort. Hier wird das Erzählen **zeitdeckend**.

Eine weitere **erzähltechnische Rhythmisierung** erfährt der Text durch den steten **Wechsel zwischen der Rahmensituation**, dem Hier und Jetzt im Salon der Frau von S., und den **rückblickend erzählten Begebenheiten** aus dem Leben der einzelnen Gäste (was für den zweiten Teil des Textes zudem den Wechsel zwischen der Figurenrede des Herrn Savant und dem Erzählbericht zum äußeren Rahmen bedeutet).

– Wechsel zwischen Gegenwart am Teetisch und den rückblickend erzählten Geschichten

Dabei werden das **Verhalten und die Zwischenreaktionen der Anwesenden** geschildert, aber auch dem **Raum** und den – durchwegs personifizierten – **Gegenständen** kommt Bedeutung zu. Da ist zuerst „der mächtige [...] ‚Samovar'" (Z. 1 f.), dem durch das Adjektiv eine gewisse Autorität zugesprochen wird. Er „begleitete mit melodischem Summen die Gespräche" (Z. 2 f.) und suggeriert damit den Eindruck von Harmonie und Zufriedenheit, bis beinah eine jener peinlichen Gesprächspausen entsteht, „in welche dann die Kaffeelöffel und Tassen laut und gellend hineinklingen" (Z. 6). Die verbalen Entgleisungen des prahlerischen Barons unterbindet die Gastgeberin mit bedeutungsvollem „[H]üsteln" (Z. 17). „[D]ie Damen hatten die Teetassen an den Lippen, so daß man ihre Mienen nicht gut betrachten konnte" (Z. 21 f.). Die Tassen übernehmen es also stellvertretend, die Geschmacklosigkeit des jungen Mannes zu tadeln. Als im zweiten Teil des Textes Herr Savant zu reden beginnt, „husch[t]" zunächst ein „irres, müdes Lächeln" (Z. 34 f.) um seine Lippen, in dem sich der Wahnsinn andeutet, von dem später noch die Rede sein wird. Der Bericht über die ereignislose Kindheit wird nur vom störenden Hüsteln des Barons unterbrochen (vgl. Z. 70 f.). Kurz bevor **Savant** von seiner Verlobung erzählt, erfasst ihn ein „Schauer" und er schließt „eine Weile die Augen" (Z. 86). Somit löst der Zwang, am Teetisch von sich sprechen zu müssen, **körperliche Reaktionen** bei ihm aus. Bemerkenswerterweise ähnelt dieser gegenwärtige „Schauer" den Symptomen, von denen er in dem Moment erzählt: Damals nämlich gestand er der Frau „[m]it einiger Erregung" (Z. 88) seine vermeintliche Liebe, „bebte" (Z. 94) dann jedoch bei der Vorstellung, ein konventionelles Eheleben führen zu

– Reaktionen von Menschen und Dingen

müssen. Nach diesem Bekenntnis der gescheiterten Beziehung hat keiner der Gäste „Lust ein Wort zu sagen" (Z. 112). „[D]er Major brumm[t]" vor sich hin (Z. 113), die Teelöffel klappern „[g]anz schüchtern [und der] ‚Samovar' [ist] verstummt, als müßte auch er lauschen" (Z. 110 f.). Nachdem Savant geendet hat, sitzen alle Anwesenden „stumm da" und blicken „entsetzt auf den Sprecher" (Z. 156). Der Major pocht nervös mit dem Fuß auf den Boden (vgl. Z. 156 f.), „[k]eine Tasse regte sich" (Z. 160). Auffälligerweise reagieren die Zuhörenden also nur **körperlich** und zu keinem Zeitpunkt mit verbalen Äußerungen auf das Gehörte. Das Erzählte findet seine Resonanz nicht mehr in der Sprache, sondern im Körper – ein Umstand, der sich durchaus im Zusammenhang mit der sogenannten **Sprachkrise um 1900** betrachten lässt. Diese **Sprachlosigkeit** der Menschen wird in fast übertriebener Weise durch die **Ausdrucksstärke der personifizierten Dinge** kontrastiert. So wirken Samowar, Tassen und Löffel erstaunlich treffsicher in ihrem Urteilsvermögen, wenn sie die einzelnen Situationen und Stimmungen „kommentieren", und haben damit eine Aussagekraft, die an Rilkes Dinggedichte denken lässt.

Als Nächstes soll eine genauere Betrachtung der **Figuren** und ihrer Zugehörigkeit zu bestimmten **gesellschaftlichen Schichten** verdeutlichen, welche Lebensentwürfe in diesem Jahrhundertwende-Text verhandelt werden. Schon die Tatsache, dass sich die Gäste nachmittags im Salon der adeligen Frau von S. zum Tee zusammenfinden, statt irgendeiner Arbeit nachzugehen, und dass sie dort über „Kunstausstellungen und Theater" (Z. 4) plaudern, zeigt, dass sie wohlhabend und zumindest vom Anspruch her kultiviert sind. Zudem entsprechen sie aber auch der um die Jahrhundertwende üblichen Vorstellung einer **übersatten, endlos gelangweilten Gesellschaft der Décadence**. Die meisten von ihnen bleiben in der sprachlichen Darstellung verschwommen, von den „Damen" und „Herren" (Z. 21) redet „Einer" (Z. 26), „dann Der und Jener" (Z. 25).

Figurencharakteristik:
– die Damen und Herren als Vertreter der dekadenten Gesellschaft um 1900

Kontur gewinnt neben der bemühten Gastgeberin zunächst der junge Baron, der diesen Adelstitel – wie es mit entlarvendem Spott heißt – nicht aufgrund eigener Verdienste, sondern „von des Zufalls und weiland seines Papas Gnaden" (Z. 10) trägt. Er lacht fortwährend über seine eigene „Fürtrefflichkeit" (Z. 12) und „befleiß[t]" sich bei seinen menschenverachtenden Indiskretionen „allzu eingehender Detailmalerei" (Z. 17 f.): Die **altertümelnde Sprache** entlarvt ihn als rückwärtsgewandten, schnöselhaften Nichtsnutz, der den Frauenhelden mimt und sich witzig dabei vorkommt, seine Liebschaften am Theater als dumm (mit „kurze[m] Verstand", Z. 15) und moralisch zweifelhaft (mit „leichte[m] Herzen", Z. 16) zu diffamieren.

– Baron und Major als Vertreter überholter Lebensformen

Auch das Aussehen des „blinzelnde[n] Freiherr[n]" (Z. 17) mit seinen „spärlichen mattblonden Haupthaare[n]" (Z. 19) sowie seine „näsel[nde]" (Z. 12), „mecker[nde]" (Z. 20) Sprechweise machen ihn gänzlich unsympathisch. Nicht viel besser ist der Major mit dem ungepflegten „struppigen Bart" (Z. 113). Er „polterte […] ein paar Erinnerungen wach, sprach, lachte, fluchte und kommandierte […] ohne Rast, daß es klang wie Kleingewehrschnellfeuer …" (Z. 23 f.). Die Reihung von Verben und der militärische Vergleich vergegenwärtigen die laute, zackige Art seines Sprechens, der konkrete Gegenstand der „Erinnerungen" wird gar nicht erwähnt, ist also offensichtlich nicht der Rede wert. Da die Namen der beiden nicht genannt werden, treten Baron und Major nicht als Individuen, sondern als **Repräsentanten ihrer Schicht** in Erscheinung. Dabei entlarvt sich der Adel als dekadent und in seiner Selbstbezogenheit moralisch fragwürdig, das Militär ist nur mehr eine leere Hülle – ein für das Fin de siècle typischer Blick auf diese degenerierten, **überkommenen und zu Unrecht privilegierten Lebensformen** des 19. Jahrhunderts. Eine Möglichkeit, dem zu entkommen, skizziert der Gast, der von seiner „Wüstenreise" (Z. 26), „von den Mondnächten am Nil und der Pracht des Lotos" (Z. 28 f.) spricht, was eine „träumerische Rührung" (Z. 30) über alle legt. Doch ist dieses Heraufbeschwören exotischer Landschaften mehr **Flucht und Betäubung** als wahrhaftes Erleben.

Herr Savant, die **Hauptfigur**, ist schon rein äußerlich und im Auftreten das **Gegenbild** zu den bisher Genannten: So stehen die großen grauen Augen (vgl. Z. 33) des „etwa dreißigjährigen blassen Mann[es]" (Z. 32) in starkem Kontrast zu den zusammengekniffenen „farblosen Augen" (Z. 18) des Barons sowie zum „krebsrot[en]" (Z. 157) Gesicht des Majors. Savants **Schüchternheit** und anfängliche Zurückhaltung unterscheiden sich deutlich von der Aufschneiderei des Adeligen und dem lauten Poltern des Soldaten. Durch alles, was Savant erzählt, geht ein tiefer **Riss** zwischen dem inneren „Drang nach Großem, Mächtigem, Ungewöhnlichem" (Z. 57 f.) einerseits und der äußeren Realität andererseits, an deren Mittelmäßigkeit Savant verzweifelt. Seine Sätze sind kurz, meist **parataktisch**, teilweise sogar **elliptisch**. Sie erzeugen einen erzählerischen Sog und somit Spannung – und das, obwohl Savant vorwegnimmt, dass er gar nichts mitzuteilen habe. Die quälende **Monotonie** zeigt sich **sprachlich** in der Wiederholung der immer gleichen, Leere und Nichtigkeit anzeigenden Wörter (wie etwa in den asyndetischen Reihungen „Keine Erregung, kein Unfall, kein Geschehnis", Z. 62, oder „ – nichts; – wieder nichts", Z. 117). Personifizierungen lassen die Eintönigkeit wie etwas Mächtiges, wie eine unausweichliche, immer wiederkehrende Gesetzmäßigkeit erscheinen: „wieder rollte das

– Herr Savant, zerrissen zwischen Wunsch und Wirklichkeit
Äußeres und Sprechweise

bleierne Einerlei über [ihn]" (Z. 77 f.), „[w]ieder trollten Tage, Wochen, Monate, Jahre vorbei" (Z. 118).

Savants kaum begonnene **Liebesbeziehung** scheitert an einem (entfernt an Kafkas Verlobung mit Felice Bauer erinnernden) letztlich absurden **Widerstreit zwischen Erwartungen und Möglichkeiten**: Schon die Liebe an sich wird von Savant im Rückblick als scheinhaft disqualifiziert, wie die verwendeten Prädikate zeigen, denn er „wähnte", er „glaubte" (Z. 87) nur, die Frau zu lieben. Anstatt des reibungslosen Zustandekommens der Verlobung hätte er sich „Widerstand, einen Zwischenfall" (Z. 90) gewünscht, hätte einen „süßen Kampf kämpfen" (Z. 91) wollen. Er „malte [sich] in Gedanken aus, wie dann Alles [...] glatt im alten, ausgefahrenen Gleise gehen würde" (Z. 92 ff.). Entsetzt von dieser Vorstellung schrieb er einen Trennungsbrief, während er „Nachmittags im Kaffeehause saß"; er „sitze nämlich seit zehn Jahren täglich von vier bis sechs im Kaffeehause" (Z. 94 f.), fügt er hinzu – eine Parenthese, die den unmittelbar zuvor zum Ausdruck gebrachten Horror vor Alltagsroutine ins Absurde führt. Ebenso widersinnig ist auch seine Reaktion auf den irrtümlich zugestellten „**Verhaftbefehl**" (bei dem sich ebenfalls an Kafka denken ließe), da Savant seiner Verhaftung vorfreudig und sorgfältig gekleidet entgegensieht (vgl. Z. 128 f.). Ein in diesem Zusammenhang verwendetes Satz-Subjekt ist aufschlussreich. So sagt er nicht: „Ich jubelte ...", sondern „[A]lles jubelte in mir: ein Ereignis" (Z. 128), was bereits einen gewissen **Kontrollverlust** andeutet. So kommt für Savant auch der **Gedanke, ein Verbrechen zu begehen**, aus einem inneren Zwang heraus, er „will", er „muß [...] endlich ein Ereignis hereinzerren in [s]ein graues, grausames Leben!" (Z. 137 f.). „Grausam" ist für ihn nicht das Verbrechen, sondern sein ereignisloses Dasein. Sein als Imperativ ausgestoßener, verzweifelter Plan, „Den Nächsten erschlagen!" (Z. 140), pervertiert den Wortlaut des christlichen Gebots der Nächstenliebe. Und es ist nicht sein Gewissen, das ihn davon abhält, sondern vielmehr der **Ekel** (vgl. Z. 144), den er angeblich vor den Menschen empfindet, die ihm begegnen, vor den „[k]leine[n] verschrumpfte[n] Gestalten" (Z. 144) und den „markige[n] Arbeiter[n]" (Z. 146).

Schon Savants Mordlust trat sprachlich verselbstständigt in Erscheinung („So packt es mich", Z. 140), und auch im Weiteren gewinnt das „**Es**", das sich unschwer mit dem von Sigmund **Freud** so bezeichneten **triebhaften, unterbewussten Teil der menschlichen Psyche** gleichsetzen lässt, immer wieder die Oberhand. Denn wenn Savant in schlaflosen Nächten den Wahnsinn herbeiwünscht, dann vermeint er, jenes „Es" zu spüren: „Jetzt kriecht es herauf. [...] Und jetzt kichert es mir im Schädel" (Z. 150 f.), bis er feststellen muss,

die gescheiterte Verlobung

die gescheiterte Verhaftung

Mordlust, Wahnsinn und Freuds Psychoanalyse

35

dass „es doch nicht" ist (Z. 152). Dabei lassen nicht nur die Passagen, in denen das „Es" zum Vorschein kommt, an Freuds Psychoanalyse denken. Vielmehr wirkt die ganze wörtliche Rede, die Reihe intimster Bekenntnisse von Wünschen und Enttäuschungen, so, als würde Savant sich – ähnlich wie in einer Therapiesitzung bei Sigmund Freud – **alles Quälende von der Seele reden** (was ihm nicht gelingt). Letztlich, so resümiert Savant am Ende seines Berichtes, ist der Riss in seinem Dasein unheilbar, die Widersprüchlichkeit unauflösbar, denn das „glatt[e], farbenarm[e] Leben" (Z. 162) töte ihn.

Die **existenzielle Unzufriedenheit** macht Savant noch in einem weiteren Bereich zu schaffen, der im Kontext der Sprachkrise um 1900 zu sehen ist. So empfindet er eine ganz grundsätzliche **Skepsis gegenüber dem Sprechen und Schreiben**, aber auch gegenüber sprachlich (literarisch) tradierten, **vorgefertigten Lebensformen**: Als Frau von S. ihn eingangs auffordert, zu erzählen, bittet er sie darum, „schweigen" zu dürfen, denn er „wüßte keine erfreulichen Worte zu sagen" (Z. 49). Zum Sprechen gezwungen, verkürzt er seine Ankündigung elliptisch: „Muß weit ausholen; will es aber kurz machen." (Z. 57) Die Geschichte seiner Kindheit und Jugend ist von vorgegebenen Strukturen beeinflusst: Savant „las die Märchen alle in [s]ich hinein" (Z. 59), verinnerlichte also im wörtlichen Sinne die Muster der Märchen, und konstruierte „aus den Bruchstücken, die [ihm] die schonsten schienen, [...] das Märchen [s]einer Kindheit" (Z. 59 f.). Mit diesem Konstrukt gelingt es ihm noch einigermaßen, den Mangel an Erleben zu kompensieren. Nach dem Tod der Eltern will er „hinaus [...] in die Welt, ins Leben, von dem sie immer erzählt [haben], daß es wild, stürmisch und wechselvoll ist. Du wirst kämpfen dürfen!" (Z. 72 ff.). Auch hier haben ihm die **Erzählungen anderer Erwartungen eingepflanzt**, in denen romantische Vorstellungen von Wandern und Aufbruch, aber auch von heldenhaften Bewährungsproben nachklingen. Doch die hohen Erwartungen werden enttäuscht. Ebenso kann Savant das „was man" landläufig „Liebe nennt" (Z. 98), nicht als richtig empfinden. Die „paar Wort[e]", mit denen er später seine Verlobung löst, gelingen ihm nicht, sie fließen „in ungelenken Sätzen [...] schmutzig aus der abgenutzten Gasthausfeder [heraus]" (Z. 96 f.). Seine Unfähigkeit, ein Verbrechen zu begehen, veranschaulicht er mit einem Vergleich: In der Situation nämlich „stehe [er] da, wie ein blöder Schulbube, der die Federn vergessen hat und schreiben soll ..." (Z. 141 f.). Sein **Drang nach authentischem Erleben**, die gescheiterten Versuche, die literarischen Vorbilder in die Realität zu überführen, der Widerwille dagegen, sein Leben in vorgezeichneten Bahnen zu führen, erscheinen in diesem Bildfeld als **Wunsch, seine eigene Geschichte, den ureigensten Text seines Lebens zu schreiben**. Ist ihm dies vergönnt? Ist

Herr Savant und die Sprachkrise um 1900

Savants Lebensbeichte tatsächlich die „ereignislose Geschichte", die der Titel des Textes ankündigt? Was ist dann aber „Das Ereignis", von dem hier die Rede ist? Geht man von der tiefen Ergriffenheit der Teegäste (und vielleicht auch der Lesenden) aus, so ist es der Akt des **Erzählens selbst**, die schonungslose Offenheit und die Verzweiflung, mit der Savant seine Sehnsucht nach echtem Leben bekennt.

TEILAUFGABE 2

Solches „**Lebenspathos**" (M 2, Z. 1 f.) durchzieht die ganze Erzählung. Rilke ist zu dieser Vorstellung wohl „zumindest teilweise durch seine **Nietzsche-Lektüre** um 1900 angeregt worden" (M 2, Z. 3 f.). Nietzsches zentralen Begriff des „**Dionysischen**" umschreibt der Philosoph als „ein Hinausgreifen über [...] Alltag, Gesellschaft, Realität" (M 2, Z. 9 f.). Dies spiegelt sich in Savants **Abscheu** dagegen, in den **festen Bahnen des Alltags** zu bleiben, Konventionen zu folgen und die Erwartungen der Gesellschaft zu erfüllen, etwa was ein normales Eheleben oder die berufliche „monotone Beamtenbahn" (Z. 83) angeht.

<small>Lebenspathos und Nietzsches Begriff des „Dionysischen" in Rilkes Erzählung
der Wunsch nach einem unkonventionellen Leben</small>

Als ein „Hinausgreifen über die Realität" ließe sich auch Savants Wunsch verstehen, wahnsinnig werden zu dürfen. Der Zustand des **Wahnsinns** klingt in Nietzsches Worten an, „dionysisch" meine „das leidenschaftlich-schmerzliche Überschwellen in dunklere, [...] schwebendere Zustände" (M 2, Z. 10 ff.). So ist das **Dunkle, Leidenschaftliche**, aber auch das **Zerstörerische**, die „Notwendigkeit des [...] Vernichtens" (M 2, Z. 15), ein wesentlicher Bestandteil des Dionysischen, der zum Vorschein kommt, als Savant seine Verlobung löst: „[M]it boshafter, toller Freude" habe er sich vorgestellt, „welchen Schrecken", welchen „Schmerz" er der Verlobten ins Herz „schleudern" könne (Z. 99 ff.), und wie er sie, wenn sie das Gespräch suche, „kalt und hochmütig [...] von [sich] weisen" (Z. 104) würde. Dass er also auch das **charakterlich Verwerfliche und moralisch Schlechte** in Kauf nehmen würde, „nur um endlich, endlich etwas zu – erleben" (Z. 104 f.), entspricht Nietzsches Auffassung, dass „auch die furchtbarsten und fragwürdigsten Eigenschaften" (M 2, Z. 13 f.) zum „Gesamtcharakter des Lebens" (M 2, Z. 12) gehören. Savant würde in diesem dunklen Drang sogar noch weiter gehen, in Nietzsches Worten: „über den Abgrund des Vergehens" (M 2, Z. 10). Doch sogar über diesem finsteren Abgrund der Mordlust wiederholt Savant auffällig oft das Wort „Leben", blickt auf „[k]leine, verschrumpfte Gestalten, die mit [...] armseliger Daseinskraft am Leben haften, [...] markige Arbeiter, die das Recht des Lebens an ihren schwieligen Händen tragen und auf der dumpfen, rußigen

<small>das Dunkle und Zerstörerische</small>

Stirn" (Z. 144–147). Zum Leben „in allen seinen Erscheinungsformen" (M 2, Z. 1) gehört also auch das **Hässliche, Erbärmliche und Plumpe** und eine „große […] Mitleidigkeit, welche […] [das] Lebe[n] gutheißt und heiligt" (Text B, Z. 12 ff.). Tatsächlich sind die kleinen Gestalten eng mit dem Leben verbunden (sie „haften" daran); die Arbeiter tragen es gleich einem religiösen Zeichen an den Händen und auf der Stirn. Der arme Herr Savant jedoch leidet unsägliche Qualen, weil ihm selbst das echte (Er-)Leben verwehrt bleibt. Bemerkenswert ist jedoch Folgendes: Genau wie Savant, der seinen „heißen, sehnenden **Drang**" (Z. 164) bekennt, spricht auch Nietzsche vom Dionysischen als einem „Drang" (M 2, Z. 9), einem „Hinausgreifen", einem „leidenschaftlich-schmerzliche[n] Überschwellen" (M 2, Z. 9 ff.), dessen **Verwirklichung unrealistisch** erscheint – ein Dilemma, das man schmerzvoll aushalten muss.

Hier kommt ein letzter Aspekt des Lebenspathos ins Spiel, nämlich „die große pantheistische **Mitfreudigkeit und Mitleidigkeit**" (M 2, Z. 12 ff.) mit allen Formen des Daseins. Im Einklang damit schreibt Rilke in einem Brief, dass er es „liebe […], barfuß weite Wege zu tun, um kein Sandkorn zu versäumen und [s]einem Körper in vielen Formen die ganze Welt zu geben zum Gefühl, zum Ereignis" (M 2, Z. 18 ff.). Ein solches pantheistisches All-Einheitsgefühl ist auf der Handlungsebene von Rilkes Erzählung nicht auszumachen, sitzen doch alle Gäste recht unbeteiligt im Salon der Frau von S. Auf der **Ebene der sprachlich-stilistischen Gestaltung** zeigt sich jedoch eine markante Auffälligkeit: So ist es ausschließlich Herr Savant, den der Text mit Sprachbildern umschreibt, genauer mit Naturbildern, die zudem mit dem „Frühherbst" (Z. 4) der Umgebung korrespondieren. Savants Lächeln wird mit einem „Mondstrahl" verglichen, der „in einer Herbstnacht durch ein Distelfeld geht" (Z. 36), sein „Leben rollt hin wie der Regentropfen vom Dache" (Z. 44), seine Tage flossen dahin „wie ein Bach im Flachland" (Z. 61 f.), „wieder rollte das bleierne Einerlei über [ihn] seine Nebel" (Z. 77 f.) und „[s]ein Auge lohte, wie das eines verwundeten Wildes" (Z. 139). Savant bleibt zwar die Erfahrung der Unmittelbarkeit in der Realität verwehrt. **In der Bildsprache jedoch verschmilzt er mit der Natur.** Und so wird ihm das Eins-Sein mit der Welt immerhin zum – sprachlichen – Ereignis.

All-Einheitsgefühl

Hessen Deutsch ▪ Leistungskurs
Übungsaufgabe 4 ▪ Texterörterung

DAS ENDE DES GENERISCHEN MASKULINUMS?

Erlaubte Hilfsmittel
ein Wörterbuch der deutschen Rechtschreibung

Aufgabenstellung

1 Arbeiten Sie die zentralen Aussagen und die Intention des Textes heraus. (40 BE)
2 Nehmen Sie kritisch zu Navid Kermanis Position Stellung. (60 BE)

Material Navid Kermani: Mann, Frau, völlig egal (2022)

Das generische Maskulinum wird immer seltener benutzt und verstanden, bald wird es ganz verschwunden sein. Das ist schade, denn es erlaubt sehr viel sprachliche Differenzierung. Seine Abschaffung wird die Gleichberechtigung keinen Schritt voranbringen.

5 Am Anfang von Sure[1] 33:35 steht eine lange Aufzählung:

Siehe, die ergebenen Männer und ergebenen Frauen,
Die gläubigen Männer und gläubigen Frauen,
Die gottesfürchtigen Männer und gottesfürchtigen Frauen,
Die wahrhaftigen Männer und wahrhaftigen Frauen,
10 Die geduldigen Männer und geduldigen Frauen,
Die demütigen Männer und demütigen Frauen,
Die wohltätigen Männer und wohltätigen Frauen,
Die fastenden Männer und fastenden Frauen,
Die Männer und Frauen, die ihre Scham bewahren,
15 Die Männer und Frauen, die Gottes oft gedenken –
Gott bereitet ihnen Vergebung und großen Lohn.

Die durchgehende Nennung beider Geschlechter liest oder spricht sich seltsam, und zwar nicht nur im Deutschen, sondern erst recht für eine arabische Hörerschaft des 7. Jahrhunderts. Denn grammatikalisch bräuchten die Frauen auch im Arabischen nicht
20 eigens aufgeführt zu werden, um dennoch genannt zu sein. Aber warum wiederholt der Koran dann ein ums andere Mal die männliche und weibliche Form, wenn der gleiche Sinngehalt doch knapper auszudrücken wäre? Folgt man der Überlieferung, so hatte sich eine Gruppe von Musliminnen beim Propheten darüber beschwert, dass sich der Koran vor allem an Männer wende. Mohammed hätte den Frauen mit Verweis auf die

arabische Grammatik erklären können, dass sie genauso angesprochen sind, wenn im Koran von Gläubigen oder Gottesfürchtigen die Rede ist. Stattdessen offenbarte Gott ihm ebenjenen Vers, der ostentativ[2] beide Geschlechter anführt.

Auch in unserer öffentlichen Sprache, etwa in den Nachrichten, im Bundestag oder in behördlichen Verlautbarungen, werden für gemischte Personengruppen, sofern nicht ohnehin gegendert wird, seit einiger Zeit fast durchgängig beide Geschlechter genannt. Dabei ist der Grund der gleiche wie im 7. Jahrhundert auf der Arabischen Halbinsel: Wo nur die maskuline Form verwendet wird, fühlen sich weibliche Hörer nicht oder nicht ausreichend gemeint. Soweit ich es überblicke, ist das Deutsche allerdings die einzige Sprache, aus der die geschlechtsneutrale Verwendung maskuliner Substantive und Pronomen ganz verschwinden könnte.

Seinen Regelcharakter hat das generische Maskulinum bereits jetzt eingebüßt, wie sich bei der Lektüre älterer Bücher leicht ersehen lässt. Noch in den Siebzigerjahren sprachen deutsche Autorinnen von sich selbst gewöhnlich als Autoren, wo sie nicht ihr Geschlecht herausstellen wollten. Heute würde man selbst dort, wo man in Aufzählungen nicht jedes Mal die weibliche Form hinzufügt, eine einzelne Frau „Autorin" nennen, obwohl das Wort „Autor" keinen Hinweis auf das biologische Geschlecht enthält und somit Frauen wie Männer gleichermaßen umfasst. Das ist sicherlich ein Erfolg der feministischen Linguistik[3], die den Begriff des generischen Maskulinums in den Achtzigerjahren als Lehnwort aus dem Englischen überhaupt erst im Deutschen etabliert hat. Das heißt, bei dem Ausdruck handelte es sich von Anfang an um einen umstrittenen, man könnte auch sagen: einen Kampfbegriff, der auf die sprachliche Diskriminierung von Frauen hinweisen sollte.

Nun waren in jüngster Zeit immer wieder einmal Verzweiflungsrufe deutscher Sprachwissenschaftler zu vernehmen, dass die grammatischen Genera[4] nicht mit dem biologischen Geschlecht zu verwechseln sind, wie sich an vielen Wörtern zeigen lässt: die Waise kann ein Junge und der Liebling eine Frau sein, das Idol ist keine Sache, und das weibliche Personalpronomen „sie" schließt im Plural beide Geschlechter ein […].

Ebenso bekannt dürften inzwischen die Gegenargumente sein, die genauso wenig von der Hand zu weisen sind. Denn ja: Sprache ist niemals neutral, in ihr bilden sich immer auch gesellschaftliche und politische Verhältnisse ab. […] Aus dem Koran erfahren wir, dass arabische Hörerinnen das generische Maskulinum bereits im 7. Jahrhundert als ausgrenzend wahrnehmen; da nimmt es nicht wunder, wenn neuere Untersuchungen erst recht belegen, dass Frauen sich nicht in der gleichen Weise angesprochen fühlen wie Männer, wo etwa in einer Stellenausschreibung Substantive lediglich im Maskulinum verwendet werden.

Ein Sprachwissenschaftler kann noch so häufig darauf verweisen, dass etwa ein Wort wie „Leser" ein Gattungsbegriff ist und man genau genommen von männlichen Lesern sprechen müsste, wenn ausschließlich Männer gemeint sind – sobald niemand mehr im Wort „Leser" die Leserinnen mithört, hat der Wissenschaftler allenfalls sprachgeschichtlich recht. Die Redaktion des Dudens hat der Entwicklung, die sich abzeichnet, bereits vorgegriffen und das generische Maskulinum offiziell gestrichen: Ein Mieter ist demnach ausschließlich eine „männliche Person, die etwas gemietet hat". Und dennoch gebrauche ich selbst Wörter wie Leser und Hörer weiterhin geschlechtsneutral, füge also anders als ein heutiger Nachrichtensprecher nicht jedes Mal auch die weibliche Form hinzu. Warum? [...]

Sprache [...] kategorisiert, das ist ihre Natur als Zeichensystem; das heißt, sie ordnet die vielfältige, ambivalente[5], in ihrer Komplexität letztlich unendliche Erfahrungswelt einer notwendig begrenzten Anzahl von Begriffen zu. Sie sagt „Liebe", obwohl jeder weiß, dass mit dem Wort allein noch gar nichts gesagt ist, weil das Gemeinte so unterschiedlich und sogar vollends gegensätzlich sein kann. [...] Sprache trennt das eine vom anderen, den Stuhl vom Tisch, den Verstand vom Gefühl, die Trauer vom Glück, obwohl wir aus der Physik, aus der Psychologie und erst recht aus der Mystik wissen, dass alles mit allem durch ein endloses Beziehungsgeflecht verbunden ist. Sprache ist, nein, sie muss pragmatisch sein, sonst wären keine Verabredungen möglich, keine gesellschaftliche Ordnung, weder Theorien noch Skatabende. Sprache sagt Mann und Frau, obwohl alle Weisheitslehren auf die eine oder andere Weise die Einsicht bereithalten, dass keine menschliche Natur und schon gar nicht unsere Sexualität in eine starre geschlechtliche Dichotomie[6] passt. Damit läuft Sprache stets Gefahr, in ihrer notwendigen Vereinfachung Komplexität zu reduzieren, Zustände zu zementieren oder mit biologischen Wirklichkeiten verwechselt zu werden. Sie birgt die Gefahr, dass diejenigen, die unter einer bestimmten Zuschreibung zusammengefasst werden, sagen wir: Juden, Deutsche, Schwarze, Asiaten, Schwule, Orientalen, Männer, Frauen, Transsexuelle, in eine einzelne Identität gezwungen werden.

Keine Sprache der Welt nennt jedes Mal alle Geschlechter, wenn von einer gemischten Personengruppe die Rede ist, das wäre für die Alltagssprache zu umständlich und für die Poesie zu sperrig. Das brauchen die Sprachen auch nicht, weil sie das Gesagte und das Gemeinte nicht eins zu eins codieren[7]. Sie sind, so formuliert es der Sprachwissenschaftler Olav Hackstein, „tendenziell ökonomische Kommunikationssysteme", die durch Implizitheit[8] gekennzeichnet sind: Jeder Hörer versteht, was gemeint ist, obwohl es so eindeutig keineswegs gesagt ist. Sprache funktioniert also auch und gerade durch das, was nicht gesagt, aber von den Hörern mitgedacht wird. Um Eindeutigkeit herzustellen, ist ihr Zweck zu pragmatisch und sind ihre Mittel allzu begrenzt. [...] Die Vielfalt, die Ambivalenz, die Widersprüchlichkeit der menschlichen Natur und ihrer Wahrnehmung auszudrücken ist nicht Aufgabe unserer Alltagssprache, und schon gar nicht ist es die Aufgabe irgendeiner behördlichen oder akademischen Instanz – das ist Aufgabe und sogar Daseinszweck der Literatur, der Musik, der Kunst: eine Unmöglichkeit, die auf erstaunlichste Weise dennoch immer wieder gelingt. [...]

Nun spreche ich mit dem Persischen und dem Englischen zwei Sprachen, die bei Substantiven ohne grammatisches Geschlecht auskommen. Schreibt es sich in ihnen besser? Zwar ist es ein Trugschluss, dass sich aus der sprachlichen Gleichheit der Geschlechter reale soziale Gleichheit ergibt, sonst müsste es in der Türkei oder im Iran anders zugehen. Sprache ist ein Ausdruck von Wirklichkeit, auch von sozialer Wirklichkeit und gegebenenfalls Ungleichheit, aber sie ist kein Instrument, um die Wirklichkeit zu verändern. Außer in totalitären Systemen verändert sich die Sprache von selbst mit der Wirklichkeit mit.

Für die Literatur liegt in der Uneindeutigkeit von Geschlechterzuschreibungen allerdings ein enormer Vorteil. Die homoerotische Dichtung Persiens etwa lebt eben davon, dass sie offenlassen kann, ob es sich im Einzelfall um den oder die Geliebte handelt. Aus der biografischen Literatur wissen wir zwar, dass sich die großen Liebesgedichte Rumis an einen Mann richteten, gleichwohl konnten die Leser und politischen Autoritäten über Jahrhunderte hinweg und noch im heutigen Iran so tun, als wäre eine Frau angesprochen. [...]

Andererseits lässt die deutsche Sprache Nuancierungen zu, die im Englischen und Persischen nicht möglich wären. Ich kann geschlechtliche Bestimmungen kenntlich machen, aber dank des generischen Maskulinums auch dort verschwinden lassen, wo sie ohne Bedeutung sind. Wenn ich etwa eine Mail an meine Freunde verschicke, um sie zu meinem Geburtstag einzuladen, dann rede ich sie bewusst nicht als Freundinnen und Freunde an. Das Wort „Freundin" hätte, von einem Mann geschrieben, eine ungewünschte, am Ende sogar erotische Konnotation, die mir im Zusammenhang einer Geburtstagseinladung unpassend erschiene. Wenn ich hingegen als Dozent eine Mail schreibe, rede ich meine Studenten durchgehend als „liebe Studenten und Studentinnen" an – obwohl die Studentinnen nicht in ihrer Eigenschaft als Frauen an meinem Seminar teilnehmen. Niemand würde aus meiner Anrede schließen, dass mich ihr Geschlecht besonders interessiert, eher ist es umgekehrt: Heutige Studentinnen könnten es als Affront oder Zurückweisung verstehen, wenn ich auf dem generischen Maskulinum beharrte. Da ich mich nicht dazu entschließen kann, das üblich gewordene, semantisch jedoch falsche und dazu unschöne Partizip „Studierende" zu verwenden, ist es also notwendig, beide Geschlechter zu nennen. Eigens die Studentinnen anzusprechen, obwohl sie sprachlich als Studenten mitgemeint sind, ist für mich ein Akt ebenso selbstverständlicher wie auch schöner, das Leben bereichernder Höflichkeit. [...]

Sprache aber, die Sprache unserer täglichen Kommunikation, ist pragmatisch, und so neigen Sprachentwicklungen in der Regel zur Vereinfachung. Deshalb glaube ich auch nicht, dass sich das Gendern in der mündlichen Sprache durchsetzen wird. Nicht nur fehlt die Akzeptanz außerhalb eines begrenzten, entgegen seiner Selbstwahrnehmung außerordentlich homogenen Milieus; das Gendern ist schlicht zu umständlich, kompliziert und unmelodisch, um sich im Alltag durchzusetzen, geschweige denn in der literarischen Sprache. Allenfalls wird sich das Sternchen im Verwaltungsdeutsch und der Glottisschlag[9] als Distinktionsmerkmal[10] der höher gebildeten, sozial bessergestellten Schichten behaupten.

Was aber wahrscheinlich aus der deutschen Sprache verschwinden wird, ist das generische Maskulinum. [...] Als Schriftsteller kann ich den Verlust bedauern, ich kann darauf hinweisen, dass gerade der Verzicht auf eine geschlechtsneutrale Verwendung von Wörtern die Sexualisierung der Sprache befördert, ich kann mich gegen das Verschwinden des generischen Maskulinums stemmen; aber zugleich möchte ich natürlich vermeiden, dass meine Sprache als unhöflich empfunden oder gar mit einer konservativen gesellschaftspolitischen Botschaft verbunden wird, die althergebrachte Geschlechterrollen affirmiert. Wenn Sprache nicht nur Sprechen, sondern auch Hören ist, kann ich nicht ignorieren, dass insbesondere jüngere Hörer oder eben Hörerinnen das

generische Maskulinum nicht mehr kennen, weil es ihnen der Deutschunterricht nicht
vermittelt. Also bleibt mir nur zu hoffen, dass die geschlechtsneutrale Verwendung
männlicher Substantive und Pronomen wenigstens in meiner Lebenszeit noch nicht als
Provokation missverstanden und also ins Gegenteil verkehrt wird. Wenn eine männliche grammatische Form die geschlechtliche Identität gerade nicht mehr überginge,
sondern im Gegenteil überbetonte, wäre das generische Maskulinum endgültig tot. […]

Aus: Navid Kermani: Mann, Frau, völlig egal, DIE ZEIT, 4.1.2022.

Anmerkungen
1 Sure: Abschnitt oder Kapitel im Koran
2 ostentativ: betont, auffällig
3 feministische Linguistik: Bereich der Sprachwissenschaft, in dem der Einfluss des Geschlechts auf Sprachverhalten und Sprachgebrauch kritisch reflektiert wird
4 Genera: Pluralform von *genus* (lat.: Geschlecht)
5 ambivalent: zwiespältig, in sich widersprüchlich
6 Dichotomie: Zweiteilung
7 codieren: *hier:* ausdrücken
8 Implizitheit: *hier:* das, was – ohne ausgesprochen zu werden – mitgemeint ist
9 Glottisschlag: Knacklaut, der durch das Schließen und schlagartige Öffnen der Stimmritze (Glottis) entsteht; hörbar zum Beispiel, wenn der Genderstern wie beim Wort „Leser*innen" gesprochen wird
10 Distinktionsmerkmal: Unterscheidungsmerkmal

Zum Autor
Navid Kermani, geb. 1967, ist deutsch-iranischer Schriftsteller und Orientalist. 2015 wurde er mit dem Friedenspreis des Deutschen Buchhandels ausgezeichnet.

TIPP Bearbeitungshinweise

Teilaufgabe 1 fordert Sie dazu auf, die **zentralen Aussagen** und die **Intention des Textes** herauszuarbeiten. Verschaffen Sie sich beim ersten Lesen einen Gesamteindruck von der Thematik und markieren Sie bei den folgenden Lesedurchgängen aussagekräftige Sätze oder Passagen. Auch wenn keine Analyse des Argumentationsgangs verlangt wird, ist eine **Einteilung des Textes in Sinnabschnitte** sinnvoll. Zum einen hilft Ihnen das, den relativ langen Artikel in überschaubare Einheiten zu gliedern. Zum anderen kann man auf diese Weise leichter erkennen, in welchem inhaltlichen Zusammenhang ein bestimmter Abschnitt zur Kernfrage des Textes steht. Versuchen Sie beim Schreiben Ihres Aufsatzes, jeden Absatz in **eigenen Worten** wiederzugeben. Meinungen und Einschätzungen des Autors müssen dabei durch den **Konjunktiv** gekennzeichnet werden. Ihre Ausführungen zur Intention des Textes sollen die Frage beantworten, was der Autor **mit seinem Beitrag erreichen** möchte. Hier können Sie auch darauf eingehen, **was den vorliegenden Text auszeichnet**, ohne aber eine tiefergehende Analyse vorzunehmen. Leiten Sie Ihre Darstellung mit einem **Basissatz** ein, der die wichtigsten Angaben zum Ausgangstext enthält.

Teilaufgabe 2 verlangt von Ihnen, zur Position Kermanis **kritisch Stellung zu nehmen**. Der Zusatz „kritisch" ist ein Signalwort, das Sie darauf hinweist, das **Thema von zwei Seiten** zu betrachten. Bevor Sie mit dem Sammeln von Argumenten beginnen, sollten Sie sich vergegenwärtigen, worin die **Position Kermanis** besteht. Diese sollte zu Beginn der Erörterung so wiedergegeben werden, dass man ihr zustimmend oder ablehnend gegenüberstehen kann. Überlegen Sie sich, welcher Seite Sie sich eher anschließen und strukturieren Sie darauf aufbauend Ihre Argumentation. Unabhängig davon, ob Sie sich für eine Anordnung der Argumente **im Block** oder eine Strukturierung nach dem **Reißverschlussprinzip** entscheiden, sollten Sie mit dem Argument schließen, das eher Ihrer persönlichen Meinung entspricht. Damit Ihre Ausführungen eine ausreichende Differenzierung aufweisen, müssen Sie bereits im Rahmen von Stoffsammlung und Stoffordnung darauf achten, dass sich einzelne Argumente inhaltlich nicht zu sehr überschneiden. Versuchen Sie gegebenenfalls, ein Argument noch stärker auf einen bestimmten Aspekt hin einzugrenzen. Wichtig ist zudem, dass Sie Kermanis Überlegungen nicht bloß wiederholen. Argumente, denen Sie zustimmen, können Sie etwa durch **eigene Beispiele** weiterführen. Sind Sie anderer Auffassung als Kermani, können Sie bei der Entfaltung von **Gegenargumenten** auch auf **Schwachpunkte in der Argumentation des Autors** hinweisen. Wenn Sie sich auf Aussagen aus dem Text beziehen, müssen Sie dies durch **Zitate** kenntlich machen. Runden Sie Ihre Stellungnahme am Ende durch eine **Synthese** ab. Hier sollten beide Seiten gegeneinander abgewogen werden. Stellen Sie Ihre **persönliche Überzeugung** heraus und erklären Sie, weshalb Sie eine Seite für gewichtiger halten als die andere. Alternativ können Sie auch Voraussetzungen formulieren, unter denen Sie sich einer Seite anschließen.

Lösungsvorschlag

TEILAUFGABE 1

In dem essayistischen Text *Mann, Frau, völlig egal*, der am 4. Januar 2022 in der Wochenzeitschrift *DIE ZEIT* erschienen ist, legt der deutsch-iranische Schriftsteller und Orientalist Navid Kermani verschiedene Argumente dar, die von Gegnern und Befürwortern der gendergerechten Sprache vorgebracht werden. Auf der Grundlage seines Sprachverständnisses erklärt er, **weshalb er selbst am Gebrauch des generischen Maskulinums weitgehend festhält**.

Basissatz
Autor, Textsorte, Titel, Quelle, Datum, Kerninhalt

Zunächst zeigt Kermani auf, dass die Verwendung ausschließlich männlicher Formen bei Personenbezeichnungen immer wieder auf Kritik stößt. Frauen würden sich **nicht ausreichend angesprochen** fühlen, wenn nur Substantive verwendet werden, die ihrem Genus nach männlich sind (vgl. Z. 32 f.). Dass der Wunsch nach einer stärkeren Repräsentation von Frauen in der Sprache weit in die Vergangenheit zurückreicht, verdeutlicht der Orientalist anhand einer islamischen Überlieferung, die auf eine Sure im Koran Bezug nimmt (vgl. Z. 5–27). Heute befinde sich das **generische Maskulinum auf dem Rückzug**, obwohl es aus Kermanis Sicht geeignet ist, geschlechtergerecht zu formulieren. Diese Entwicklung sei auch auf **feministische Bestrebungen** zurückzuführen, die in den 1980er-Jahren ihren Anfang genommen hätten (vgl. Z. 42–47).

Kernaussagen
sprachliche Diskriminierung von Frauen

Anschließend gibt Kermani **gängige Argumente** wieder, die in der Kontroverse über geschlechtergerechte Sprache von verschiedenen Seiten vorgebracht werden. Demnach berufen sich diejenigen, die sich für den Gebrauch des generischen Maskulinums aussprechen, auf das sprachwissenschaftliche Argument, wonach das **grammatische Genus eines Begriffs nichts mit dem biologischen Geschlecht einer Person zu tun habe** (vgl. Z. 48–52). Die Kritikerinnen und Kritiker dieser Position führen an, **Frauen würden sich ausgegrenzt fühlen**, wenn sie in der Sprache nicht abgebildet werden. Entscheidend sei nämlich **die mit einem Begriff verbundene Vorstellung**. Im Wort „Leser" würden sich etwa viele Leserinnen nicht wiederfinden (vgl. Z. 61–65).

verschiedene Positionen in der Genderdebatte

Vor dem Hintergrund dieser Auseinandersetzung wirbt der Autor um Verständnis für seine eigene Position. Diese besteht darin, **am generischen Maskulinum auch in Zukunft festzuhalten**. Seiner Argumentation zufolge ist die komplexe und in sich widersprüchliche Wirklichkeit in der Alltagssprache ohnehin nicht fassbar. Im Vordergrund stehe die **pragmatische Funktion von Sprache**, die

Position des Autors: Festhalten am generischen Maskulinum

mit Vereinfachungen einhergehe (vgl. Z. 78 ff.). Dem Ökonomieprinzip folgend komme es in der Sprache zu Verknappungen und dennoch sei gelingende Kommunikation möglich. Denn die Teilnehmenden einer Sprachgemeinschaft würden **verstehen, was implizit mit einer Aussage gemeint ist** (vgl. Z. 94 ff.). Problematisch sei diese sprachliche Reduzierung allerdings, wenn Personen auf ein einziges Merkmal festgelegt werden. Das konsequente Nennen aller existierenden Geschlechter sei in der Alltagssprache jedoch unnötig, da das Verständnis auch ohne eine solche Differenzierung gewährleistet sei (vgl. Z. 89–92). **Die Funktion der im Alltag gesprochenen Sprache bestehe nicht darin, die vielfältige und ambivalente Natur des Menschen einzufangen.** Dies sei auch nicht durch eine institutionell vorgegebene Sprache, sondern allenfalls mit den Mitteln der Kunst zu erreichen (vgl. Z. 97–102).

<small>Vereinfachung als sprachliche Notwendigkeit</small>

Des Weiteren hebt Kermani hervor, dass **Sprache die Wirklichkeit lediglich abbilde**, aber **kein Mittel sei, um diese zu verändern**. Beispielhaft verweist er auf Länder im arabischen Raum, in denen Geschlechtergerechtigkeit nicht verwirklicht sei, auch wenn in der Sprache keine geschlechtliche Differenzierung erfolge (vgl. Z. 103–110). Für die Literatur, etwa die homoerotische Dichtung, könne es darüber hinaus von Vorteil sein, wenn auf eine eindeutige Geschlechterzuschreibung verzichtet werde (vgl. Z. 111–117).

<small>kein direkter Zusammenhang zwischen Sprache und sozialer Wirklichkeit</small>

Der Autor räumt jedoch ein, dass eine **Unterscheidung der Geschlechter in der deutschen Sprache auch Chancen** mit sich bringt. Anhand von Beispielen aus seinem persönlichen Sprachgebrauch verdeutlicht Kermani, dass er **je nach Kontext und Absicht** sowohl das generische Maskulinum als auch die Doppelform aus männlichen und weiblichen Personenbezeichnungen verwendet (vgl. Z. 121–131). Die durch ein Sternchen markierte **Gendersprache** werde sich aber im Alltag nicht durchsetzen, denn ein solcher Sprachgebrauch sei zu **umständlich, wenig ästhetisch** und werde allenfalls **in der Verwaltung** oder **in akademisch gebildeten Kreisen** gepflegt (vgl. Z. 140–144).

<small>Zugeständnis: sprachliche Differenzierung durch männliche und weibliche Formen</small>

Abschließend prognostiziert Kermani das allmähliche **Verschwinden des generischen Maskulinums** aus der deutschen Sprache und äußert sein Bedauern hierüber. Ihm zufolge birgt gerade der Verzicht auf die Verwendung geschlechtsneutraler Begriffe die Gefahr der Sexualisierung der Sprache. Sein Festhalten am generischen Maskulinum möchte er aber **keinesfalls als Ausdruck einer konservativen Haltung** oder als Wunsch nach einer Rückkehr zu längst überwundenen Geschlechterrollen verstanden wissen (vgl. Z. 145–159).

<small>mögliches Verschwinden des generischen Maskulinums</small>

Gerade der Schlussteil des Textes ist im Hinblick auf die Intention des Autors aufschlussreich. Kermani möchte durch seinen Beitrag **einsichtig machen, weshalb er am generischen Maskulinum festhält**, auch wenn dessen Gebrauch unüblich geworden ist. Seine Position soll allerdings nicht in dem Sinn missverstanden werden, dass er längst überholte Vorstellungen zum Verhältnis der Geschlechter wiederaufleben lassen möchte. Das signalisiert der Autor bereits durch den Titel seines Artikels, in dem die Egalität, also die Gleichwertigkeit von Mann und Frau bereits anklingt („Mann, Frau, völlig egal"). Um seine Ansicht für alle nachvollziehbar darzulegen, entfaltet Kermani ausführlich sein **Hauptargument, das auf die Funktionalität von Sprache abhebt**. Indem er vorab Pro- und Kontra-Argumente in der Genderdebatte skizziert, schafft er die Voraussetzungen für eine **differenzierte Betrachtung** der Thematik. Dabei nimmt Kermani die Argumente der Gegenseite ernst und verabsolutiert den eigenen Standpunkt nicht. Er möchte also einen **mäßigenden Beitrag in der Diskussion** über das Gendern vorlegen. Als Sprachkenner, Schriftsteller und Orientalist bringt er zugleich auch neue Perspektiven in die Frage der geschlechtergerechten Sprache ein.

> **Intention des Autors**
> Verständnis wecken für das Festhalten am generischen Maskulinum

TEILAUFGABE 2

Wenn im öffentlichen Raum kommuniziert wird, „etwa in den Nachrichten, im Bundestag oder in behördlichen Verlautbarungen" (Z. 28 f.), werden Frauen und Männer gleichermaßen angesprochen. So ist etwa von Zuschauerinnen und Zuschauern, Wählerinnen und Wählern oder Bürgerinnen und Bürgern die Rede. Der mit dem Friedenspreis des Deutschen Buchhandels ausgezeichnete Navid Kermani zieht es bei seinem persönlichen Sprachgebrauch sowie seinem literarischen Schaffen hingegen vor, zwischen den Geschlechtern nicht zu differenzieren, wo dies nicht erforderlich ist. Seiner Meinung nach ist es **sinnvoll, weiterhin am Gebrauch des generischen Maskulinums festzuhalten**. Wie Kermanis Position zu bewerten ist, soll im Folgenden erörtert werden.

> **Position Kermanis**
> Festhalten am generischen Maskulinum

Zunächst ist nicht von der Hand zu weisen, dass das generische Maskulinum **in ästhetischer Hinsicht Vorteile** gegenüber anderen Formen des geschlechtergerechten Formulierens bietet. Folgt man dem sprachwissenschaftlichen Argument, wonach das grammatische Geschlecht eines Begriffs nichts mit dem biologischen Geschlecht zu tun hat, ist es unnötig, männliche und weibliche Formen prinzipiell in einem Atemzug zu nennen. Ein Leser ist demnach eine Person, die liest. Eine Aussage über das Geschlecht wird dabei nicht getroffen. Aus sprachwissenschaftlicher Sicht könnte man daher auf andere Formen der geschlechtergerechten Sprache verzichten. Dazu

> **Stellungnahme**
> Pro: Vorteile im Hinblick auf die Sprachästhetik

zählen auch Doppelformen wie beim Begriffspaar „Leserinnen und Leser". Konsequent eingehalten kann die Doppelnennung **zu Texten oder Äußerungen führen, die aufgebläht und schwerfällig** wirken. Auch andere Varianten, wie etwa Partizipialformen (z. B. „Studierende") oder der Genderstern, sind in ästhetischer Hinsicht wenig ansprechend. Sie gehen einher mit **semantischen Verschiebungen** (vgl. Z. 131 f.) oder einem **Bruch in der Grammatik**, so etwa beim Begriff „Kund*innen". Eine solche Sprache empfinden viele als „**unmelodisch**" (Z. 141). Als Schriftsteller meint Kermani außerdem, sie sei „für die Poesie zu sperrig" (Z. 90 f.).

Allerdings spielen in der Sprache nicht nur ästhetische Gesichtspunkte eine Rolle. Als Verständigungsmittel zeigt sich in der Sprache auch, wie wir miteinander umgehen und welche **Werte** in einer Gesellschaft wichtig sind. Im dritten Artikel unseres Grundgesetzes heißt es: **Frauen und Männer sind gleichberechtigt.** Geschlechtergerechtigkeit ist ein Wert, der auch in sprachlichen Äußerungen zum Ausdruck kommen sollte. Wenn in der mündlichen oder schriftlichen Kommunikation immer nur männliche Formen verwendet werden, führt das zu einer **mangelnden Repräsentation von Frauen in der Sprache**. Zwar ist dem linguistischen Argument zufolge das generische Maskulinum eine gute Möglichkeit, Diskriminierung in der Sprache zu vermeiden. Aber „sobald **niemand mehr im Wort ‚Leser' die Leserinnen mithört**, hat der Wissenschaftler allenfalls sprachgeschichtlich recht" (Z. 63 ff.). In der öffentlichen Kommunikation, ob im Beruf, in der Politik oder der Schule, ist daher zu Recht nicht mehr nur von Mitarbeitern, Wählern oder Schülern die Rede, sondern auch von Mitarbeiterinnen, Wählerinnen oder Schülerinnen.

Kontra: mangelnde Abbildung von Frauen in der Sprache

Kritikerinnen und Kritiker einer solchen Gendersprache wenden ein, dass ihr **etwas Gezwungenes** anhafte. Komplexere Formen des geschlechtergerechten Formulierens sind ihrer Ansicht nach das Ergebnis einer Kunstsprache, die der Sprachgemeinschaft **von institutioneller Seite aufgedrängt** wird. Kermani zufolge ist es „nicht […] die Aufgabe irgendeiner behördlichen oder akademischen Instanz" (Z. 99 f.), sprachliche Vorgaben zu treffen, um die Wirklichkeit besser abzubilden. Dem Schriftsteller zufolge können durch sprachliche Regelungen Fragen von Identität und Geschlecht nicht beantwortet werden, da diese zu komplex sind (vgl. Z. 80–85). Dass es gar nicht möglich ist, den Sprachwandel gezielt zu beeinflussen, zeigt sich auch in einem anderen Bereich. Seit vielen Jahren versucht der „Verein Deutsche Sprache e. V.", Anglizismen aus dem Deutschen zu verdrängen. Allen Bemühungen zum Trotz haben sich jedoch Bezeichnungen wie „Klapprechner" für „Laptop" nicht etabliert. Daher ist anzunehmen, dass sich die als zu umständlich empfundene Gendersprache im Alltag nicht durchsetzen wird.

Pro: generisches Maskulinum als natürlicher Sprachgebrauch

Dem kann man jedoch entgegenhalten, dass sich in den letzten Jahren und Jahrzehnten im Hinblick auf die sprachliche Repräsentation von Frauen und Männern sehr wohl ein Wandel vollzogen hat. Diesen muss man nicht auf eine direkte Lenkung zurückführen. Sprache verändert sich und neuere Entwicklungen in der Sprache können auch **Ausdruck eines gesellschaftlichen Wandels** sein. So führten etwa emanzipatorische Bewegungen der 1970er-Jahre dazu, dass das Thema der **Geschlechtergerechtigkeit** stärker im allgemeinen Bewusstsein verankert ist. In der Folge wird auch nach Möglichkeiten gesucht, **Strukturen männlicher Dominanz in der Sprache zu überwinden**. Wenn heute von gemischtgeschlechtlichen Gruppen die Rede ist, gehört es zum „guten Ton", von Männern und Frauen zu sprechen. Auch Kermani, der beim Sprechen und Schreiben grundsätzlich das generische Maskulinum bevorzugt, verwendet aus Gründen der Höflichkeit bei der Anrede von Studierenden die Doppelform („liebe Studenten und Studentinnen", Z. 126 f.). Aufgrund einer **wachsenden Sensibilität gegenüber Minderheiten** wird inzwischen auch nach Wegen gesucht, Personen in der Sprache zu repräsentieren, die sich weder als Mann noch als Frau identifizieren. Diese Entwicklung nehmen Behörden ernst, wenn sie etwa den Genderstern in ihre Amtssprache integrieren.

Kontra: Ignorieren eines gesellschaftlichen Wandels

Im privaten Bereich verzichten dennoch viele auf das Gendern. Kermani liefert hierfür eine sprachwissenschaftliche Erklärung. Ihm zufolge „muss [Sprache] **pragmatisch** sein" (Z. 79). Nur so bleibe die Funktionalität der Alltagssprache gewahrt. Demnach gehört zu gelingender Kommunikation, dass **sprachliche Komplexität reduziert** wird. Man kennt das aus dem persönlichen Sprachgebrauch. Oft reichen bereits wenige Worte, um eine Botschaft zu platzieren. In einer angespannten Situation können etwa die Worte „Ja, ja, schon gut!" ausreichen, um dem Gegenüber zu signalisieren, ein Thema im Moment nicht weiter verfolgen zu wollen. In Übereinstimmung mit Kermani ist festzuhalten: „Sprache funktioniert [...] auch und gerade durch das, was nicht gesagt, aber von den Hörern mitgedacht wird." (Z. 95 f.) Im Hinblick auf die Frage der geschlechtergerechten Sprache kann man folgern: Der Gebrauch des generischen Maskulinums entspricht dem Wesen von Sprache, das von einer Reduzierung von Komplexität geprägt ist.

Pro: pragmatischer Charakter von Sprache

Kermani geht jedoch nicht darauf ein, dass neben dem Ökonomieprinzip ein weiterer Faktor das Gelingen von Kommunikation bestimmt, nämlich **Verständlichkeit**. Eine Aussage muss so formuliert werden, dass sie vom Gegenüber auch verstanden werden kann. Hierfür ist ein **Mindestmaß an sprachlicher Genauigkeit** erforderlich. Gerade Kommunikationssituationen, die im Vergleich zum Austausch mit Freunden oder der Familie von einer **Sprache der**

Kontra: Erschweren der Kommunikation bei Verzicht auf das Gendern

Distanz gekennzeichnet sind, erfordern in sprachlicher Hinsicht einen Mehraufwand. Man denke beispielsweise an die **berufliche Kommunikation**. Häufig wird in diesem Bereich noch gesiezt, man greift auf Fachvokabular zurück oder verwendet einen komplexeren Satzbau – auch bei mündlichen Äußerungen. Zur Verständlichkeit gehört es, **Irritationen zu vermeiden** und auf sprachliche Gepflogenheiten Rücksicht zu nehmen. So ist es an Universitäten gängige Praxis, von „Studentinnen und Studenten" zu sprechen. Würde man als Dozent hier nur die männliche Form gebrauchen, könnte dies vonseiten der weiblichen Hörerschaft als „**Affront oder Zurückweisung**" (Z. 130) verstanden werden. Es wird also deutlich, dass auch das Gendern zum Gelingen der Kommunikation beitragen kann.

Ob man wie Kermani am Gebrauch des generischen Maskulinums weitgehend festhält, ist aus meiner Sicht abhängig von der jeweiligen Kommunikationssituation und der sprachlichen Intention. In der **Literatur- sowie der Alltagssprache** fallen ästhetische bzw. pragmatische Gründe besonders ins Gewicht, weshalb viele Formen des Genderns unschön und unnatürlich wirken. In Bezug auf diese beiden Bereiche der Sprache ist daher das **Festhalten am generischen Maskulinum durchaus sinnvoll**. Dagegen sollte im Bereich der **öffentlichen Kommunikation** darauf geachtet werden, dass **Frauen und Männer in gleicher Weise sprachlich repräsentiert** werden. Durch Gendern kann in Bezug auf das Thema der Geschlechtergerechtigkeit ein Zeichen gesetzt werden – gegen die Diskriminierung von Frauen und für die Anerkennung eines gesellschaftlichen Wandels.

Synthese
sprachlicher Kontext als entscheidender Faktor

Hessen Deutsch ▪ Leistungskurs
Übungsaufgabe 5 ▪ Materialgestütztes Verfassen argumentierender Texte

HASS UND SOZIALE MEDIEN

Erlaubte Hilfsmittel
- ein Wörterbuch der deutschen Rechtschreibung
- eine Liste der fachspezifischen Operatoren

Aufgabenstellung

Stellen Sie sich vor, dass Sie Vertreterin bzw. Vertreter im Jugendparlament Ihrer Kommune sind. Da auf der Website der Kommune immer wieder auch Hasskommentare gepostet werden, veranstaltet das Jugendparlament eine öffentliche Debatte, in der es um die Probleme der Hate Speech im Netz gehen soll. Im Vorfeld der Diskussion verfassen Sie einen auf der Website zu veröffentlichenden argumentativen Beitrag, der sich mit der Frage auseinandersetzt, ob es sich bei Hate Speech um ein Problem des Internets handelt.

Verfassen Sie diesen argumentierenden Text. Nutzen Sie dazu die folgenden Materialien (1–8) und Ihre Kenntnisse aus dem Unterricht.

Verweise auf die Materialien erfolgen dem Stil eines Internetbeitrags entsprechend ohne Zeilenangabe nur unter Nennung des Autors/der Autorin und ggf. des Titels.

Ihr Text sollte ca. 1 200 Wörter umfassen und mit einer passenden Überschrift versehen sein.

(100 BE)

| **Material 1** | Broschüre der Arbeitsgemeinschaft Kinder- und Jugendschutz und der Landesanstalt für Medien NRW |

Hate Speech – Hass im Netz

Ein respektvolles Miteinander ist auch im Internet unverzichtbar. Zu beobachten ist aber gegenwärtig, dass dort Hetze, Hass und Diskriminierung immer mehr Verbreitung finden – besonders in Sozialen Netzwerken, Foren und Kommentarspalten. […] Für
5 das Phänomen der Verbreitung von Hassbotschaften im Internet hat sich auch im deutschen Sprachgebrauch der Begriff Hate Speech (englisch für „Hassrede") durchgesetzt. Er beschreibt abwertende, menschenverachtende und volksverhetzende Sprache und Inhalte, durch die die Grenzen der Meinungsfreiheit überschritten werden. Denn, so Artikel 1 des Grundgesetzes, „die Würde des Menschen ist unantastbar". Das gilt
10 auch im Internet. […]

Hate Speech ist kein reines Netzphänomen

Hass im Netz existiert nicht losgelöst vom analogen Leben, sondern greift reale Macht- und Diskriminierungsstrukturen auf, aus denen er sich speist. Zusätzlich lässt sich im Internet eine Art Enthemmungseffekt beobachten. Meinungen, die im realen Leben oft
15 nur von einer Minderheit offen vertreten werden, sind mit wenigen Klicks veröffentlicht und finden im Internet eine große Bühne. Dahinter stehen nicht selten rechtsextreme Gruppen und Personen, die die Möglichkeiten des Internets für ihre Propaganda nutzen. Das fehlende direkte Gegenüber, die Möglichkeit, anonym zu bleiben, und das Wissen, kaum zur Rechenschaft gezogen zu werden, tragen weiter zur Enthemmung
20 bei. Dabei wird nicht nur anonym gehetzt, sondern häufig auch ganz offen mit Klarnamen.

Quelle: Hate Speech – Hass im Netz, AJS & Landesanstalt für Medien NRW, Februar 2019, https://www.medienkompetenzportal-nrw.de/themen-dossiers/hate-speech.html.

| **Material 2** | Strafrechtliche Konsequenzen von Hate Speech |

„Merkel[1] muss öffentlich gesteinigt werden."
Konsequenz: 2 000 Euro Strafe

Quelle: Beispiele für strafbare Hasskommentare im Netz (© Stiftung Warentest)

Anmerkung
1 *Angela Merkel:* deutsche Bundeskanzlerin von 2005 bis 2021

Material 3 — Gesetzestexte des Grundgesetzes und des Strafgesetzbuches

Grundgesetz für die Bundesrepublik Deutschland Art. 5

(1) Jeder hat das Recht, seine Meinung in Wort, Schrift und Bild frei zu äußern und zu verbreiten und sich aus allgemein zugänglichen Quellen ungehindert zu unterrichten. Die Pressefreiheit und die Freiheit der Berichterstattung durch Rundfunk und Film werden gewährleistet. Eine Zensur findet nicht statt.

(2) Diese Rechte finden ihre Schranken in den Vorschriften der allgemeinen Gesetze, den gesetzlichen Bestimmungen zum Schutze der Jugend und in dem Recht der persönlichen Ehre.

Strafgesetzbuch

§ 185 Beleidigung

Die Beleidigung wird mit Freiheitsstrafe bis zu einem Jahr oder mit Geldstrafe und, wenn die Beleidigung mittels einer Tätlichkeit begangen wird, mit Freiheitsstrafe bis zu zwei Jahren oder mit Geldstrafe bestraft.

§ 186 Üble Nachrede

Wer in Beziehung auf einen anderen eine Tatsache behauptet oder verbreitet, welche denselben verächtlich zu machen oder in der öffentlichen Meinung herabzuwürdigen geeignet ist, wird, wenn nicht diese Tatsache erweislich wahr ist, mit Freiheitsstrafe bis zu einem Jahr oder mit Geldstrafe und, wenn die Tat öffentlich oder durch Verbreiten von Schriften (§ 11 Abs. 3) begangen ist, mit Freiheitsstrafe bis zu zwei Jahren oder mit Geldstrafe bestraft.

§ 187 Verleumdung

Wer wider besseres Wissen in Beziehung auf einen anderen eine unwahre Tatsache behauptet oder verbreitet, welche denselben verächtlich zu machen oder in der öffentlichen Meinung herabzuwürdigen oder dessen Kredit zu gefährden geeignet ist, wird mit Freiheitsstrafe bis zu zwei Jahren oder mit Geldstrafe und, wenn die Tat öffentlich, in einer Versammlung oder durch Verbreiten von Schriften (§ 11 Abs. 3) begangen ist, mit Freiheitsstrafe bis zu fünf Jahren oder mit Geldstrafe bestraft.

*Quelle: https://www.gesetze-im-internet.de/gg/
BJNR000010949.html#BJNR000010949BJNG000100314*

Material 4 — Anatol Stefanowitsch[1]: Was ist überhaupt Hate Speech?

Hassrede (Hate Speech) ist kein sprachwissenschaftlicher, sondern ein politischer Begriff mit mehr oder weniger starken Bezügen zu juristischen Tatbeständen. [...] Die im europäischen Zusammenhang relevante politische Definition [...] fasst unter diesem Begriff „alle Ausdrucksformen, die Rassismus, Fremdenfeindlichkeit, Antisemitismus oder andere Formen [von] auf Intoleranz beruhendem Hass verbreiten, dazu anstiften, sie fördern oder rechtfertigen; einschließlich von Intoleranz, die sich in aggressivem Nationalismus und Ethnozentrismus[2], der Diskriminierung und Feindseligkeit gegenüber Minderheiten, Migranten/Migrantinnen und Menschen mit Migrationshintergrund äußert" (Ministerkomitee des Europarats, Empfehlung R (97) 20, 30. 10. 1997, meine Übersetzung).

Sprachwissenschaftliche Definitionen orientieren sich allgemein an dieser politischen Definition. [...] Aus sprachwissenschaftlicher Perspektive stellen sich zwei Fragen: erstens, was es bedeutet, sprachlich „Hass auszudrücken", und zweitens, welche sprachlichen Ausdrucksmittel zu diesem Zweck zum Einsatz kommen. Bezüglich der ersten Frage gehen einige Autoren/Autorinnen davon aus, dass Hassrede dann vorliegt, wenn der/die Sprechende Hass empfindet und/oder erreichen will, dass Dritte Hass empfinden [...]. In der öffentlichen Diskussion wird der intentionalen[3] Definition häufig eine Definition aus Betroffenenperspektive entgegengesetzt: Hassrede liegt dann vor, wenn es Menschen gibt, die sich durch diese Rede herabgesetzt oder verunglimpft fühlen. Als Grundlage einer Definition ist die Betroffenenperspektive sicher besser geeignet als die Intention des Sprechenden. Sie darf allerdings nicht individualisiert verstanden werden [...]. Um aus sprachwissenschaftlicher Sicht als Hassrede zu gelten, muss eine sprachliche Äußerung [...] von einem wahrnehmbaren Teil der Sprachgemeinschaft als herabwürdigend und/oder verunglimpfend gegenüber einer Bevölkerungsgruppe verstanden werden [...].

Das ist vor allem dort der Fall, wo die Herabwürdigung und/oder Verunglimpfung von einem wahrnehmbaren Teil der Sprachgemeinschaft als Teil der konventionellen[4] Bedeutung eines sprachlichen Ausdrucks betrachtet werden. Solche Ausdrücke finden sich am sichtbarsten in jenem Bereich des Wortschatzes, in dem die deutsche Sprache uns eine Vielzahl von Ausdrücken liefert, die entweder über die Zuschreibung von bzw. Einschränkung auf bestimmte stereotype[5] Eigenschaften (Schlitzauge, Fotze, Arsch-ficker, Mongo) oder direkt über das Wissen um ihre Verwendungszusammenhänge (Kanake, Tussi, Schwuchtel, Spast) eine pejorative, also abwertende Wirkung entfalten. [...]

Während Ausdrücke mit einer klar pejorativen Bedeutung die deutlichste Erscheinungsform von Hassrede sind, kann eine Äußerung eine Bevölkerungsgruppe auch herabwürdigen und/oder verunglimpfen, ohne solche Ausdrücke zu enthalten. Auch dann fällt sie unter die Definition von Hassrede. Im einfachsten Fall ist die Herabwürdigung/Verunglimpfung ein expliziter[6] Teil der Aussage, z. B. in „(Alle) Griechen sind faul". Sprachwissenschaftlich interessanter und im Alltag schwerer zu erkennen sind aber Fälle, in denen die Aussage selbst zunächst harmlos oder sogar positiv wirkt, und die Hassrede Teil einer zum Verständnis der Äußerung notwendigen stillschweigenden Grundannahme ist. Ein Satz wie „Er ist Grieche, aber total fleißig" scheint ja einem speziellen Griechen eine positive Eigenschaft zuzuschreiben. Durch die Verbindung der beiden Satzteile mit dem Wort „aber" wird jedoch kommuniziert, dass der Fleiß der betroffenen Person unerwartet ist; das kann sie aber nur vor dem Hintergrund der Annahme sein, dass Griechen/Griechinnen normalerweise faul seien. Politische Gruppen verwenden diese Strategie der impliziten[7] Hassrede häufig: Wenn eine Partei etwa ständig betont, dass Migranten/Migrantinnen willkommen seien, „solange sie sich an unsere Gesetze halten", ist dies ja zunächst eine fast schon trivial[8] harmlose Aussage, denn selbstverständlich sollen sich alle Menschen an Gesetze halten. Die Aussage wird aber dadurch zu einer Verunglimpfung von Migranten / Migrantinnen, weil sie nur dann einen Sinn ergibt, wenn wir annehmen, dass Migranten/Migrantinnen sich normalerweise nicht an Gesetze halten.

[...] Zum Schluss sei noch angemerkt, dass Hassrede auch aus sprachwissenschaftlicher Perspektive kein vorrangig sprachliches, sondern ein gesellschaftliches Problem darstellt. Sprachliche Ausdrücke beschreiben und bewerten nicht (bzw. nicht nur). Sie erzeugen vielmehr ein Verständnis der (vorsprachlichen) physikalischen Realität[9] und gesellschaftliche Realität(en), die als allgemeingültig verstanden werden und deshalb nicht ohne Weiteres hinterfragt werden können. Hassrede ist also nicht (nur) ein Problem des kommunikativen Umgangs oder der „Verbreitung, Anstiftung, Förderung oder Rechtfertigung" von Hass, sie ist zentral an der Erzeugung des Hasses und der für den Hass notwendigen Denkmodelle beteiligt – einem Hass, der [...] historisch immer wieder die Grundlagen für die Zerstörung der betreffenden Gruppen gelegt hat.

Quelle: Anatol Stefanowitsch: Was ist überhaupt Hate Speech?, Amadeu Antonio Stiftung, S. 11 f., https://www.amadeu-antonio-stiftung.de/w/files/pdfs/hatespeech.pdf

Anmerkungen
1 *Anatol Stefanowitsch:* Professor für Sprachwissenschaft an der Freien Universität Berlin, der den auszugsweise abgedruckten Artikel bei der Amadeu Antonio Stiftung veröffentlicht hat, die im Jahr 1998 gegründet wurde und sich dafür einsetzt, die Zivilgesellschaft in Deutschland gegen Rechtsextremismus, Rassismus und Antisemitismus zu stärken
2 *Ethnozentrismus:* Ansicht, wonach das eigene Volk anderen Völkern überlegen ist
3 *intentional:* absichtsvoll, gezielt
4 *konventionell:* eigentlich gewöhnlich; im linguistischen Sprachgebrauch von den Sprechern unausgesprochen vereinbart
5 *stereotyp:* verallgemeinernd, klischeehaft
6 *explizit:* ausdrücklich
7 *implizit:* einbegriffen, nicht ausdrücklich
8 *trivial:* nichtssagend, banal
9 *physikalische Realität:* im Sinne von erfahrbarer, noch nicht gedeuteter Wirklichkeit

Material 5 — Ausgewählte Ergebnisse einer Forsa-Studie im Auftrag der „Landesanstalt für Medien NRW" (2022)

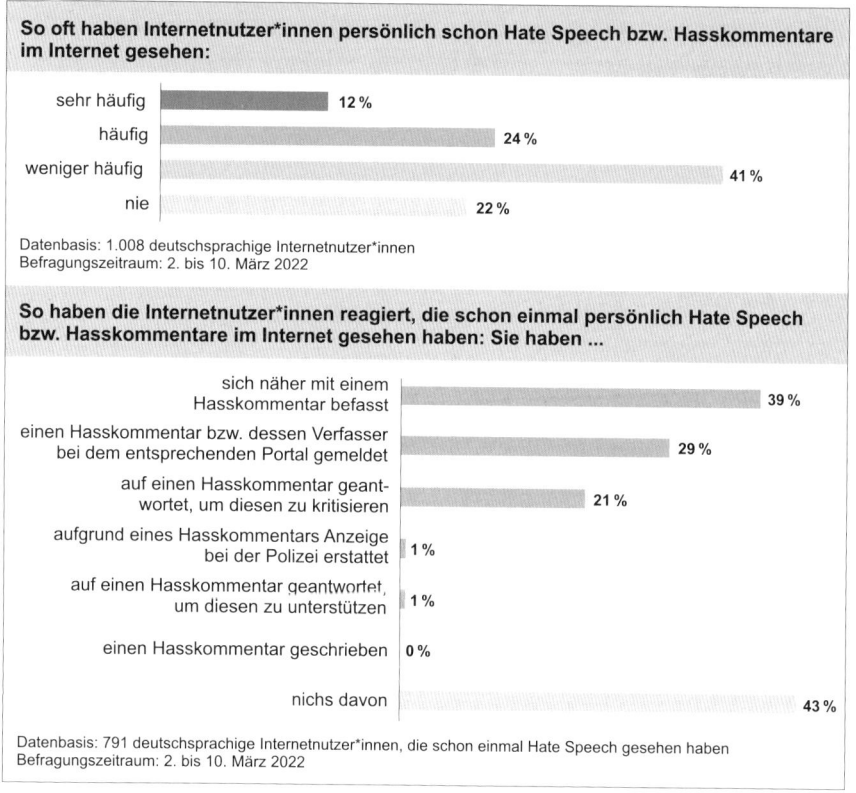

Quelle der Daten: © Statista Infografik 10093

Material 6 — Broschüre der Arbeitsgemeinschaft Kinder- und Jugendschutz und der Landesanstalt für Medien NRW

MAKE LOVE NOT HATE SPEECH
TIPPS FÜR JUGENDLICHE

Hate Speech (englisch für „Hassrede") ist digitale Gewalt, die über Sprache, Worte und Bilder verbreitet wird. Hate Speech zielt mit Hass auf ganze Gruppen, die auch
5 außerhalb des Internets ausgegrenzt und angefeindet werden. Hate Speech beleidigt, bedroht und verachtet Menschen aufgrund ihrer Herkunft, ihres Glaubens, ihres Geschlechts oder ihrer sexuellen Orientierung. Hate Speech sorgt in Sozialen Netzwerken für ein feindliches Klima, das auch Gewalttaten im realen Leben auslösen

kann. Aber jeder Mensch kann dazu beitragen, dass Hass im Netz sich nicht weiter verbreitet. Auch du!

AKTIV WERDEN!
Das Internet ist dein Lebensraum. Übernimm Verantwortung und sorge dafür, dass Rassismus, Sexismus und Hetze im Netz keinen Platz finden. Hater und Dauer-Störer (sogenannte Trolle) dürfen in Sozialen Medien nicht dafür sorgen, dass sich Mädchen oder Jungen aus Angst vor Gewalt zurückziehen. Zeige Zivilcourage – online und offline.

EINMISCHEN ERLAUBT!
Beziehe Position für ein weltoffenes und respektvolles Miteinander. Weise andere darauf hin, wenn du das, was sie posten, für rassistisch hältst. Informiere dich, argumentiere gegen Hetze im Netz, betreibe Widerstand mit Worten. So haben Rassisten und Menschenfeinde nicht das Gefühl, im Sinne einer schweigenden Mehrheit zu handeln.

RESPEKT IM NETZ!
Achte auf Netiquette und einen fairen Umgangston – auch Worte können andere verletzen. Vermeide aggressiv klingende Pseudonyme. Schaue auch bei vermeintlich lustigen Seiten darauf, ob die Späße nicht auf Kosten anderer gemacht werden. Diskriminierung ist nicht lustig! Pass auf, dass du nicht selbst Sprachmuster benutzt, in denen Vorurteile stecken (z. B. „Das Boot ist voll.").

Quelle: Hate Speech – Hass im Netz. Informationen für Lehrkräfte und Eltern. Hrsg. v. d. Arbeitsgemeinschaft Kinder- und Jugendschutz und v. d. Landesanstalt für Medien NRW, 5. Aufl., 2019 (https://ajs.nrw/wp-content/uploads/2016/06/160617_HateSpeech_WEB2.pdf).

Material 7 Cartoon

Quelle: Schwarwel: Die Alternative zu Fakten – Karikaturen & Cartoons 2016/2017, Verlag Glücklicher Montag AGM Leipzig GmbH, S. 32.

Material 8 Auszug aus dem „Netzwerkdurchsetzungsgesetz" (seit 2017 in Kraft)

§ 3 Umgang mit Beschwerden über rechtswidrige Inhalte

(1) Der Anbieter eines sozialen Netzwerks muss ein wirksames und transparentes Verfahren nach Absatz 2 und 3 für den Umgang mit Beschwerden über rechtswidrige Inhalte vorhalten. Der Anbieter muss Nutzern ein bei der Wahrnehmung des Inhalts leicht erkennbares, unmittelbar erreichbares, leicht bedienbares und ständig verfügbares Verfahren zur Übermittlung von Beschwerden über rechtswidrige Inhalte zur Verfügung stellen.

(2) Das Verfahren muss gewährleisten, dass der Anbieter des sozialen Netzwerks

1. unverzüglich von der Beschwerde Kenntnis nimmt und prüft, ob der in der Beschwerde gemeldete Inhalt rechtswidrig und zu entfernen oder der Zugang zu ihm zu sperren ist,

2. einen offensichtlich rechtswidrigen Inhalt innerhalb von 24 Stunden nach Eingang der Beschwerde entfernt oder den Zugang zu ihm sperrt; dies gilt nicht, wenn das soziale Netzwerk mit der zuständigen Strafverfolgungsbehörde einen längeren Zeitraum für die Löschung oder Sperrung des offensichtlich rechtswidrigen Inhalts vereinbart hat [...].

Quelle: https://www.gesetze-im-internet.de/netzdg/BJNR335210017.html

Anmerkung
Das Netzwerkdurchsetzungsgesetz war eine gesetzgeberische Reaktion auf die Zunahme von Hasskriminalität und anderen strafbaren Inhalten im Internet.

> **TIPP** Bearbeitungshinweise

Die Aufgabenart des **materialgestützten Schreibens** ist von einer sehr **umfangreichen Aufgabenstellung** geprägt. Diese besteht aus der Kommunikationssituation, innerhalb derer der zu verfassende Text zu verorten ist, und dem eigentlichen Aufgabenapparat. Lesen Sie die gesamte Aufgabenstellung sorgfältig durch: Sie gibt Ihnen nicht nur Hinweise auf den Inhalt Ihres Aufsatzes, sondern auch auf dessen Gestaltung.

Der **situative Kontext** schreibt Ihnen vor, dass Sie in die Rolle eines Vertreters oder einer Vertreterin des Jugendparlaments Ihrer Heimatstadt schlüpfen sollen. Sie nehmen also eine **offizielle öffentliche Perspektive** ein und keine private. Sie schreiben für junge Menschen, die die Website Ihrer Stadt besuchen. Damit ist ein **Adressatenkreis** definiert, an dem Sie Ihre sprachliche Gestaltung ausrichten müssen. Aus der Kombination von Sender (offizieller Vertreter/offizielle Vertreterin) auf der einen Seite sowie Empfänger (junge Leute) und Publikationsort (Website Ihrer Stadt) auf der anderen Seite ergibt sich die stilistische Ebene Ihres Schreibens. Sie bedienen sich also einer **normgerechten Sprache**, dürfen aber zugleich einen etwas lässigeren Ton anschlagen, z. B. in der Anrede die Du- oder Ihr-Form verwenden. Da das zu verfassende Schreiben **mit Argumenten überzeugen** soll, steuern Sie eine überwiegend sachliche Ausdrucksweise an. Den **fiktiven Anlass** für Ihren Beitrag bildet die Veröffentlichung von Hasskommentaren auf der Website Ihrer Heimatstadt. Dieses gesellschaftlich relevante Problem können Sie in Ihrer Einleitung aufgreifen.

Nachdem Sie sich mit dem situativen Kontext vertraut gemacht haben, richten Sie Ihren Blick auf den konkreten Arbeitsauftrag. Dieser verlangt von Ihnen, einen **argumentierenden Text** zu der Fragestellung zu verfassen, ob es sich bei **Hate Speech** um ein **Problem des Internets** handelt.

Dazu müssen Sie die beigefügten Materialien unter Zuhilfenahme der Worterläuterungen sehr sorgfältig lesen. Markieren Sie dabei Textpassagen, die Sie später verwenden wollen. Zur effektiven **Nutzung der Materialien** können Sie sich auch notieren, welches Material Sie wie in Ihren Aufsatz einflechten wollen (z. B. Material 2 für die Einleitung usw.).

Nachdem Sie die Materialien durchgearbeitet haben, müssen Sie für sich entscheiden, wie Sie die **Ausgangsfrage** „Ist Hate Speech ein Problem des Internets – ja oder nein?" **beantworten** wollen. Wie Sie den Aufsatz aufbauen, kann davon abhängen, welche Position Sie einnehmen. Wenn Sie beispielsweise eine blockbildende Struktur wählen, sollten Sie zuerst **Argumente für die Seite** ausführen, **der Sie** selbst **nicht zustimmen**, um anschließend die Aspekte darzulegen, die Ihre **eigene Meinung stützen**.

Beginnen Sie die Niederschrift Ihres Beitrags zunächst mit einer **Einleitung**. In dieser können Sie den oben bereits erwähnten Anlass aufgreifen und die Problemfrage zum Thema „Hate Speech" darstellen. Sie können auch ein **Beispiel als Aufhänger** benutzen, um dadurch das Interesse Ihrer Leserschaft zu wecken.

Im **Hauptteil** entfalten Sie Ihre **Argumentation** mithilfe der Materialien sowie mit Ihrem eigenen **Welt- und Unterrichtswissen**. Achten Sie darauf, die Leserschaft nicht nur über das Thema „Hate Speech" zu informieren, sondern sie mit logisch aufgebauten Argumenten zu überzeugen. Berücksichtigen Sie außerdem, dass Sie nicht in der sonst üblichen Form zitieren, sondern nur unter Nennung des Autors/der Autorin und ggf. des Titels auf ein Material hinweisen sollen.

Zum **Schluss** ziehen Sie eine **resümierende Bilanz** hinsichtlich der Ausgangsfrage. Dabei können Sie sich nochmals an die intendierten Adressatinnen und Adressaten wenden und Ihre Ideen mit einem (positiven) **Appell** verbinden.

Vergessen Sie außerdem nicht, Ihren Beitrag mit einer Interesse weckenden **Überschrift** zu versehen.

Nehmen Sie sich nach der Abfassung Ihres Aufsatzes noch Zeit, Ihren Text **Korrektur zu lesen**. Prüfen Sie dabei sowohl die **sprachliche Ebene** (Rechtschreibung, Grammatik, Zeichensetzung und Stil) als auch den **Inhalt** (sinnvolle Einbindung der Materialien, nachvollziehbare Strukturierung, Logik der Argumentation). So stellen Sie sicher, einen formal und inhaltlich ansprechenden Text abzugeben.

Lösungsvorschlag

„Make Love not Hate Speech" oder die Frage, ob uns das Internet sprachlich verrohen lässt

Überschrift
(Bezug zu M 6)

Die humorvoll gemeinte Aufforderung „Make Love not Hate Speech" ist nicht nur sprachlich, sondern auch inhaltlich gar nicht so weit entfernt vom Ursprungszitat der Hippies „Make love, not war". Schließlich ist **Hate Speech** eine neue Form von verbaler (digitaler) Gewalt, wie zum Beispiel der gegen die ehemalige Bundeskanzlerin gerichtete Internetkommentar „Merkel muss öffentlich gesteinigt werden" zeigt. Leider sind auch in den Kommentarspalten der Website unserer Stadt immer wieder Hasskommentare zu finden. Dies bewegt uns als eure Vertreterinnen und Vertreter des kommunalen Jugendparlaments dazu, einmal genauer auf das Phänomen der **Hate Speech** einzugehen und zu klären, ob es sich dabei vor allem um ein **Problem des Internets** handelt.

Einleitung
(Bezug zu M 2 und M 6)

Bedeutsamkeit des Themas

Anlass des Beitrags

Der Begriff „Hate Speech" stammt aus dem Englischen, bedeutet übersetzt „Hassrede" und hat sich auch im deutschen Sprachraum als feste Wendung etabliert. Er ist zunächst ein **politischer Begriff**, wie der Linguistik-Professor Stefanowitsch in einem Beitrag für die Amadeu Antonio Stiftung bemerkt – politisch deshalb, weil er **Äußerungen** bezeichnet, **die rassistisch, fremdenfeindlich, antisemitisch** oder in anderer Weise **intolerant sind** und Hass verbreiten, zu Gewalt aufrufen oder Hass und Gewalt legitimieren. Die

Hauptteil
Kontra-Argumente:
Ausprägungen von Hate Speech in der analogen Welt
(Bezug zu M 4)

Sprachwissenschaft bezieht sich auf das politische Verständnis von Hate Speech und unterscheidet zwischen **zwei möglichen Definitionen:** Nach der ersten, **intentionalen Definition** liegt Hate Speech vor, wenn **der Sprecher oder Verfasser selbst Hass empfindet** und mit seiner Äußerung erreichen möchte, dass der Hass verstanden und ebenfalls vom Hörer oder Leser nachempfunden wird. Die **zweite sprachwissenschaftliche Definition** erfolgt aus der Sicht der Betroffenen. Demnach liegt dann Hate Speech vor, **wenn sich Menschen von einer Äußerung beleidigt oder verletzt fühlen.** Allerdings dürfen sie dies nicht allein so empfinden, sondern ein größerer Teil der Gesellschaft muss eine bestimmte Aussage oder Bezeichnung als herabwürdigend verstehen. Egal welche der beiden Definitionen man zugrunde legt – sie sind unabhängig von der Frage, ob es sich um Online- oder um Offline-Äußerungen handelt. Der **Weg**, auf dem die Hassbekundungen verbreitet werden, ist daher zunächst einmal **unerheblich**, weshalb es zu kurz greifen würde, Hate Speech als ein reines Internetproblem anzusehen.

Auch die **offizielle Gesetzeslage** macht deutlich, dass Hate Speech nicht nur im Internet vorkommt und dort unterbunden werden muss. Denn egal, ob jemand im Netz oder im „echten Leben" **Hasskommentare** von sich gibt, eventuell macht er oder sie sich damit **strafbar:** Zwar gewährt das Grundgesetz die **Meinungsfreiheit**, diese wird aber eingeschränkt, wenn es zum Beispiel um den **Schutz der Jugend** oder die **persönliche Ehre** geht. Dann greifen die §§ 185– 187 des Strafgesetzbuches (StGB), die Beleidigungen, üble Nachrede und Verleumdung je nach Tatbestand mit Geldstrafen oder sogar Freiheitsstrafen bis zu fünf Jahren ahnden. Der Gesetzgeber hat zunächst einmal angenommen, dass diese Vergehen im analogen Raum passieren. Es wäre also eine **unzulässige Vereinfachung, Hate Speech nur im Internet zu verorten.**

strafrechtliche Verfolgung im nicht-digitalen Raum

(Bezug zu M 3)

Neben den möglichen juristischen Folgen von Hate Speech sind die **Auswirkungen auf das Zusammenleben in der Gesellschaft** noch viel folgenschwerer. Selbst wenn Hate Speech also im Internet ihren Anfang nimmt, hat sie einen direkten **Einfluss auf die nicht-digitale Welt. Sprachliche Äußerungen** beschreiben und bewerten die gesellschaftliche Realität und **erzeugen** ein **Bild der Wirklichkeit**. Hate Speech ist also nicht nur Ausdruck von Hass, Verachtung und Diskriminierung, sondern sie trägt zur **Erschaffung und Etablierung bestimmter Denkweisen** bei. Wenn jemand beispielsweise fortgesetzt in seinem Freundes- oder Familienkreis hört, dass „die Migranten" schuld an erhöhter Gewalt seien oder den Sozialstaat ausnutzen würden, dann glaubt er/sie dies irgendwann und hinterfragt es nicht mehr. Dabei spielt es keine Rolle, ob diese Ansichten ursprünglich im Netz oder am Stammtisch verbreitet wurden – die

Auswirkungen von Hate Speech auf das Zusammenleben

(Bezug zu M 1)

Folgen sind die gleichen. Dass so etwas die Gesellschaft vergiften kann, wissen wir bei Weitem nicht erst, seit es das Internet gibt. Ein **Blick in die Geschichte** genügt, um uns daran zu erinnern, welch **fatale Auswirkungen** Hassreden gegen einzelne Gruppen haben können – und das **ganz ohne Computer und Smartphones.**

Hassrede stellt also schon seit langer Zeit ein Problem im menschlichen Zusammenleben dar. Die Etablierung des **Anglizismus „Hate Speech"** im Deutschen könnte allerdings ein Zeichen dafür sein, dass Hate Speech **heutzutage vornehmlich ein Problem des Internets** ist. So entfaltet auch ein Cartoon von Schwarwel seine Wirkung daraus, dass der Begriff „Hate Speech" bei einer (analogen) Unterhaltung beim Essen verwendet wird: Der Sohn sagt, er hasse Spinat, worauf seine Mutter ihn rügt, bei Tisch keine Hate Speech zu verwenden. Das erscheint unpassend, da **Hate Speech eher für Äußerungen der Online-Kommunikation** benutzt wird. Außerdem richtet sie sich normalerweise gegen Personen oder Personengruppen und drückt nicht wie im Cartoon einfach eine bestimmte Vorliebe oder Abneigung aus.

Überleitung zu Pro-Argumenten (Bezug zu M 7)

Klar ist auf jeden Fall, dass das **Internet** eine **verstärkende Rolle** bei der Verbreitung von Hate Speech hat. Der Weg ist denkbar **einfach und bequem** – ein Klick reicht und der Post ist veröffentlicht. In Sozialen Netzwerken kann man alles Mögliche und Unmögliche veröffentlichen – bis ein verletzender Post gelöscht wird, muss schon viel passieren. Gerade den Menschen, die mit ihren Ansichten eine Minderheit darstellen, bietet das Internet eine große Bühne. Die **Reichweite**, die Posts entwickeln können, kann man im „real life" nur mit erheblichem zeitlichen oder finanziellen Aufwand erzielen.

begünstigende Faktoren der Verbreitung von Hate Speech im Internet: Einfachheit (Bezug zu M 1)

Ein weiterer nicht zu unterschätzender Aspekt ist die **Anonymität**, die das Internet bietet. Als User kann ich alle möglichen Profile anlegen, ohne meinen Klarnamen zu nennen. Den **vermeintlichen Schutz dieses Unsichtbarseins und -bleibens** nutzen viele Hater, um ihre ätzenden Kommentare zu verbreiten. Sie gehen davon aus, dass die Anonymität ihnen den Schutz gibt, nicht strafrechtlich für ihr Vergehen belangt zu werden.

Anonymität, Schwierigkeit strafrechtlicher Verfolgung (Bezug zu M 1)

Eine wichtige Rolle spielt außerdem, dass es im Internet **kein direktes Gegenüber** gibt, dem man bei Äußerungen des Hasses in die Augen sehen muss. Es macht einen enormen Unterschied, ob eine Online-Unterhaltung oder eine Face-to-Face-Kommunikation vorliegt. Bei Letzterer merkt man direkt, ob man jemanden verletzt oder beleidigt. Das erhöht zumindest bei den meisten Menschen die **Hemmschwelle** und **verhindert vorschnelle Hassbekundungen**. Im Internet dagegen sieht das vollkommen anders aus. Bezieht man gängige **Kommunikationsmodelle** auf die Verständigung in Sozialen

Fehlen des Gegenübers

Netzwerken, erkennt man schnell die ganz andere Kommunikationssituation. So ist bei der Unterhaltung im Internet gemäß dem „**Vier-Ohren-Modell**" von Schulz von Thun die **Beziehungsebene gestört**. In einer herkömmlichen analogen Gesprächssituation lässt sich für den Gesprächspartner oft aus **nonverbalen Signalen** wie der Körpersprache oder dem Tonfall ableiten, wie sein Gegenüber zu ihm steht. Bei der Internetkommunikation ist der Beziehungshinweis meist unklar, was zur Störung der Kommunikation führen kann.

All diese Punkte zeigen, dass das Internet einen **Enthemmungseffekt** in Bezug auf Hasskommunikation hat. Wie präsent diese im Netz ist, zeigt eine Statistik der Landesanstalt für Medien NRW vom März 2022: Danach haben 77 Prozent der Onliner bereits Hasskommentare gelesen. Unter anderem aufgrund der **starken Verbreitung von Hate Speech im Netz** hat der Bundestag schon 2017 ein Gesetz verabschiedet, das solche Kommentare eindämmen soll. Seitdem müssen Soziale Netzwerke rechtswidrige Inhalte innerhalb von 24 Stunden nach Erhalt eines entsprechenden Hinweises löschen. Dass dieses Gesetz notwendig wurde, zeigt eines deutlich: **Hate Speech** ist ein **Netzphänomen**, das sich von analogen Hassbekundungen abhebt. Und die **Konsequenzen** von Hasskommentaren im Netz sind beträchtlich. Ihr habt sicherlich auch schon einmal von Personen aus dem öffentlichen Leben gehört, die ihre Accounts in den Sozialen Netzwerken zumindest vorübergehend stillgelegt haben, weil sie die Hasskommentare nicht mehr ertragen konnten, wie zum Beispiel Ed Sheeran oder Justin Bieber. Außerdem kann sich die **Verrohung der Sitten** im Internet auch auf die nicht-digitale Welt auswirken. Wo das hinführen kann, zeigen zum Beispiel **gewaltsame Übergriffe gegen gesellschaftliche Minderheiten** wie beim Anschlag auf eine Synagoge in Halle im Oktober 2019.

Gesetz gegen Hate Speech im Netz (Bezug zu M 5 und M 8)

Unsere **Kommunikation** hat sich aufgrund der digitalen Möglichkeiten **massiv verändert**. Mühsam erworbene (und nicht immer erfolgreiche) **Strategien für** eine **respektvolle Kommunikation** müssen in die Online-Welt übertragen werden. Bisher überwiegt der Eindruck, dass sich vor allen Dingen Hate Speech im Netz ausbreitet. Die typischen Eigenschaften des Internets wie Schnelligkeit, Einfachheit und fehlende unmittelbare Anwesenheit begünstigen diese Entwicklung.

*Schluss
veränderte Kommunikation durch Digitalisierung*

Trotzdem ist das Internet nicht per se schlecht, es gehört zu unserem Leben einfach dazu. Die Frage ist, wie wir es gestalten. **Werdet deshalb aktiv**, wenn ihr Hate Speech begegnet, ob im Internet oder im persönlichen Umfeld, mischt euch ein und **zeigt Respekt** füreinander – auch im sprachlichen Umgang! Das **Internet ist zu kostbar, um es den Hatern zu überlassen**. Nutzen wir es für etwas Gutes!

*Appell
(Bezug zu M 6)*

PRÜFUNGSAUFGABEN

Hessen Deutsch ▪ Abiturprüfung 2021
Leistungskurs ▪ Vorschlag A

„DAß DU NUR NICHTS VERGIßT ..."

Erlaubte Hilfsmittel
- ein Wörterbuch der deutschen Rechtschreibung
- Textausgaben der Pflichtlektüren ohne Kommentar, ggf. mit Worterläuterungen
- eine Liste der fachspezifischen Operatoren

Aufgabenstellung

1 Fassen Sie den Inhalt des Auszugs aus dem Roman *Kein Frühling* von Peter Kurzeck zusammen. (Material 1) (25 BE)

2 Analysieren Sie den Text (Material 1) hinsichtlich der sprachlich-formalen Gestaltung und der inhaltlichen Aspekte. Arbeiten Sie dabei heraus, inwieweit im Textauszug romantische Motive gespiegelt werden. (45 BE)

3 „Jetzt komme ich mir vor wie in der Nachkriegszeit". (Material 2)
Beurteilen Sie anhand der beiden vorliegenden Materialien, inwieweit der Autor Kurzeck die Situation und das Selbstverständnis der Schriftsteller kurz nach dem Zweiten Weltkrieg literarisch verarbeitet. (30 BE)

Material 1 Peter Kurzeck: Kein Frühling (1987)

Wie denn die Seelen zählen? Gekommen amtlich im Jahr des Herrn, im Hungerjahr 1946. Im Juli, mit einem Flüchtlingstransport, da war ich drei Jahre alt. Die vorangegangenen vierhundert Tage und Nächte unterwegs in Güterzügen ohne Bestimmung, mit Viehwaggons, auf enteigneten Lastwagen, Soldatenautos, Planwagen, Pferdewagen die dir mit jedem Tag, wenn er geht, immer wieder davonfahren. Der Himmel drüberhin ist ins Fließen geraten, kommt dir entgegen; jeder Schlaf träumt dich heim. Immer bleibst du zurück, fährst dir hundertmal selbst davon und kannst dich nicht aufgeben. Mit Handkarren, zu Fuß, zu Fuß und in Lagern: Schub-, Auffang-, Durchgangs-, Sammel- und Notaufnahmelager durch die wir, die durch uns hindurch sind. Ferne Küsten am Himmel, ganze Kontinente im Aufbruch begriffen. Seit wir uns erinnern, ziehen die Wolken nach Osten. Daß du keine Einzelheit je vergessen dürftest, dein Bündel, dein Eigentum, das schleppst du von nun an mit.

Zuletzt in Gießen/Lahn: aufgefangen, gesammelt, zur Not, in der Not aufgenommen; weiter wohin? Um Zeit, um Brot und um Suppe anstehn, eine Decke um Gottes Willen, so hat jeder Tag sein Gerüst und dient uns zum Überleben. Und ein Jeder, so heißt es, soll nun bald eingetragen werden mit altem Namen und neuer Nummer in eine gültige Liste: das ist er dann fortan selbst. Wenn du die Augen zumachst, gleich fangen die Baracken wie Käfer zu kriechen an, du bist ihre schwankende Last. Die Not gelernt, erst hungern dann sprechen gelernt; jeder Schlaf träumt dich heim. Immer noch hinter dir selbst her, wie denn ankommen? Du hast die Welt nicht verstanden und sie dir jeden Tag mit aller Kraft neu erklären müssen. Damit sie dich nicht verläßt. Und immer wieder zum Anfang zurück. Daß du nur nichts vergißt, es wäre verloren für immer! Allerorten der Flieder, der in diesem Jahr nicht aufhören will zu blühen, während in den Baracken die Menschen wie Fliegen verrecken, eine Redensart, Eintagsfliegen in den Abendstunden, die fast ohne Übergang von matten Morgendämmerungen abgelöst werden, so kurz sind jetzt hier die Nächte. Noch im Schlaf unterwegs, ein allgegenwärtiges dichtes Gemurmel das uns begleitet. So weit sich geschleppt bis zum Tod, Kreidekreuze. Aus jedem Lager wird ein Spital, wird ein Fiebertraum. Rund und rot ging schon wieder die Sonne auf. Wie ein Vorzeichen, eine *andere* Sonne. Mit all den eigenen fremden Stimmen im Kopf: jeder hat sich insgeheim unumgänglich ein langes ernstes Gespräch mit Gott vorgenommen. Demnächst, unbedingt, jeder hat seinen. Auf allen Wegen, auf Schritt und Tritt, hier bist du jetzt daheim, hier bist du registriert. Bloß sterben woanders, nicht in der Finsternis, nicht im Gedränge, nicht in diesem Geruch! Die Leichen mit Kalk bestreut, in eine Liste eingetragen, numeriert, durchgestrichen und verbrannt.

Am Morgen des dritten Tages als Lebende auf fröhlich lärmende Lastwagen verladen, zwölf Kilometer Fahrt. In aller Frühe schon haben die Vögel dich geweckt. Du hast noch heute die Pracht der übermäßig blühenden Wegraine im Gedächtnis, die vergängliche Ewigkeit des zugehörigen Sommerhimmels und wie wir mit plötzlich gebremstem Schwung (gleich umso drängender klopft dein Herz) bergauf in den Burghof einfuhren. Hier sollt ihr der Reihe nach aussteigen, jeder mit seinem Bündel. Da war es immer noch früher Morgen, hellblau die Luft, kühl und leicht. Kommt dir vor, daß mit dem Ausladen, Absteigen und Verlesen der Listen der ganze unermeßliche Tag ist vertrödelt worden. Hat jeder sich *deutlich* neben seinem Namen aufzustellen. Wie es sich trifft: die Einen bleiben gleich hier auf der Burg, Notquartier, Sperrholzverschläge, die Anderen kriegen amtliche Zettel für ein Zimmer im Dorf; man weiß nicht, wer besser (schlimmer) dran ist. Auf jedem Zettel ein runder Stempel; ein Zettel ist noch kein Zimmer. Derweil ist der Tag vergangen, wie ging das denn zu? Vor einer Weile im wäßrig zerfließenden Licht sind schwarzgefleckte Kühe am Burgtor vorbeigeführt worden. In weiter Ferne, gerade das weißt du noch. Vorher hast du nur weiße und braune Kühe gekannt und jetzt ist der Tag vergangen.

Die Burg eine verzweigte Abendruine, ein düsteres Felsgebirge und fängt an zu husten. Die Häuser tun fremd und gaffen mit leeren Fenstern. Schwer lastet bis heute der amtlich vergeudete Tag auf dir. Jetzt kannst du mit deiner einzigen großen Schwester da bei eurem wie erschlagenen Bündel sitzen, die Lippen wie zu für immer. Unter diesem abendhellen Schweigehimmel voll Schwalben im Flug. Wir sind Menschen. Die Mutter hat euch ein Lächeln dagelassen und ist mit dem amtlichen Zettel und mit ihrer eigenen Müdigkeit hinunter ins fremde Dorf, um nach dem zugewiesenen Zimmer zu suchen. Wie in einem Märchen, das Haus hat gewartet, sie wird an die Tür klopfen. Sie bringt es dann mit oder holt euch gleich ab, auch wenn sie nie lernen wird, den hiesigen Dialekt zu verstehen. Bis sie starb nicht ein einziges Wort. Jetzt kannst du dir in seiner unerläßlichen Dauer geduldig jeden einzelnen Schritt von ihr vorstellen, jetzt am Abend liegt der Erdboden so still unter deinen Füßen. Die Schatten die auf euch zu wachsen. Du wirst dich nicht rühren, bis sie zurück ist und du hast in ihrem Gesicht gelesen.

Und daß du schon damals, schon bei der Ankunft dich hoffnungslos fremd gefühlt hättest, in der Verbannung. Und die Gesichter der Häuser, den lieblosen Dialekt, das Fehlen des Lichts, die falschen Farben als Kränkung empfunden; das bleibt. Jetzt liegt das Dorf unerreichbar im Jahr 1947. Staufenberg im Kreis Gießen.

Peter Kurzeck: Kein Frühling. Roman, Frankfurt am Main: Schöffling. 3. Aufl. 2014, S. 39 ff.

Material 2   Ralph Schock im Gespräch mit Peter Kurzeck: „Wenn ich schreibe, kann mir nichts passieren" (2011)

PETER KURZECK: [...] Ich habe mir vorgenommen, mein Zeitalter aufzuschreiben. Jetzt ist es noch wie eine Landkarte, die erst entsteht, oder ein Puzzle. Da und dort sind schon ein paar Flecken zu erkennen, aber es ist mühsam, sich vorzustellen, was aus dem Ganzen einmal wird. [...] Ich habe die nächsten zwei oder drei Bücher schon
5 angefangen, für jedes Hunderte von Manuskriptseiten geschrieben und Hunderte von Seiten mit Notizen vorbereitet. Jetzt komme ich mir vor wie in der Nachkriegszeit, mit acht, als wir kein Geld und keine richtige Wohnung hatten, nur ein Flüchtlingszimmer, einen Gemeinschaftsdachboden und eine Gemeinschaftswaschküche, und aus den Lagern gerade erst heraus und nach Hessen gekommen waren. Wir hatten nur einen
10 geliehenen Küchentisch und eine Küchenlampe mit einer 15-Watt-Birne. Natürlich mußte gespart werden, die wurde nur angemacht, wenn es ganz dunkel war – in der Dämmerung noch lange nicht. Wenn sie aber dann angemacht wurde, gab sie ein schönes trübgoldenes Licht und machte aus dem Raum eine Art Höhle, weil sie die Ecken nicht ausleuchtete. Es war ein Licht wie auf einem Rembrandt. Und ich sehe mich als
15 Acht- oder Zehnjährigen abends am Küchentisch sitzen, unter der geliehenen Lampe am geliehenen Küchentisch, auch die Stühle waren nicht unsere eigenen, und ich habe ein Stück Papier vor mir. Papier war damals etwas Kostbares. Auch heute werde ich beim Schreiben nie den Gedanken los, daß es etwas Kostbares ist und daß man es bevorraten muß, damit man immer welches hat. Und ich sehe mich an diesem Tisch
20 sitzen und mich erst mit Bleistift und dann mit Buntstiften ein Königreich malen, weil wir so arm waren ... Ich bin natürlich ein König, sonst wäre die Armut ja nicht auszuhalten gewesen. Und das ist, glaube ich, so etwas wie die Vorwegnahme dessen, was ich jetzt tue, nämlich Bücher zu schreiben, die mein Zeitalter festhalten sollen.

Ralph Schock: „Wenn ich schreibe, kann mir nichts passieren. Gespräch mit Peter Kurzeck, SINN UND FORM 5/2011, S. 624–633, URL: https: //sinn-und-form.de/index.php?tabelle=leseprobe&titel_id=4404 (abgerufen am 12. 12. 2019).

Hinweise
Peter Kurzeck (*1943 in Tachau, heute Tschechische Republik; † 2013 in Frankfurt am Main) war ein deutscher Schriftsteller. Seine Familie wurde 1946 aus dem Sudetenland vertrieben. Er zog mit seiner Mutter und seiner Schwester nach Staufenberg bei Gießen, wo er auch seine Jugend verbrachte. Nach dem Tod seiner Mutter 1971 lebte er noch bis 1977 in der ehemaligen Flüchtlingswohnung in Staufenberg. Er begann Anfang der neunziger Jahre seine autobiografische Romanfolge *Das alte Jahrhundert* zu verfassen. Er war Träger verschiedener Literaturpreise.

Rechtschreibung und Zeichensetzung beider Texte entsprechen den jeweiligen Textvorlagen.

TIPP Bearbeitungshinweise

Dem Themenvorschlag liegen zwei Materialien desselben Autors und folglich nur einer literarischen Epoche zugrunde. Peter Kurzeck, 1943 geboren, veröffentlichte seinen umfangreichen biografischen Roman *Kein Frühling* über die Nachkriegszeit im hessischen Dorf Staufenberg bei Gießen in erster Fassung 1987. Zum Vergleich mit romantischen Motiven (Teilaufgabe 2) und deutscher Literatur nach 1945 (Teilaufgabe 3) müssen Sie auf Ihr eigenes, im Unterricht erworbenes Wissen zurückgreifen.

Der Schwerpunkt des Themas liegt mit 45 BE auf **Teilaufgabe 2**. Eine gründliche **Vorarbeit** von mindestens 60 Minuten mit verschiedenfarbigen Stiften und Randbemerkungen ist unerlässlich und sollte bereits vor der Niederschrift von **Teilaufgabe 1** gemacht werden.

– Klären Sie die **Erzählperspektive**. Achten Sie auf das **Verhältnis zwischen erzähltem Fortgang des Geschehens, Rückblick und Reflexion**. Auf welcher Zeitspanne liegt eventuell der Schwerpunkt?
– Erschließen Sie sich wiederkehrende, also dem Autor wichtige **Motive** und ihre Bedeutung.
– Achten Sie darauf, wie Naturgeschehen einbezogen und – auch mit Blick auf den Titel – ins Verhältnis zum Kerngeschehen gesetzt ist.
– Gibt es so etwas wie Thesen- oder Ergebnissätze?
– Fragen Sie sich, inwiefern Sie den Text eher als **dokumentarisch oder episch-poetisch** und fiktional empfinden. Suchen Sie Begründungen dafür im Klang der Sätze bzw. in ihrer grammatischen Behandlung, in den sprachlichen Bildern und in der Stimmung (im Sound) des Erzählers.
– Lassen Sie sich während der gesamten Bearbeitungszeit bereits evtl. **vergleichbare Motive romantischer Literatur** durch den Kopf gehen.

Notieren sie Ihre Einfälle in Stichworten. Halten Sie Ihre **Inhaltszusammenfassung** (Teilaufgabe 1) zunächst möglichst knapp, sachlich und frei von eigenen Fragen an den Text. Ratsam ist aber, in ihr bereits über die **Gliederung** des Erzählten (zeitliche Strukturierung, Absätze) zu informieren und eine vorläufige Einordnung der Erzählperspektive zu geben.

Lesen Sie für **Teilaufgabe 3** auch den Auszug aus dem **Interview** von 2011 (M 2) aufmerksam und kritisch. Inwiefern kommt sich der Autor 2011 vor wie in der ja längst vergangenen Nachkriegszeit? Mit welcher Berechtigung kann man seinen momentanen Eindruck („Jetzt ...") verallgemeinernd auf **Situation und Selbstverständnis der Schriftsteller** (Plural) nach 1945 beziehen? Welche fallen Ihnen ein? Worin sehen Sie Vergleichbares? Im Lösungsvorschlag wird ein Zitat von Günter Eich eingebunden. Natürlich erwartet man von Ihnen nicht die Fähigkeit, aktuell und in begrenzter Schreibzeit solche Konkretisierungen parat zu haben.

Lösungsvorschlag

TEILAUFGABE 1

Der Auszug aus Peter Kurzecks 1987 herausgekommenem Roman *Kein Frühling* erzählt davon, wie nach Kriegsende 1945 von den Tschechen vertriebene Sudetendeutsche nach langen Irrfahrten und verschiedensten Aufenthalten in diversen Auffang-, Durchgangs- und anderen -lagern schließlich im Juli 1946 in Gießen/Hessen ankommen. Dort werden sie registriert. Im Hof der nahe gelegenen Burg Staufen werden ihnen teils provisorische, teils aber auch schon feste Unterkünfte zugewiesen.

Einleitung: Autor, Titel, Gattung, Erscheinungsjahr, Thema

Kurzeck schreibt autobiografisch und aus dem **Rückblick**. Sein Protagonist ist das **Kind**, das er selbst einmal war. Seine Mutter, die größere Schwester und dieses Kind haben 400 Tage – also mehr als ein Jahr – Flucht, Not, Hunger und Ungewissheit hinter sich, bevor sie endlich wieder Ruhe und so etwas wie eine neue Sicherheit finden.

Inhaltszusammenfassung: Erzählerfigur und Grundsituation

Der feste Punkt, von dem aus in den ersten beiden Absätzen rückblickend erzählt wird, ist darum **Gießen** („Gekommen [...] im Hungerjahr 1946. Im Juli", Z. 1 f.; „Zuletzt in Gießen/Lahn aufgefangen", Z. 13). Der erste Absatz vermittelt einen noch eher generellen Überblick über die **Wirrnis, Ziellosigkeit und Not der zurückliegenden Monate**, indem sich der Erzähler die zunächst nicht verfügbaren („Mit Handkarren, zu Fuß [...]", Z. 8) und dann vermutlich immer nur kurzfristig organisierbaren großen Fortbewegungsmittel (vgl. Z. 3 ff.) und die Funktionen der unterschiedlichen Lager vergegenwärtigt (vgl. Z. 8 ff.), also Namen, Einzelheiten und Dingliches **rekonstruiert** und sich selbst einschärft, keine Einzelheit je vergessen zu dürfen (vgl. Z. 11 f.).

1. Absatz: Erinnerung an äußere Umstände der Flucht

Im umfangreicheren zweiten Absatz wiederholt sich, wieder vom trigonometrischen Punkt Gießen aus, diese Rekonstruktion des Gewesenen, wobei nun aber besonders von **inneren Vorgängen und seelischen Nöten** die Rede ist, von den Albträumen während des Lagerlebens und der Angst, vielleicht sterben zu müssen wie viele andere in den als unheimlich empfundenen Baracken.

2. Absatz: psychische Belastung

Statt von zurückliegenden Tagen erzählen die Absätze drei und vier dann ausschließlich **von einem Tag**. An einem Sommermorgen (vgl. Z. 36 ff.) werden die vor drei Tagen in Gießen eingetroffenen Flüchtlinge auf Lastwagen in den nur 12 km entfernten Burghof der **Burg Staufen** gebracht. Ein ganzer Tag vergeht damit, sie alle unter ihrem Namen und der ihnen in Gießen behördlich gegebenen Nummer zu

3. Absatz: Zuweisung einer Unterkunft

2021-6

identifizieren und auf Unterkünfte zu verteilen. Die Mutter bekommt für sich und die Kinder einen Berechtigungsschein für ein **Zimmer im Dorf Staufenberg** und macht sich auf den Weg zur genannten Adresse.

Als sie aufgebrochen ist, fühlt sich das Kind, obwohl ja die Schwester noch da ist, allein. Von diesen **Ängsten des Ausgesetzt- und Verlassenseins** erzählt der folgende, vierte Absatz (ab Z. 52). Aber die innere Gewissheit, dass die Mutter wiederkommen wird, ist nicht ganz verschwunden. Künftiges hier einblendend, hören wir zudem, dass diese Mutter bis zu ihrem Tod in Staufenberg nie heimisch werden konnte.

4. Absatz: Ängste des Kindes

Im kurzen Schlussabsatz (ab Z. 66) **bilanziert** der Erzähler, auch selbst in Staufenberg das **Gefühl der Fremdheit** und Verbannung nie losgeworden zu sein. Zugleich aber wendet er sich, von 1987 aus zurückblickend, doch auch empathisch und recht wehmütig dem Dorf zu, das es 1947, also vor 40 Jahren, einmal für ihn war.

5. Absatz: fremde neue Heimat

TEILAUFGABE 2

Deutlich spricht der Erzähler von sich selbst: „da war **ich** drei Jahre alt." (Z. 2) Oft spricht er dieses Kind, das er war, wie in einem inneren Dialog auch in den Formen der **2. Person Singular** als „du" an (vgl. Z. 5 ff.). Erzählzeit ist das **Präsens**. Dieses Präsens unterstützt die Vorstellung, dass der Erzähler wie in Zwiesprache mit diesem damaligen Kind sich Vergangenes vergegenwärtigt. Wenn er in den **Plural** wechselt („wir", „uns", Z. 9, 15), ist nicht unbedingt nur die dreiköpfige Familie gemeint, sondern vielleicht auch das **Schicksal der Mitflüchtlinge** um ihn her. Das Erzählen in der ersten und zweiten Person in Verbindung mit genauen Daten (Juli 1946, vgl. Z. 2; 1947, vgl. Z. 69), Zahlen („vierhundert Tage und Nächte unterwegs", Z. 3; „zwölf Kilometer Fahrt", Z. 37) und Ortsangaben (Gießen/Lahn, Staufenberg im Kreis Gießen, vgl. Z. 13, 69) weist den Roman als **authentisch, zeithistorisch korrekt und autobiografisch** aus. In ihm scheint nichts erfunden zu sein, vielmehr hat es sich Kurzeck zur Aufgabe gemacht, Gewesenes festzuhalten und „keine Einzelheit je vergessen" (Z. 11 f.) zu dürfen.

Analyse des Textes
Erzählsituation

Alles hat er als Vertriebener verloren, darum bleibt ihm allein **die Erinnerung**. Zum Flüchtling gehört schon klischeehaft **das Bündel**, die geringe Habe, die er mitnehmen konnte. Kurzeck gibt aber diesem Bündel eine zusätzliche metaphorische Bedeutung: Es wird zum Sinnbild des nur noch aus Erinnerungen bestehenden **geistigen Eigentums**, das jeder mitzuschleppen hat, zum Symbol eigener Erinnerungsarbeit und **Selbstvergewisserung** (vgl. Z. 11 f.). Auch

Motiv des Bündels im Kontext der Erinnerungsarbeit

als sie im Hof von Burg Staufen aussteigen, wird auf das Bündel hingewiesen, das jeder bei sich hat (vgl. Z. 41). Als aber gegen Abend Panik in den Geschwistern aufkommt, weil die Mutter noch nicht zurück ist, die Burgruine ihnen im Abendlicht zum düsteren Felsgebirge wird, das anfängt zu husten (vgl. Z. 52), als die personifizierten Häuser fremd tun und „mit leeren Fenstern [gaffen]" (Z. 53), verschlägt es nicht nur den beiden die Stimme, sondern auch ihr Bündel ist mitbetroffen und wie erschlagen (vgl. Z. 55) neben ihnen.

Mit der Selbstverpflichtung zur Erinnerungsarbeit verbindet sich textbeherrschend das Motiv der **Fremdheit und Orientierungslosigkeit**. Innerlich, in ihrem Gemüt, sind die Vertriebenen noch zu Hause im Osten, während Züge und Wagen sie doch immer weiter nach Westen davonfortführen. „[J]eder Schlaf träumt dich heim" heißt es leitmotivisch (Z. 6 f., 19). In Selbstansprache resümiert der Ich-Erzähler diese Zerrissenheit: Du bleibst zurück und fährst dir selbst davon (vgl. Z. 7), du bist hinter dir selbst her, musst versuchen dich wieder einzuholen, verstehst die Welt nicht und musst sie dir „jeden Tag mit aller Kraft neu erklären" (Z. 20 f.). „[W]ie denn ankommen?" (Z. 20) lautet die rhetorische Frage: Wie soll das gehen, da man doch immer wieder zum Anfang zurück muss, um ja nichts zu vergessen, denn dann wäre es „verloren für immer!" (Z. 22). Als problematisch empfindet er zudem, dass seit Gießen nicht mehr allein der Name bezeugt, wer man ist, sondern die in amtliche Listen eingetragene Nummer. **Alter Name und neue Nummer:** Das sei „er dann fortan selbst" (Z. 17).

Entwurzelungs- und Fremdheitserfahrung der Vertriebenen

Die Erinnerung des Kindes umfasst auch tief bedrückendes Geschehen **in den Notunterkünften** während des Trecks, Hunger und Not, aber auch die Zwangsvorstellung, dass etwa die Baracken zu kriechen beginnen wie Käfer, sobald er die Augen zumacht (vgl. Z. 17 f.). Und das Kind hat mitbekommen, wie viele nicht mehr weiterkonnten, erkrankten („Aus jedem Lager wird ein Spital", Z. 28) und unterwegs starben („So weit geschleppt, bis zum **Tod**. Kreidekreuze.", 27 f.). – Dieser letzte Satz, elliptisch und sich noch weiter verkürzend zum bloßen Stichwort oder Einwort-Satz, ist bezeichnend für den Stil des Textabschnitts. Es kann sein, dass der Druck, möglichst viel notieren, festhalten und erinnern zu müssen, diese **protokollartige Verkürzung** verursacht, in der häufig der flektierte Teil des Prädikats wegfällt und nur die **Partizipien** stehen bleiben, kleine Einheiten, auch bloße Nebensätze, mit Punkt voneinander abgetrennt sind: „Damit sie dich nicht verläßt. Und immer wieder zum Anfang zurück." (Z. 21 f.) Sogar das Subjekt fehlt immer wieder (so in Z. 1, 13 u. a.). Nicht epische Breite und kein ruhiger Erzählfluss entsteht, sondern ein, gelegentlich auch Fragezeichen

Elend, Krankheit, Tod

syntaktische Gestaltung: zwischen Nüchternheit und Expression

und Ausrufezeichen nicht scheuender, **expressiver Text**, in dem **Bericht, Reflexion und Emotion** nah beieinanderstehen können (etwa ab Z. 30 ff.).

Ein Schlüssel zum Verständnis des Textes liegt in Kurzecks oft **poetischen Naturbildern**. Mehrfach ist vom üppigen Blühen die Rede, vom Flieder (vgl. Z. 22 f.), von der „Pracht der übermäßig blühenden Wegraine" (Z. 38). Bevorzugt sind es aber **Himmels-Impressionen**, die Bedeutung erlangen (Z. 6, 10, 28 f., 39) bis hin zum metrisch schwingenden und klangvollen „abendhellen Schweigehimmel voll Schwalben im Flug" (Z. 56: Alliteration „schw" und Dominanz des „l"). Relativ selten verstärken oder spiegeln solche Naturwahrnehmungen die erlebte Situation. Einmal ist das wohl der Fall, als nach einer schweren Lagernacht die Sonne rot aufgeht „[w]ie ein Vorzeichen", das wohl eher als schlechtes Omen zu lesen ist, denn sie geht auf als „eine *andere* Sonne", eine fremde Sonne also (Z. 28 f.). Als ähnlich unvertraut, als fremd und sogar kränkend erscheinen auch (neben dem „lieblosen Dialekt") das „Fehlen des Lichts" und die „falschen Farben" in der neuen Heimat (S. 68), und sogar die Kühe sehen hier anders aus als daheim (vgl. Z. 49 ff.). Der „Schweigehimmel" (Z. 56), ein eindrücklicher Neologismus, über der kein bisschen als romantisch erfahrenen Burgruine (vgl. Z. 45) scheint das beklommene Warten der Kinder auf die Mutter zu vertiefen. Dieser Himmel ist schön, aber es ist **kein Trost** von ihm zu erwarten; Abendschatten wachsen vielmehr dunkel auf die Kinder zu (vgl. Z. 63 f.). Und so blüht die Natur in diesem Frühjahr und Sommer 1946 denn auch völlig unbekümmert um die Menschen auf der Flucht, sodass ihre Überschwänglichkeit fast **wie ein Hohn** wahrgenommen werden kann. Die markanteste Beobachtung scheint im ersten Absatz zu stehen: „Ferne Küsten am Himmel, ganze Kontinente im Aufbruch begriffen. **Seit wir uns erinnern, ziehen die Wolken nach Osten.**" (Z. 10 f.) Der Himmel im Text ist jeweils nicht im Einklang mit den Menschen. Er verweist auf **Ferneres und Fremdes** oder steht sogar in direkter Opposition: Während die Vertriebenen Richtung Westen transportiert werden, ziehen die Wolken seit Menschengedenken in die Gegenrichtung, die damit als die eigentlich richtige Richtung ausgewiesen ist. Man kann auch lesen: Wir sind auf dem verkehrten Weg; Heimat ist nur in diesem Osten, in den die Wolken ziehen.

Aufschlussreich ist zudem der über den ganzen Roman gesetzte **verneinende Titel „Kein Frühling"**. „Frühling" ist landläufig und besonders in der **Romantik** die wohl prominenteste Chiffre für glücklichen und beglückenden Neubeginn, für Jugend, Aufbruch und Verheißung, für Schwung, Lebenslust und vitale Kraft. So etwa zum Ausdruck gebracht in Eichendorffs Gedichten *Frische Fahrt* und

Die zwei Gesellen. Da ziehen die beiden Gesellen beherzt und erwartungsvoll „so jubelnd recht in die hellen,/Klingenden singenden Wellen/Des vollen Frühlings hinaus". Auch der „Taugenichts" will nicht im Alltagstrott eines Müllers alt werden. Auch ihn lockt im Frühling die Sehnsucht in die Ferne und bis ins sagenumwobene Rom. Romantiker sind, getrieben von Sehnsucht oder auch Liebesleid, die **aktiv** in neue Fernen aufbrechenden **Wanderer**. Ihr Status ist geradezu der Zustand des Unterwegsseins. „Wanderer" meint dabei nicht nur die Überwindung von Berg und Tal, sondern auch den Aufbruch ins bisher geistig Ferne, Unbekannte und sogar Rätsel- und Märchenhafte. Und sie entwickeln die Vorstellung von einer beseelten Natur und sogar einer Weltseele (Schelling), mit der sie das Zwiegespräch suchen. Nicht dem Prosaiker und nicht dem Logiker, wohl aber dem Poeten sei es gegeben, mit seinem „Zauberwort" die nur vermeintlich toten Dinge der Natur zum Klingen zu bringen, sodass Einklang zwischen ihr und dem Menschen gelingen kann (vgl. *Wünschelrute* von Eichendorff).

Dies alles steht im **Gegensatz** zu den **Vertriebenen** bei Kurzeck, die es nicht in die Ferne zieht, sondern die, passiv, kurzerhand dahin verschoben werden. Die sich nicht nach fernen Küsten sehnen, sondern nach Hause. Und da sich dem Kind an seinem Lebensanfang keine verlockende, sondern eine es verstörende und **beängstigende Perspektive** auftut, ist ihm sein Lebensfrühling gleichsam genommen oder verbittert und verdorben. Anders als in der Romantik spendet der Himmel weder Verheißung noch Trost. Und die Natur grünt und blüht ungerührt vom Schicksal der Entwurzelten – es gibt keinerlei Zusammenklang zwischen Mensch und Natur.

grundsätzliche Unterschiede in der Motivik

Ein Einwand ist bei alledem nicht ganz zu unterdrücken. Glaubwürdig ist, dass die Mutter erschöpft, bitter und heimwehkrank ist, nicht aber das Kind. 1945, bei Beginn der Flucht, ist es zwei Jahre alt. Da hat ein Mensch noch kein Erinnerungsvermögen. Ab drei Jahren kann im besten Fall das eine oder andere rudimentär und zusammenhanglos erinnert werden wie zum Beispiel, dass hessische Kühe anders aussehen als die bisher gesehenen und dass in den Barackennächten viel Angst da war. Aber es konnte sicher nicht ‚ferne Küsten' am Himmel assoziieren und erst recht keine „Kontinente im Aufbruch" (Z. 10). Die Gedanken über Ichverlust und Entfremdung, das Ringen darum, sich „die Welt" jeden Tag neu erklären zu müssen, das Hadern mit Gott und die Selbstverpflichtung zur Erinnerungsarbeit sind **Gedanken eines Erwachsenen**, sind die Gedanken Kurzecks; und die Eindrücke, die er in das Kind, das er einmal war, hineindichtet, können nicht seine gewesen sein. Frühling und Aufbruch sind auch nicht eigentlich Metaphern für Kleinkinder, sondern eher für Jugendliche.

problematische Konstruktion der Erzählerfigur

TEILAUFGABE 3

Im Gespräch mit dem Redakteur Ralph Schock spricht Peter Kurzeck 2011, zwei Jahre vor seinem Tod, von seinem noch lange nicht abgeschlossenen schriftstellerischen Projekt. Er habe sich vorgenommen, sein Zeitalter aufzuschreiben (vgl. M 2, Z. 1). Auskunft gebend auf die Frage, warum er Schriftsteller wurde, bezieht er sich auf seine Kindheit in Staufenberg. Weil ihm, dem Flüchtlingskind, die **Armut** unerträglich gewesen sei (vgl. M 2, Z. 21 f.), habe er bereits als Acht- oder Zehnjähriger angefangen, sich ein fiktives, anderes Leben zu entwerfen. Für die Mutter und ihre zwei Kinder gab es, wie schon aus M 1 bekannt, nur ein Zimmer, in dem selbst der Küchentisch samt Stühlen und der Lampe darüber nicht ihnen gehörten. Aber er sieht sich wieder an ebendiesem Tisch sitzen und sich mit Stiften auf Papier allmählich sein eigenes Königreich erschaffen. Kunst also als Flucht, Refugium, Kompensation und Strategie der Lebensbewältigung. Dieser Junge am Küchentisch ist für Kurzeck die **Vorwegnahme** seines späteren Tuns als Schriftsteller (vgl. M 2, Z. 22 f.). Der Unterschied: Der Junge fantasiert sich in eine Märchenwelt und grandiose Rolle hinein. Der Erwachsene verlässt, schreibend, geistig zwar auch die unmittelbare Lebenswirklichkeit, wenn er zurückblickend sein Zeitalter aufschreibt (vgl. M 2, Z. 1); seine Haltung dürfte aber dann eher die des Chronisten, Zeithistorikers und kritischen Realisten sein.

Peter Kurzecks Projekt und dessen biografische Ursprünge

Wenn Kurzeck sich, schreibend, „**wie in der Nachkriegszeit**" (Z. 6) vorkommt, zieht er lediglich die Verbindungslinie von seinem gegenwärtigen Tun zurück zu dem malenden kleinen König damals am Küchentisch. Er vergleicht, erklärt sich damit aber nicht zu einem Schriftsteller der Nachkriegszeit. Was die Literaturgeschichte als **Nachkriegsliteratur** oder Literatur der „Stunde null", als „Trümmer- und Kahlschlagliteratur" bezeichnet, schrieben Autoren, die bereits vor und zumeist in den 1920er-Jahren geboren wurden (Wolfgang Borchert, Böll, Grass, Lenz, Schnurre, Enzensberger, Kunert u. a.). Die Familien mancher wurden Opfer des Holocaust wie im Fall des Lyrikers Paul Celan (*Todesfuge*). Manche kehrten aus dem Exil zurück. Die meisten aber – seelisch und körperlich versehrt und geistig ernüchtert – kamen aus dem Krieg. Sie thematisierten die Aufarbeitung ihrer Erfahrungen („Vergangenheitsbewältigung"), oder sie überspielten und verdrängten sie (wie u. a. Grass). Sie rangen um einen Neubeginn. Ihr Blick auf die junge Bundesrepublik ist skeptisch-kritisch. Besonders bekannt wurden die, die zur „Gruppe 47" eingeladen wurden. (In deren Gründungsjahr Kurzeck gerade einmal vier Jahre alt war.)

Unterschied: Situation der Nachkriegsschriftsteller

Ähnlichkeiten mit Kurzecks Erzählung vom Schicksal der Vertriebenen gibt es dennoch. Günter Grass und Siegfried Lenz sind Heimatvertriebene aus dem Osten und banden die Erinnerung an ihre Herkunft in ihre Romane und Erzählungen mit ein. Borcherts Held Beckmann steht „[d]raußen vor der Tür", als er mit zerschossener Kniescheibe aus dem Krieg ins zerbombte Hamburg heimkehrt. Auf andere Weise **fremd** und **nicht zugehörig** erfährt sich Kurzecks Familie in Hessen. Auch Borcherts Kurzgeschichten handeln von demütigender **Armut** (*Das Brot*) und **traumatisierten Kindern** (*Nachts schlafen die Ratten doch*). **Erinnerung, Aufarbeitung, Selbstvergewisserung** und das Ringen um einen **Neuanfang** hat Kurzecks Held also mit den älteren Kollegen gemeinsam. Der aus der Kriegsgefangenschaft entlassene Soldat in Günter Eichs Gedicht *Inventur* vergewissert sich seiner Habe und seiner Identität als Dichter in einer Sprache, die alles Pathos und auch alle Bildhaftigkeit und Metaphorik radikal verabschiedet hat: „Dies ist meine Mütze,/dies ist mein Mantel,/hier mein Rasierzeug/im Beutel aus Leinen.// Konservenbüchse:/Mein Teller, mein Becher,/ich hab in das Weißblech/den Namen geritzt.//[…] Die Bleistiftmine/lieb ich am meisten:/Tags schreibt sie mir Verse,/die nachts ich erdacht.//Dies ist mein Notizbuch,/dies meine Zeltbahn,/dies ist mein Handtuch,/dies ist mein Zwirn."

> Gemeinsamkeit bei Themenwahl

Auch Kurzecks Schreiben ist **subjektive Bestandsaufnahme**. Auch er sagt „ich". Eichs vorausgegangene NS- und Kriegserfahrung plus Gefangenschaft und sein Wissen über Geschehenes nötigen ihn zu seiner lyrischen Kargheit („Kahlschlagliteratur"). Ob man nach Auschwitz noch einmal eine klangvolle lyrische Sprache finden wird, ist ungewiss. Die Situation des 1946 noch gleichsam schuld- und schicksallosen Kurzeck ist eine andere. Er erzählt 1987 zwar auch in oft knappen, elliptisch verkürzten Sätzen, kann aber seine Erinnerungen – anders als Eich – ganz unbefangen bildhaft ausgestalten.

> Fazit

Hessen Deutsch ▪ Abiturprüfung 2021
Leistungskurs ▪ Vorschlag D

GENDER UND SPRACHE

Erlaubte Hilfsmittel
- ein Wörterbuch der deutschen Rechtschreibung
- Textausgaben der Pflichtlektüren ohne Kommentar, ggf. mit Worterläuterungen
- eine Liste der fachspezifischen Operatoren

Aufgabenstellung

Unvermindert wird in der Gesellschaft darüber diskutiert, ob in öffentlichen Bereichen, z. B. in der Schule, Dokumente und Texte geschlechterneutral formuliert werden sollen. Deshalb greift eine überregionale Zeitung dieses Thema auf und bittet vor allem junge Leserinnen und Leser um einen Beitrag zu folgender Frage: „Sollen in Deutschland alle Schulen eine genderneutrale Sprache verwenden?"

Verfassen Sie einen Kommentar als Beitrag zur Debatte über diese Frage.

Nutzen Sie dazu die folgenden Materialien (M 1–M 8) und beziehen Sie eigene Erfahrungen und unterrichtliches Wissen über den Zusammenhang von Sprache, Denken und Handeln ein. Formulieren Sie eine geeignete Überschrift.

(100 BE)

Material 1 GenderKompetenzZentrum: Was ist Gender? (2006)

Gender hat sich als Fachbegriff für „Geschlecht" auch im deutschsprachigen Raum etabliert. Für die Übernahme des englischen Wortes spricht, dass im Deutschen mit dem Begriff Geschlecht von den meisten Menschen vor allem das biologische Geschlecht assoziiert wird, also das, was im Englischen als „sex" bezeichnet wird. Mit
5 dem deutschen Wort „Geschlecht" ist also bislang das Risiko verbunden, die Bedeutung von Geschlecht als ein historisch veränderbares, soziales und kulturelles Verhältnis aus dem Blick zu verlieren. [...]

GenderKompetenzZentrum der Humboldt-Universität zu Berlin (2006): Was ist Gender?
URL: http://www.genderkompetenz.info/w/files/gkompzpdf/gkompz_was_ist_gender.pdf
(abgerufen am 25. 03. 2020).

Material 2 Anna-Lena Scholz und Thomas Kerstan:
Es heißt Stu- denten! dierende! (2016)

Nur fünf Buchstaben änderte unser Redakteur in einem Text unserer Autorin. Daraus entwickelte sich ein Streit: Über Sprache, Gender und die Macht an den Unis.

Lieber Thomas,
vielen Dank für Deine gute Redigatur[1] meines Artikels! Ich bin mit allen Korrekturen einverstanden – fast jedenfalls. Du hast aus den „Studierenden" in meinem Text die „Studenten" gemacht. Das generische Maskulinum verschluckt die Studentinnen, mit
5 denen ich bei meiner Recherche gesprochen habe! Einverstanden, dass wir die geschlechtsneutralen „Studierenden" in meinem Artikel stehen lassen?
Herzliche Grüße Anna-Lena

Liebe Anna-Lena,
Du kannst gern bei den Studierenden bleiben, ich will Dir als Autorin da keine Vor-
10 schriften machen. Ich aber mag das Wort „Studierende" nicht und werde weiter von „Studenten" schreiben, wenn ich junge Menschen beiderlei Geschlechts meine, die studieren. Das Wort ist kurz und hat sich bewährt. „Studierende" klingt für mich hingegen gestelzt und bürokratisch. Rund die Hälfte der Studenten ist weiblich; ich sehe nicht die Gefahr, dass ein Wort sie verschlucken könnte.
15 Herzliche Grüße zurück, Thomas

Lieber Thomas,
Du bist ja selbst Journalist und weißt, wie mächtig Sprache sein kann. Sie bildet die Welt nicht spiegelbildlich ab, sondern prägt und formt unsere Realität. Übrigens haben sprachwissenschaftliche und psychologische Studien nachgewiesen, wie groß der Ein-
20 fluss geschlechtergerechter Sprache ist: Wenn wir von Politikern, Lesern, Studenten sprechen, dann aktiviert das in unserem Gedächtnis nur männliche Personengruppen.
[...]
Schöne Grüße Anna-Lena

Liebe Anna-Lena,
stimmt, Sprache kann sehr mächtig sein. Sie muss aber auch gut gepflegt werden, damit sie ein scharfes Schwert bleibt und nicht zu Brei wird. Das Herumdoktern an ihr, um sie vermeintlich gerechter oder weniger diskriminierend zu machen, tut ihr in den meisten Fällen nicht gut. [...]
Herzlichen Gruß Thomas

Von: Anna-Lena Scholz
Die Sprache ein „scharfes Schwert"? Meine Güte, wen möchtest Du damit bekämpfen??

Von: Thomas Kerstan
Die Retortenwörter! Sie nerven mich, weil sie hässlich klingen und Fremdkörper in unserer Sprache sind. Das merkst Du sehr gut daran, dass sie sich nicht für Gedichte oder Lieder eignen. Beim Abwägen zwischen „geschlechtergerechter" Sprache und guter Sprache entscheide ich mich für die gute Sprache.

Von: Anna-Lena Scholz
Ehrlich gesagt – wenn die sprachliche Brillanz und argumentative Kraft eines Zeitungsartikels am seidenen Faden des generischen Maskulinums hängt, dann taugt er nicht viel. Ich will mehr Mut zur Kreativität! Mal von Studierenden, mal von Studenten, mal von Studentinnen reden. Oder so lange an der Formulierung basteln, bis man auf ein geschlechtlich codiertes Wort verzichten kann. Die Neuerfindung „Profx" ist auch eine tolle Idee! Für mich ist „gute Sprache" eine politisch reflektierte und bewegliche Sprache, die unseren emanzipatorischen Freiheitsgewinnen Ausdruck verleiht.
Feministisch grüßt:
Anna-Lena
PS: Ich gehe nicht von nur zwei Geschlechtern aus! [...]

Anna-Lena Scholz und Thomas Kerstan (16.06.2016): Es heißt Stu- denten! dierende!, URL: http://www.zeit.de/2016/24/sprache-gender-studenten-streit-studierende (abgerufen am 25.03.2020).

Anmerkung
1 Redigatur: Prüfung und Bearbeitung im Vorfeld eines Abdrucks

Material 3   **Tatjana Thamerus: Brauchen wir eine genderneutrale Sprache? (2015)**

[...] Deutschland mag sich nicht gern geschlechtsneutral ausdrücken. Warum eigentlich? [...]
Menschen, die sich wie Inter- oder Transsexuelle[1] keinem eindeutigen Geschlecht zuordnen können, sind aus der deutschen Sprache ausgeschlossen. Auch viele Frauen fühlen sich vom Deutschen ignoriert. Genderneutrale Sprache würde das Problem lösen, eine Sprache, in der alle Geschlechter vorkommen.
Sprache sei entscheidend für die Sichtbarkeit und die Akzeptanz von Trans- und Intersexuellen, erklärt Andreas Kraß, Mitglied im Berliner Zentrum für Transdisziplinäre

Geschlechterstudien: „Wir können nur mit der Sprache kommunizieren. Und mit der gendernuetralen Sprache können wir der menschlichen Vielfalt Rechnung tragen."
England zum Beispiel hat im Sommer die neutrale Anrede Mx. (gesprochen Mix oder Max) in das Oxford English Dictionary aufgenommen. Außerdem wird im englischsprachigen Raum they als geschlechtsneutraler Ersatz für she oder he diskutiert. Und in Schweden wurde im Frühjahr das Pronomen hen offiziell eingeführt – als neutrale Alternative zu han („er") und hon („sie").

In Teilen ist die genderneutrale Sprache schon in Deutschland angekommen: So sind Unis schon länger dazu übergegangen, von Studierenden zu sprechen. Und nicht mehr von Studenten. Und Lann Hornscheidt, Mitglied des Zentrums für transdisziplinäre Geschlechterstudien der Humboldt-Universität Berlin, schlug vor, die geschlechtlichen Wortendungen durch ein X zu ersetzen – also Professx statt Professor/in.

Und auch die Grünen haben […] ihre Partei zum Gender-Star verpflichtet. Neben dem Gender Gap (Leser_innen) und dem Binnen-I (LeserInnen) versucht das Sternchen (Leser*innen) all jene Menschen einzubeziehen, die sich nicht in das binäre Mann/Frau-System einordnen wollen.

„Sprache übersetzt sich in Denken und damit auch in politisches Handeln. Wenn in der Sprache nur Männer benannt werden, schließen wir damit Frauen, aber auch Trans- und Intersexuelle aus", erklärt Gesine Agena, Mitglied im Bundesvorstand der Grünen. „Wir wollen mit dem Gender-Star eine Sichtbarkeit für alle schaffen."

Schon seit Jahrzehnten setzt sich die Frauenbewegung dafür ein, im Deutschen alle sichtbar zu machen und gleichberechtigt zu behandeln. Die feministische Sprachkritik geht davon aus, dass Frauen derzeit benachteiligt werden und Männer eine Vormachtstellung einnehmen.

Dies führte zu heftigen Diskussionen, aber auch zu Veränderungen: So gibt es in vielen Firmen mittlerweile Leitfäden zur geschlechtergerechten Sprache.

Trotzdem gibt es noch einiges zu tun. Das findet zumindest Nike Roos, gelernte Journalistin und Unternehmerin: „In Deutschland haben wir gerade erst angefangen, so etwas Ähnliches wie eine gendergerechte Sprache zu etablieren. Noch nicht einmal die Frauen sind gleichberechtigt. Oft wird nur die männliche Form genannt."

Ludwig Eichinger, Direktor des Instituts für Deutsche Sprache in Mannheim, glaubt nicht an ein geschlechtsneutrales Deutsch: Es würde zu stark in das System der Sprache eingreifen, sagt er. „Im Gegensatz zum Englischen ist das grammatikalische Geschlecht im Deutschen stark verankert." […]

Thamerus, Tatjana: Brauchen wir eine genderneutrale Sprache?, aus bento, vom 18.12.2015.

Hinweis: Tatjana Thamerus (* 1991) ist Journalistin.

Anmerkung
1 Intersexuelle: Bezeichnung für Menschen, die genetisch oder anatomisch und hormonell nicht eindeutig dem weiblichen oder männlichen Geschlecht zugeordnet werden können; Transsexuelle: Bezeichnung für Menschen, die sich mit ihrem bei der Geburt festgelegten Geschlecht nicht identifizieren können

Material 4 — Ingrid Thurner: Der Gender-Krampf verhunzt die deutsche Sprache (2013)

[…] Die simplen Zeiten, in denen eines unumstößlich feststand, nämlich dass es zwei Geschlechter gibt, sind mittlerweile vorbei. So wurde nach Stilmitteln gesucht, die der Vielfalt an Identitäten jenseits von Mann und Frau sprachlich Ausdruck verschaffen. Lösungsvorschläge stammen aus der amerikanischen Queer-Theorie, die davon ausgeht, dass geschlechtliche und sexuelle Identität erst in soziokulturellen Prozessen geformt wird.

Der Gendergap_Unterstrich wird nach der Queer-Theorie jenen gerecht, die sich weder dem Männlichen noch dem Weiblichen zuordnen wollen oder können. Die sprachfeministische Erneuerung hatte noch andere Ideen: Statt des Gendergap_Unterstrichs könnte es auch ein Gender*Stern sein, eine Art Joker für alle verfügbaren Geschlechtsidentitäten. […]

Heutzutage wird die Sprachgerechtigkeit den Frauen von den Männern als Geschenk dargebracht, ist aber bloß ein Ablenkungsmanöver. Diesen Eindruck hat man an den Universitäten: Ihr Frauen bekommt die Binnenversalien[1], und wir bescheiden uns mit den Ordinariaten[2].

Von den Universitäten marschierte die feministische Kampfrhetorik flugs in die Politik. Wer sich Wahlen stellen muss, schwatzt in Verdoppelungen. Bürgerinnen und Bürger. Da redet man mehr und muss weniger sagen. […]

Ein Nutzen der allgegenwärtigen Beidbenennung ist vorerst nicht erkennbar. Drei Jahrzehnte sprachlicher Gleichbehandlung auf vielen gesellschaftlichen Ebenen haben bloß unschöne Texte, aber keine gesellschaftliche Gleichstellung gebracht. […]

© Ingrid Thurner
URL: https://www.welt.de/debatte/kommentare/article/13305194/Der-Gender-Krampf-verhunzt-die-deutsche-Sprache.html (abgerufen am 25. 03. 2020).

Hinweis
Ingrid Thurner (*1954) ist Ethnologin, Publizistin und Lehrbeauftragte am Institut für Kultur- und Sozialanthropologie der Universität Wien.

Anmerkungen
1 Binnenversalie: Großbuchstabe innerhalb eines Worts, zum Beispiel: BahnCard
2 Ordinariat: Amt einer Professorin oder eines Professors an einer wissenschaftlichen Hochschule

Material 5 Grafik: Das dritte Geschlecht (2017)

Das Bundesverfassungsgericht hat entschieden, dass im Geburtenregister künftig ein dritter Geschlechtseintrag für intersexuelle Menschen möglich sein muss.

© Imago/ xGaryxWatersx 11591364

Material 6 Kerstin Hensel: Gender-Debatte. Verzeihung, ein Maskulinum! (2015)

[…] Ich lebe unter Menschen, die unterschiedlicher nicht sein können: unter Atheisten, Christen, Juden, Moslems; unter Hell-, Dunkel-, Dick- und Dünnhäutigen; Glückskindern, Pechvögeln, Nerds; unter Hochbepreisten, Punks, Freaks, Säufern, Saubermännern, Kämpfern, Komplexgeladenen, An- und Abgestellten; unter Schwulen, Lesben,
5 Hermen[1] und Heten[2].
Wir wissen: All das, was uns vereint und unterscheidet, macht das Leben aus – das Schöne, Vertraute, auch das Schräge, Bizarre. Wir gehen selbstbewusst und freizügig mit uns um, wehren uns gegen Dummheit, Ungerechtigkeit, Rückständigkeit, lachen über vieles. Wir sagen selbstverständlich Ich und Wir, Mann und Frau. Auch Mann
10 und Mann oder Frau und Frau.
Nun stellt sich ein Amazonenheer vor uns auf, das sich den Namen GENDER auf die Harnische geschrieben hat. Das Problem ist nicht der Gedanke, sondern die radikale Ideologie, mit der dieses Heer ein Gleichheitskonzept auf alles stülpt, was seinen Reiz, sein Leben aus Unterschieden bezieht. Die Gendermainstreamenden[3] haben einen Bei-

standspakt geschlossen mit Political Correctness, Sprachsäuberern sowie deren Wächtern, mit Religionsmissionaren, Anti-Aufklärern aller Couleur, militanten Veganern und sonstigen Entsagungsfanatikern.

Pardon, jetzt sind mir generische Maskulina herausgerutscht! Und nein, ich gelobe keine Besserung! Die größte Entsagergemeinschaft, scheint mir, ist die der Humorlosen. Über Geschlechterrollen wird in Mitteleuropa seit mehr als 100 Jahren diskutiert. Der Feminismus hat sein Hauptwerk getan. Das ist gut so. Die Befreiung der Frau aus den Knebeln des Machismo ist im Großen und Ganzen gelungen, auch wenn noch viel zu tun ist. Die gesellschaftliche Toleranz von sogenannten nicht-heteronormativen Geschlechtermodellen ist hierzulande vergleichsweise hoch. Mit Verlaub: Gab es für Homo- und Transsexuelle jemals so viel Verständnis?

Aber was müssen ich und andere, mit dem Leben durchaus Vertraute, sich sagen lassen? Beispiel: Literatur, die sich ironisch-satirisch mit dem Thema auseinandersetzt, sei unzumutbar, weil Gender eine durch und durch ernste Sache sei. […]

Ich bin nicht gegen die Forderung gleicher Rechte von Frauen und Männern. Im Gegenteil. Sie ist noch immer notwendig, vor allem, wenn man in andere Teile der Welt sieht. Es ist Ideologie und Hysterie, die mich abstoßen beziehungsweise lachen lassen. Die Gender-Debatte spaltet inzwischen die Gesellschaft, anstatt Empathie, echte Toleranz und wirkliches Sprachbewusstsein anzustreben.

Hensel Kerstin (30. 07. 2015): Gender-Debatte. Verzeihung, ein Maskulinum!,
URL: http://www.deutschlandradiokultur.de/gender-debatte-verzeihung-ein-maskulinum.1005.de.html?dram:article_id=326805 (abgerufen am 25. 03. 2020).

Hinweis
Kerstin Hensel (*1961) ist Autorin von Romanen, Gedichten, Theaterstücken, Essays.

Anmerkungen
1 Hermen: (kurz für „Hermaphroditen") Bezeichnung für doppelgeschlechtliche Individuen, also Individuen mit sowohl männlicher als auch weiblicher Geschlechtsausprägung
2 Heten: (kurz für „Heterosexuelle") Bezeichnung für Menschen, die sich emotional und sexuell überwiegend von Menschen des anderen Geschlechts angezogen fühlen
3 Gendermainstreamende: Menschen, die die Strategie des Gender-Mainstreaming verfolgen, d. h. die Förderung der Gleichstellung der Geschlechter

Material 7 Anatol Stefanowitsch: Geschlechtergerechte Sprache und Lebensentscheidungen (2015)

[…] Es ist nun eine interessante Frage, ob die Tatsache, dass wir bei einem generischen Maskulinum zunächst an Männer denken, nur im Versuchslabor messbar ist, oder ob sie auch eine Rolle in der echten Welt spielt. Und zur Beantwortung genau dieser Frage trägt eine Studie meiner FU[1]-Kollegin Bettina Hannover und ihres ehemaligen Doktoranden Dries Vervecken bei, die vor einigen Monaten erschienen ist und nun dank einer Pressemeldung der Deutschen Gesellschaft für Psychologie öffentliche Aufmerksamkeit erhält.

In dieser Studie legten die Autor/innen Schulkindern im Alter von 6–12 Jahren dreizehn Berufsbezeichnungen vor, die entweder stereotyp männlich waren (Astronaut/in,

Lastwagenfahrer/in, Geschäftsmann/-frau, Erfinder/in, Bürgermeister/in, Maurer/in, Feuerwehrmann/-frau und Automechaniker/in), oder die stereotyp weiblich waren (Blumenverkäufer/in, Babysitter/in, Zahnarzthelfer/in, Raumpfleger/in und Kosmetiker/in). Jeder dieser Berufe wurde den Kindern vorgelesen und kurz definiert, wobei eine Gruppe Paarformen zu hören bekam (z. B. „Feuerwehrfrauen und Feuerwehrmänner sind Personen, die Feuer löschen"), und eine Gruppe das „generische" Maskulinum (z. B. „Feuerwehrmänner sind Personen, die Feuer löschen"). Zu jedem Beruf mussten die Kinder vier Fragen beantworten:

1. Wie wichtig ist es, ___ zu sein?
2. Wie schwer ist es, den Beruf ___ auszuüben?
3. Wie schwer ist es, den Beruf ___ zu erlernen? Und
4. Was glaubst du, wie viel Geld ___ verdienen?

Aus den Antworten ergaben sich durch eine Faktorenanalyse zwei Faktoren: Status (Frage 1 und 4) und Zugänglichkeit (Frage 2 und 3).

Bei den stereotyp männlichen Berufen wurden beide Faktoren durch die Art der Präsentation (Paarformel oder „generisches Maskulinum") beeinflusst: Im generischen Maskulinum schrieben die Kinder den Berufen erstens einen höheren Status zu und hielten sie zweitens für schwerer zugänglich, als wenn sie in der Paarform präsentiert wurden. Bei den stereotyp weiblichen Berufen gab es keinen solchen Effekt.

So weit bestätigt das Experiment aus linguistischer Perspektive auf eine sehr interessante Weise den semantischen Effekt des generischen Maskulinums – dies wird offensichtlich als „männlich" interpretiert, woraus sich die stereotype Zuschreibung eines höheren Status und eines höheren Schwierigkeitsgrades ergibt. Eine Wechselwirkung zwischen Grammatik und gesellschaftlichen Stereotypen (dass der Effekt nur bei stereotyp männlichen Berufen statistisch signifikant wird) lässt sich auch in anderen Studien beobachten.

Besonders interessant wird die Studie aber dadurch, dass die Autor/innen die Kinder zusätzlich fragten, ob sie sich selbst den jeweiligen Beruf zutrauten. Auch hier zeigte sich ein Effekt der jeweiligen sprachlichen Bedingung dergestalt, dass sich Kinder beiderlei Geschlechts einen Beruf eher zutrauen, wenn er in der Paarformel präsentiert wird, als wenn er im „generischen" Maskulinum präsentiert wird. Außerdem zeigte sich, dass sich Jungen stereotyp männliche Berufe unabhängig von der Art der Präsentation eher zutrauen als Mädchen.

Die Autor/innen zeigen dann, dass dieser Effekt durch den vermeintlichen Schwierigkeitsgrad des Berufs hervorgerufen wird (der seinerseits durch die Art der Präsentation bedingt ist).

Kurz zusammengefasst: Wird ein Beruf im „generischen" Maskulinum präsentiert, wird er von den Kindern als schwerer zugänglich wahrgenommen, was ihre Einschätzung, den Beruf selbst ausüben zu können, negativ beeinflusst. Bei den Jungen wird diese negative Einschätzung dadurch ein Stück weit ausgeglichen, dass die gesellschaftliche Stereotypisierung dieser Berufe als „männlich" es ihnen nahelegt, dass sie diese Berufe trotzdem ausüben können.

Mit anderen Worten: Die Art, in der wir über stereotyp männliche Berufe reden, hat vor allem einen Einfluss darauf, ob Mädchen sich diesen Beruf zutrauen. Die konsequente Verwendung von Paarformeln kann dazu führen, dass sie den Beruf als zugänglicher bewerten und ihn für sich selbst als realistische Berufswahl einschätzen. […]

Stefanowitsch, Anatol (09. 06. 2015): Geschlechtergerechte Sprache und Lebensentscheidungen, URL: http://www.sprachlog.de/2015/06/09/geschlechtergerechte-sprache-und-lebensentscheidungen (abgerufen am 25. 03. 2020).

Hinweis
Anatol Stefanowitsch (*1970) ist Professor für Sprachwissenschaft an der FU Berlin.

Anmerkung
1 FU: Freie Universität Berlin

Material 8 — Umfrage des Meinungsforschungsinstituts Civey für t-online.de zur Nutzung geschlechtsneutraler Sprachformulierungen (2019)

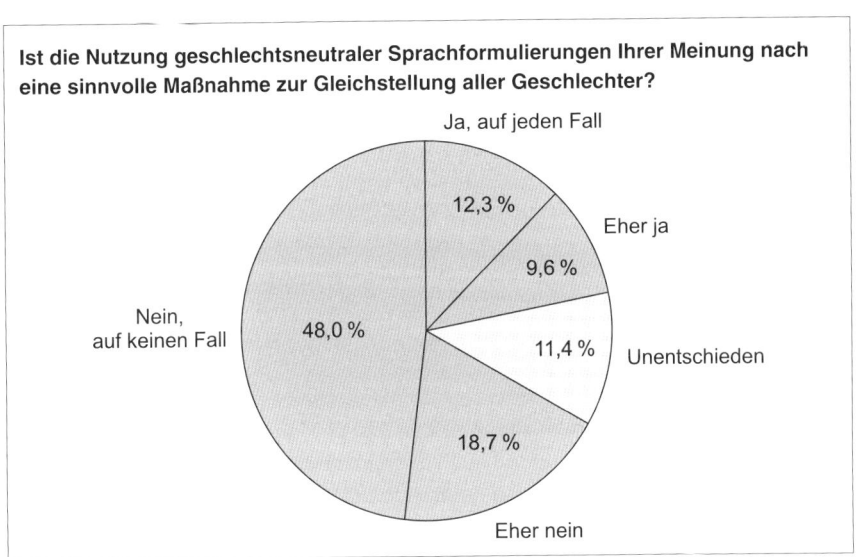

eig. Darstellung in Anlehnung an: Umfrage des Meinungsforschungsinstituts Civey für t-online.de zur Nutzung geschlechtsneutraler Sprachformulierungen (25. 01. 2019)

Hinweis
Sofern nicht anders angegeben, entsprechen Rechtschreibung und Zeichensetzung in allen Materialien der jeweiligen Textquelle.

> **TIPP** Bearbeitungshinweise

Die Aufgabe hebt sich durch ihre Komplexität von anderen Aufgabenformaten ab. Denn Ihr Text ist nicht durch die übliche Dreiteilung der Aufgabenstellung vorstrukturiert, sondern Sie müssen ihn selbst **gliedern**. Dabei können Sie sich in Ihrem **Kommentar** grob an der Struktur einer klassischen Erörterung orientieren – wenngleich der Aufbau des Kommentars viel weniger schematisch ist. Da Sie das Thema in mehrere Richtungen abwägen und im Vorfeld entscheiden sollten, welche Argumentationsgänge Sie gut ausführen können, müssen Sie sich für die **Vorarbeit** genügend Zeit nehmen – ohne die Uhr aus dem Blick zu verlieren.

Markieren Sie zunächst in der Aufgabenstellung, was Sie diskutieren müssen: Sollen in Deutschland alle Schulen eine genderneutrale Sprache verwenden? Diese Aufgabe ist mit einigen Überlegungen verbunden: Sie müssen zunächst klären, was mit dieser Frage eigentlich gemeint ist. Sieht das Modalverb „sollen" eine Verpflichtung oder eine Empfehlung vor? Was ist mit „Schulen" gemeint: die Schulgemeinde oder nur Lehrkräfte? Damit Sie sich nicht verzetteln, überlegen Sie sich, wozu Ihnen viel Relevantes einfällt, und **grenzen Sie das Thema ein**. Sie können Ihre Überlegungen dazu in Ihrem Kommentar erklären. Diese Vorgehensweise kennen Sie vielleicht von Debattierwettbewerben an Ihrer Schule.

Auch sollten Sie sich vorher bereits für eine **Position** entscheiden, damit Sie beim Schreiben immer im Blick haben, worauf Sie hinauswollen. Argumente und Ideen für Ihren Kommentar finden Sie während der Vorarbeit am leichtesten, wenn Sie **These und Antithese** zu dem von Ihnen eingegrenzten Problem formulieren: Gehen Sie z. B. von einer Verpflichtung zu genderneutraler Sprache aus, sammeln Sie auf der einen Seite (z. B. in einer zweispaltigen Tabelle) Argumente zur These „Lehrende und Lernende sollen zu einer genderneutralen Sprache verpflichtet werden", auf der anderen Seite notieren Sie Aspekte zur **Gegenthese**. Achten Sie darauf, dass Sie die **Materialien** „ausschlachten", sich aber nur auf relevante Aspekte beziehen. Notieren Sie sich immer die Materialnummer dazu. Greifen Sie auch auf konkrete Beispiele und Argumente aus Ihren **Erfahrungen** und auf Ihre eigenen **Kenntnisse** zurück. Man sollte zudem merken, dass Sie sich im Unterricht mit dem Thema „Genderneutrale Sprache" befasst haben.

Erstellen Sie eine **Gliederung**, an der Sie sich beim Schreiben orientieren können. Wichtig ist dabei, dass Sie einen eigenen Gedankengang entwickeln und sich an geeigneter Stelle immer wieder auf Informationen aus dem Material beziehen. Es darf aber nicht so aussehen, als gäben Sie nur die Materialien wieder.

Denken Sie beim Schreiben an den **Adressatenbezug**! Sie dürfen aus Ihrer **Schülerperspektive** schreiben – denn Sie wurden ja explizit als junge Lesende dazu aufgefordert; aber Sie schreiben für eine überregionale Zeitung, Ihr Kommentar erreicht also einen weiteren Leserkreis als Ihre Mitschüler*innen. Und hier gilt ganz speziell: Entscheiden Sie, ob und wie Sie gendergerechte Sprache auch in Ihrem Kommentar anwenden. Hier beispielsweise wurde der Vorschlag aus Material 2 aufgegriffen, keine Form bevorzugt einzusetzen.

Lösungsvorschlag

Sterne, Lücken, Doppelpunkte – wie macht man alle sichtbar? Chancen und Gefahren einer verordneten Gendersprache an Schulen

Neugier weckende Überschrift

Liebe AbiturientX, liebe LehrX, liebe HelfX, liebe SekretärX! Ich freue mich, dass wir uns heute zur Abiturfeier versammelt haben, um die SchülX zu ehren, die in diesem Jahr von ihren PrüfX die Allgemeine Hochschulreife bescheinigt bekommen haben.

*provokanter **Einstieg***

So könnte in Zukunft eine korrekte, gendergerechte Abiturrede beginnen, die niemanden ausgrenzt. Das Beispiel greift einen Vorschlag von Lann Hornscheid, Mitglied des Zentrums für transdisziplinäre Geschlechterstudien der Humboldt-Universität in Berlin, auf, nach dem die **geschlechtlichen Wortendungen durch ein X** ersetzt werden sollen. Doch die Sprachkonstruktion klingt nicht nur **gestelzt** und **sperrig**; sondern sie geht sprichwörtlich nicht gut über die Lippen. Aber es gibt auch mildere Formen der gendersensiblen Sprache, die die Aussprache erleichtern und damit auch die Hürde herabsetzen: etwa das **Binnen-I** (LehrerInnen), den **Gendergap-Unterstrich** (Schüler_innen), den **Gender-Star** (Helfer*innen) oder den eine Sprechpause implizierenden **Binnen-Doppelpunkt** (Abiturient:innen) – oder einfach die neutrale **Partizip-Form** (Lehrende).

Formen genderneutralen Sprechens
Bezug zu M 3

Glaubt man einer Studie zum Einfluss von gendergerechter Sprache auf Lebensentscheidungen junger Menschen, wirkt sich eine solche **genderneutrale Sprache** positiv auf **gendergerechtes Handeln und Denken** aus, das an allen demokratischen Institutionen nach Kräften gefördert werden sollte. Und nirgendwo scheint es sinnvoller zu sein, dieses Ziel zu verfolgen, als **an unseren Schulen**. Warum also nicht gleich alle **Schulen in Deutschland verpflichten, eine gendergerechte Sprache zu verwenden**?

Hinführung zur Fragestellung
Bezug zu M 7

Und ist es nicht auch wichtig, sich aus der eigenen Komfortzone herauszubewegen, sich zu zwingen, eigene Gewohnheiten zu verändern und damit dem Begriff „Gender" als „**historisch veränderbares, soziales und kulturelles** Verhältnis" gerecht zu werden?

Begriff „Gender"
Bezug zu M 1

Vorteile hätte die Verpflichtung zur gendergerechten Sprache: Denn wo könnte die gesellschaftliche Wirkung größer sein als an dem Lernort, an dem sich **alle jungen Menschen** mindestens neun Jahre lang aufhalten? Je früher sie sich positive, nicht diskriminierende Sprachgewohnheiten aneignen, desto besser! Wenn Lernende von Anfang an **konsequent** mit gendergerechter Sprache konfrontiert werden, klingen auch die Konstruktionen nicht mehr holprig.

Pro-Argumente
große Wirkung durch Prägung und Permanenz

Lehrende sind sprachliche Vorbilder, und Kinder **übernehmen automatisch Sprachgewohnheiten** von erwachsenen Bezugspersonen. Wenn (neue) Sprachgewohnheiten „von unten hochwachsen", erledigt sich die Diskussion um die Sperrigkeit der Konstruktionen im Erwachsenenalter von selbst.

Erziehung zu Toleranz und Respekt

Zudem ist Schule dazu verpflichtet, Kinder und Jugendliche zu toleranten Menschen heranzuziehen. Das auch auf sprachlicher Ebene zu tun und damit die Macht der **Sprache** zu nutzen, hieße eine Art Wechselwirkung anzustoßen: Sprache muss so konstruiert werden, dass sie die **Vielfalt sichtbar macht**, meint zum Beispiel Andreas Kraß, Mitglied im Berliner Zentrum für Transdisziplinäre Geschlechterstudien. Im Gegenzug „**prägt und formt**" sie unser **gesellschaftliches Zusammenleben**. Davon sind viele Befürworter*innen einer gendergerechten Sprache, wie die Autorin Anna-Lena Scholz, überzeugt. Wenn aus Bequemlichkeit weiterhin lediglich das „generische Maskulinum" benutzt werde, „aktivier[e] das in unserem Gedächtnis nur männliche Personengruppen", so die Autorin. Und nicht nur Frauen, sondern auch „Menschen, die sich wie Inter- oder Transsexuelle keinem eindeutigen Geschlecht zuordnen können, sind aus der deutschen Sprache **einfach ausgeschlossen**", meint die Journalistin Tatjana Thamerus. Auch für Andreas Kraß ist die Sprache unverzichtbar, um **Trans- und Intersexuelle sichtbar zu machen** und ihre gesellschaftliche Akzeptanz zu fördern.

Bezug zu M 3

Bezug zu M 2

Bezug zu M 3

Man müsste an den Schulen noch nicht einmal bei null anfangen: Einerseits benutzen viele Lehrende bereits gendergerechte Sprache in **Arbeitsblättern** oder auch in der **gesprochenen Sprache**. Andererseits kann man zudem an Tendenzen einiger deutscher Universitäten anknüpfen, die sich bereits einer gendergerechten Sprache verpflichtet haben: An vielen Hochschulen gibt es schon **Kommunikationsleitfäden** für gendergerechte Sprache; und im Internet findet man eine Vielzahl von Anleitungen, eine Seminararbeit zu gendern.

Bezug auf Bestehendes

Andere europäische Länder wie Schweden oder England sind da schon viel weiter als wir: In **England** wurde bereits die „neutrale Anrede Mx. […] in das Oxford English Dictionary aufgenommen" – der englische „Duden" hat seine Eintragungen also schon angepasst.

Schritthalten mit europäischen Ländern
Bezug zu M 3

Diese Schritte haben eine Vorbildwirkung. Auch das oft schwerfällig wirkende Bundesverfassungsgericht hat entschieden, dass in Zukunft im Geburtenregister ein **dritter Eintrag für intersexuelle Menschen** möglich sein muss; staatliche Institutionen müssen also auf die **Veränderungen in der gesellschaftlichen Realität** eingehen und aktiv daran arbeiten, **überkommene Rollenbilder und Rollenverhalten aufzulösen**.

Anknüpfen an BVerfG-Urteil

Bezug zu M 5

Und dass Sprache das Bewusstsein und das Denken tatsächlich prägt und formt, besagt nicht nur die Sapir-Whorf-Hypothese. Verschiedene Studien belegen diesen Einfluss – zum Beispiel auch die oben bereits erwähnte **Studie an 6- bis 12-Jährigen:** Feuerwehrfrau und Kosmetiker – Kinder, denen stereotyp männliche oder weibliche Berufe auch in der entsprechenden männlichen oder weiblichen Form vorgestellt wurden, **bewerteten die Berufe anders** als Kinder, denen diese Berufe in einer genderneutralen Sprache vorgelesen wurden: In der Testgruppe ohne genderneutrale Sprache wurde den stereotyp männlichen Berufen **ein höheres Gehalt** zugeordnet, und den Zugang zu einem stereotyp männlichen Beruf schätzten die Kinder als **viel schwieriger** ein. Sehr eindrücklich zeigt diese Studie, welche **Rollenbilder** sich bereits bei Kindern **in diesem Alter festgesetzt** haben und wie sie durch **Sprache zementiert** oder eben **aufgebrochen** werden können.

Sprache formt und prägt das Bewusstsein

Bezug zu M 7

Immerhin: In Behörden und Medien wird bereits seit Jahrzehnten die Doppelnennung (also: Schülerinnen und Schüler) praktiziert. Wie hat sich das jahrelange Bemühen um eine gendergerechte Sprache ausgewirkt? Das **Resümee** einer Analyse der gesellschaftlichen Wirklichkeit fällt **noch immer kläglich** aus: Frauen sind noch lange nicht gleichberechtigt, Männer sitzen weiterhin eher in Führungspositionen als Frauen und traditionelle Rollenbilder scheinen bereits vor dem Grundschulalter so gefestigt, dass die Schule sie kaum zu korrigieren vermag. Die **gesellschaftliche und soziale Wirkung** ist also noch **weit entfernt vom Idealzustand**. Ein Indiz dafür, dass Sprache allein Rollen- und Weltbilder nicht umzustürzen vermag.

Kontra-Argumente bisher geringe gesellschaftliche Wirkung

Bezug zu M 4

Was heißt es denn genau, wenn Schulen in Deutschland eine gendergerechte Sprache verwenden sollen? Zur „Schule" gehören: alle **Schulbehörden**, die **Schulverwaltung**, das **Lehrpersonal** und natürlich auch die **Lernenden**. Schule spiegelt gesellschaftliche Strukturen; laut einer Umfrage des Meinungsforschungsinstituts Civey zweifelten 2019 ungefähr zwei Drittel der Bevölkerung an der **Sinnhaftigkeit** der gendergerechten Sprache zur Gleichstellung aller Geschlechter. Die Wahrscheinlichkeit ist also relativ hoch, dass die **Akzeptanz** auch bei einigen Lehrern eher **gering** ausfällt. Die Forderung nach einer Verwendung von gendergerechter Sprache an Schulen erscheint somit weit weg von der Realität.

fehlende Akzeptanz

Bezug zu M 8

Und auch das darf man nicht aus dem Blick verlieren: Was bedeutet die verpflichtende gendergerechte Sprache für den Unterrichtsstoff? Dürfen nur mehr Texte gelesen werden, die sich einer gendergerechten Sprache bedienen? Sollen in Zukunft **literarische Texte** für den Unterricht danach ausgewählt werden, ob sie dem Gradmesser

Probleme bei praktischer Umsetzung

Bezug zu M 2

der **Gendersensibilität** standhalten? Man kann sich dabei kaum ein **Gedicht mit Gender-Star** oder Gender-X vorstellen.

Wie will man die Verwendung an Schulen bei so wenig Rückhalt in der Bevölkerung durchsetzen? **Erzwingen**? Kaum möglich. Ein regelrecht verordneter Eingriff in die deutsche Sprache kann nicht gesund sein – nein, er wäre sogar unzulässig; eine **Sprachpolizei undenkbar** in einem demokratischen Staat und in einer Institution, die sich auch der Demokratieerziehung verpflichtet hat.

Auch bei uns Schülern ist das Thema heiß umstritten. Auf der einen Seite würden viele meiner Mitschüler mit der Vorgabe, sich gendersensibel auszudrücken, nicht mitgehen – schon allein, weil wir auch Sprache untereinander **so unkompliziert wie möglich** halten möchten. Wir **kürzen** unsere Sprache eher, als dass wir sie noch komplizierter machen. Wir wollen uns **ungezwungen** unterhalten und nicht darüber nachdenken müssen, politisch korrekte Formulierungen zu konstruieren. Das Lebendige der Sprache, unsere **Schlagfertigkeit**, geht dabei einfach verloren.

Jugend ökonomisiert Sprache

Nicht zu unterschätzen ist außerdem die Wirkung der Sprache in den vor allem für Jugendliche omnipräsenten sozialen Medien. Die hier oft **fehlende Verwendung einer gendergerechten Sprache** wirkt viel dominanter und attraktiver auf Jugendliche als die ständigen Ermahnungen unserer Lehrerinnen, korrekt zu gendern.

Macht der Social Media

Auf der anderen Seite strafen einige meiner Mitschülerinnen einen mit Liebesentzug, wenn man sich nicht ständig gendergerecht ausdrückt. Manche Unterrichtsdiskussionen verlieren an Dynamik, wenn um **genderneutrale Kommunikation gerungen** wird. Die **Humorlosigkeit** und **Verkrampftheit** kann einem die Freude an jeder Diskussion nehmen – was am Ende dazu führt, dass man **aus Trotz** wieder zum generischen Maskulinum zurückkehrt. Was im Unterricht im Kleinen deutlich wird, kann – wenn eine gendergerechte Sprache tatsächlich angeordnet wird – in einer ganzen Institution auch **zur Spaltung führen** und damit eher **kontraproduktiv** werden. Die Skepsis in der Bevölkerung ist ein Hinweis darauf, dass Menschen mit Abneigung auf das mitunter sehr **emotional-radikale** und **ideologisch aufgeheizte Einfordern** einer gendersensiblen Sprache reagieren.

gesellschaftliche Spaltung durch Reformdruck

Bezug zu M 6

Dennoch wollen wir auch in der Schule Vielfalt in Sprache abbilden und niemanden diskriminieren! Dass es aber allein **so viele verschiedene Vorschläge** zur Umsetzung gibt, macht deutlich, dass es **fast unmöglich** ist, im Deutschen eine gendersensible Sprache zu konstruieren, die **leichtfüßig** daherkommt, **praktikabel umsetzbar** ist und noch dazu **niemanden ausgrenzt:** Sowohl beim Binnen-I und

verwirrende Vielfalt der Vorschläge

-Doppelpunkt, aber auch beim Gender-Sternchen **dominiert plötzlich das Weibliche**, das **dritte Geschlecht** ist sprachlich überhaupt **nicht zu hören** – so sehr man auch betont, dass gerade der Asterisk alle Geschlechter meint. Bei der Verdopplung Lehrerinnen und Lehrer taucht das dritte Geschlecht gar nicht erst auf. Nur die Sprachkonstruktion in unserer Abirede erfüllt die Anforderungen an Gerechtigkeit – und ist gleichzeitig eben fast unaussprechlich. Ein Dilemma – zumal alle Formen für **Lernschwache** oder **Einwanderer** die **Sprachbarrieren** noch einmal erhöhen.

Die Probleme beim Anpassen der Sprache beweisen, dass das **grammatische Geschlecht** „im Deutschen [**viel stärker**] **verankert**" ist als z. B. im Englischen, wie Ludwig Eichinger, Direktor des Instituts für Deutsche Sprache in Mannheim, sagt. Dadurch ist der Eingriff natürlich auch gravierender.

<small>Eingriff in die Sprache zu groß
Bezug zu M 3</small>

Wollen wir also gendergerechte Sprache an deutschen Schulen umsetzen, dann nicht ohne eine sehr **behutsame Vorbereitung** und das Wissen um den schmalen Weg, auf dem man sich angesichts einer gespaltenen Öffentlichkeit begibt. Heißt: **Erneute Diskriminierung vermeiden** und gleichzeitig die **SkeptikX ins Boot holen**.

<small>**Fazit**
behutsames Vorgehen</small>

Ist das möglich? Ja!

Eine Möglichkeit wäre z. B., die **sprachliche Kreativität** anzuregen, wie es die Autorin Anna-Lena Scholz vorschlägt und wie es auch in diesem Kommentar versucht wurde: **Jede Form ist erlaubt**, damit ein Text oder gesprochene Sprache so gestaltet werden kann, dass keine Konstruktion und damit kein Geschlecht bevorzugt wird. Auch Formen, die gar kein Geschlecht ansprechen (z. B. die Lehrkraft), fördern somit die Sprachkreativität.

<small>Kreativität anregen

Bezug zu M 2</small>

Wenn man davon ausgeht, dass Lehrer sprachliche Vorbilder sind, kann die Veränderung auch zunächst **beim Lehrpersonal anknüpfen** und zunächst ungezwungen mit **Empfehlungen** gearbeitet werden. So dürfte auch das generische Maskulinum verwendet werden, ohne dass man dafür abgestraft wird; im Gegenteil – wenn man **etwas mehr Humor** zulässt, gewinnt die Debatte an Leichtigkeit und die gendergerechte Sprache Befürworter. Eine Umgewöhnung kann dann schrittweise erfolgen. **Praktikable Leitfäden** ohne moralischen Zeigefinger können bei der Umsetzung helfen.

<small>schrittweise Umsetzung</small>

Allerdings funktioniert ein Umdenken zu **mehr Toleranz** nicht nur über Sprachpflege. Gerade die Schule kann die Einstellung von Kindern und Jugendlichen durch zusätzliche Maßnahmen positiv beeinflussen: eine Queer-AG, **Akzeptanz von sexueller und gesellschaftlicher Vielfalt**, Auseinandersetzung mit traditionellen

<small>kognitive Auseinandersetzung mit sexueller Vielfalt</small>

Rollenbildern. Nur durch ein solches unterrichtliches „Begleitprogramm" können auch der Wandel sprachlicher Gewohnheiten und ein **Umdenken** erfolgen. Das Gender-Sternchen allein wird die Welt nicht besser machen – aber es kann uns daran erinnern, dass es an uns allen liegt, Vielfalt und Gleichberechtigung zu leben.

Hessen Deutsch • Abiturprüfung 2022
Leistungskurs • Vorschlag A

LITERATUR UND POLITIK

Erlaubte Hilfsmittel
- ein Wörterbuch der deutschen Rechtschreibung
- Textausgaben der Pflichtlektüren ohne Kommentarzeichen, ggf. mit Worterläuterungen
- eine Liste der fachspezifischen Operatoren

Aufgabenstellung

An Ihrer Schule finden für die Oberstufe Projekttage zum Thema „Engagement hat viele Gesichter" statt. Sie widmen sich mit Ihrem Deutschkurs dabei der Frage, ob Schriftstellerinnen und Schriftsteller in ihren literarischen Texten politisches Engagement zeigen sollten.

Verfassen Sie für das Begleitheft der Projekttage einen Essay, in dem Sie zu der strittigen Frage Stellung nehmen.

Nutzen Sie für Ihre Argumentation die vorliegenden Materialien 1 bis 5 sowie Ihre Kenntnisse und Lektüreerfahrungen, gegebenenfalls auch zu Autorinnen und Autoren vergangener Epochen. Formulieren Sie eine geeignete Überschrift.

(100 BE)

Material 1 — Sophia Bender, Karin Spies, Linda Vogt: Engagement oder Autonomie – Begriffsbestimmungen (2009)

Engagement oder Autonomie – diese Abgrenzung findet sich häufig, wenn der Rahmen von Literatur und ihre Aufgaben abgesteckt werden sollen. Im literarischen Diskurs bietet diese Kategorisierung immer wieder Zündstoff für angeregte Debatten. Antagonistisch[1] stehen sich die Begriffe gegenüber, und damit die gegensätzlichen Meinungen über Kunst: Engagierte oder autonome Literatur, Tendenzdichtung[2] oder l'art pour l'art[3], entweder Parteilichkeit oder reine Kunst. Wo hat sich der Künstler niederzulassen: in der Tagespolitik, im Elfenbeinturm? […]

Autonomie meint im Bereich der Kunst grundlegend die Unabhängigkeit und Freiheit von außerkünstlerischen Zweckbestimmungen, sowohl in ihrer Produktion als auch im daraus entstehenden Werk.

Grundlage für diese Kunstauffassung war eine Veränderung des Blickwinkels auf Literatur Mitte des 18. Jahrhunderts, durch die Prinzipien wie Originalität und Genie als bestimmende Kategorien in den literarischen Diskurs Eingang fanden und zum ausschlaggebenden Faktor in deren Produktion avancierten. Die Forderung, Kunst vom reinen Nützlichkeitsdenken des Bürgertums frei zu machen […], orientiert sich an Kants Begriffsbestimmung des Schönen als interessenlosen Wohlgefallen. […] Im Rekurs auf Kant vereinnahmte Schiller das Konzept für sein Programm zur ästhetischen Erziehung, in der sich am Werk die große Idee zur Selbstbestimmung für den Rezipienten offenbaren sollte.[4]

Den Gegenbegriff der engagierten Literatur prägte Sartre[5]. Allgemein bezieht sich der Begriff auf literarische Texte von politischem oder sozialem Gehalt, die explizit gesellschaftliche Veränderungen als Ziel und Wirkung anvisieren, und meint also eine Literatur, die in erster Linie für politische Veränderung eintritt. […]

Für die engagierte Literatur ist es aber essentiell, dass sie die außerliterarischen Themen im Gegensatz zur bloßen Tendenzdichtung mit den Mitteln der Literatur vorträgt und verficht. Das ästhetische Moment und die künstlerische Gestaltung sind also nicht vollständig ausgeklammert, sondern spielen eine entscheidende Rolle. […]

Sophia Bender, Karin Spies, Linda Vogt (2009): Engagement oder Autonomie – Begriffsbestimmungen, Ethik der Textkulturen Erlangen/Friedrich-Alexander-Universität Erlangen-Nürnberg, http://www.eingreifendes-denken.phil.uni-erlangen.de/aufgaben.html (abgerufen am 11. 03. 2021).

Anmerkungen
1 antagonistisch – gegensätzlich, widerstreitend
2 Tendenzdichtung – literarische Texte, bei denen die Vermittlung weltanschaulicher (z. B. politisch-sozialer) Positionen im Zentrum steht, die ästhetische Gestaltung dagegen in den Hintergrund rückt
3 L'art pour l'art (frz.) – sinngemäß: die Kunst um der Kunst willen
4 Nach Friedrich Schiller (1759–1805) soll der Mensch durch die Autonomie der Literatur zu Freiheit und Selbstbestimmung geführt werden. Autonome Literatur zeichnet aus, dass sie sich nicht an politische oder ökonomische Zwecke bindet.
5 Der französische Philosoph und Schriftsteller Jean-Paul Sartre (1905–1980) forderte eine engagierte Form von Literatur und kritisierte zugleich eine Literatur, die nur um ästhetische Fragen kreist.

Material 2 Interview von Stephan Bader mit Jonas Lüscher: Schriftsteller a. D.[1] (2018)

Seine Bücher gelten als „politisch" – jetzt ist Jonas Lüscher einen Schritt weitergegangen: er ruft zu einer europaweiten Demonstration gegen Nationalismus und Populismus auf. [...]

Ihre Werke gelten ohnehin als „politisch". Warum haben Sie für Ihren Protest nicht die Literatur gewählt? Kann Literatur doch zu wenig bewirken, oder sogar: nichts?
[...] [P]olitische Romane zu schreiben, ist auch eine Art des Handelns. Aber natürlich
5 viel weniger konkret als der gute alte Aktivismus, gemeinsam auf die Strasse zu gehen, der eben auch manchmal notwendig ist. Beides schliesst sich ja auch keineswegs aus – ich glaube absolut daran, dass man als Schriftsteller mit dem Schreiben etwas beiträgt.

Vor allem Ihr Erstling „Frühling der Barbaren"[2] wird oft an Schulen bespro-
10 **chen, junge Menschen lesen ihn in einem prägenden Alter, er wird offenbar für geeignet gehalten, Schülern die richtigen Fragen zu einem komplexen gesellschaftlichen Phänomen an die Hand zu geben. Ist es das, was Sie mit „etwas beitragen" meinen?**
Zum Beispiel. Ich bin auch häufig zu Lesungen an Schulen, und die Begegnungen dort
15 zeigen mir, dass man mit Literatur durchaus etwas erreichen, bewirken kann. Man muss das aber auch relativieren. Wenn man in Deutschland 40 000 Exemplare eines Romans verkauft, gehört man schon zu den sehr Glücklichen. Ein „Tatort" erreicht 10 Millionen Leute.

[...] Worin liegt denn die Stärke von Geschichten, wenn es darum geht, ein kriti-
20 **sches Weltverständnis zu vermitteln und „etwas zu bewegen"? Was kann Literatur, das wissenschaftliche Texte, Aktivistenaufrufe, Parteienslogans oder „Arena"-Debatten nicht können?**
Da gibt es diverse Stärken, angefangen bei der altbekannten „Éducation sentimentale"[3], dass man also den Kreis der Solidarität vergrössern kann. Wenn wir ein Buch,
25 sagen wir, über Schwule lesen, wird uns im besten Fall klar, dass der, den wir vorher als einen der anderen gesehen haben, eigentlich einer von uns ist, weil er auf dieselbe Art und Weise Demütigung erfährt, leidet oder liebt. Dass einem also das Fremde näherrückt. Ein berühmtes Beispiel ist *Onkel Toms Hütte*[4], das zur Abschaffung der Sklaverei Wesentliches beigetragen hat. Oder *Germinal*[5] von Émile Zola, das für die
30 Arbeiterbewegung eminent wichtig war, weil das Leiden der Arbeiter plötzlich im Bürgertum ankam, verstanden wurde. Gerade wissenschaftliche oder philosophische Texte funktionieren anders, sie laufen auf Eindeutigkeit hinaus: Man will ein möglichst scharfes Argument haben oder eine Theorie, unter deren Dach möglichst viele Einzelfälle passen. Die Ambivalenz muss da eher ausgeblendet werden. In der Literatur kann
35 man genau damit operieren: Ich brauche nie Eindeutigkeit, ich brauche nie Präzision – ich kann eben das Ambivalente, das Uneindeutige in vollem Umfang zulassen. So kommt auch der Einzelfall zu seinem Recht. [...]

Stephan Bader: Schriftsteller a. D. Interview von Stephan Bader mit Jonas Lüscher, in: Literarischer Monat. Das Schweizer Literaturmagazin 34 (2018), URL: https://literarischermonat.ch/schriftsteller-a-d/ (abgerufen am 11. 03. 2021).

Anmerkungen
1 a. D. – außer Dienst
2 In der 2013 erschienenen Novelle *Frühling der Barbaren* zeichnet Lüscher anhand einer Hochzeitsgesellschaft in einem tunesischen Wellnessresort ein bitterböses Bild einer von Globalisierung und Kapitalismus geprägten Gegenwart.
3 Éducation sentimentale (frz.) – Erziehung des Herzens bzw. des Gefühls
4 Der Roman *Onkel Toms Hütte* von Harriet Beecher Stowe, der im Jahre 1852 erschien, erzählt vom Leben und Leiden der afroamerikanischen Sklaven im Amerika der 40er-Jahre des 19. Jahrhunderts.
5 Der 1885 veröffentlichte Roman *Germinal* von Émile Zola (1840–1902) beschreibt die unmenschlichen Verhältnisse in französischen Bergwerken des 19. Jahrhunderts.

Hinweis
Jonas Lüscher (*1976) ist Schriftsteller.

Material 3   Politische Literatur. Gegen die herrschende Klasse (2015)

Die Literatur mischt sich ein, wird wieder politisch und wehrt sich gegen die kleinen Lösungen des Pragmatismus. Ein Gespräch mit Jenny Erpenbeck, Ulrich Peltzer und Ilija Trojanow.

Interview: Ijoma Mangold

DIE ZEIT: Die Literaturkritik verlangt ja gern, dass die Literatur politischer wird …

ILIJA TROJANOW: … bis jemand einen politischen Roman schreibt, und dann heißt es sofort: Ah, dogmatisch, überladen, Thesenroman[1] und so weiter!

ULRICH PELTZER: Es gibt das Bedürfnis der Literaturkritik und der Öffentlichkeit nach
5 Welterklärung beziehungsweise nach Auffächerung von Erfahrungen, die man sonst nur aus den Medien kennt. An die Literatur wird eine Aufgabe delegiert, die möglicherweise nicht unbedingt eine genuin literarische Funktion ist.

DIE ZEIT: Hat die Literatur eine besondere Welterklärungskompetenz?

JENNY ERPENBECK: Ich würde sagen: Weltanschauungskompetenz. Und zwar Weltan-
10 schauung im buchstäblichen Sinn des Anschauens der Welt. Wenn man schreibt, schaut man lange auf die Dinge, länger als andere Leute sich die Zeit nehmen können.

DIE ZEIT: Der Prototyp des politischen Schriftstellers war Émile Zola, der sich direkt in die Dreyfus-Affäre[2] einmischte mit den berühmten Worten: „Ich klage an!" Zola war interventionistisch.

15 ULRICH PELTZER: Das wäre die nächste Frage: Hat die Literatur eine interventionistische Aufgabe?

ILIJA TROJANOW: Im Diskurs werden diese zwei Aspekte oft vermischt: Der Schriftsteller als gehörter Bürger mit gewichtiger Stimme und als Künstler.

DIE ZEIT: Und ich würde sagen: Es gab 1990 eine Zäsur. Bis dahin gehörte es zum Berufsbild des Schriftstellers, interventionistisch zu sein, Manifeste zu unterschreiben, im Wahlkampf mitzumischen. Und daran entstand dann ein Überdruss, an dem, was man seinerzeit „Gesinnungsästhetik"[3] genannt hat, und die Schriftsteller haben daraus die Konsequenz gezogen, auf dieser Bühne nicht mehr aufzutreten.

JENNY ERPENBECK: Für mich ist es nicht so, dass ich sage: „Ich möchte ein politisches Buch schreiben" oder „Ich möchte ein historisches Buch schreiben". Ich habe eigentlich immer beim Mikrokosmos angefangen und bin beim Makrokosmos angekommen, ohne dass ich mich dafür entschieden hätte. Ich finde, es ist vollkommen müßig, was von außen von Schriftstellern „verlangt" wird! Das ist eine Sekundärdiskussion. Man schreibt über die Dinge, die einen beschäftigen, die einem widerfahren. Manche Autoren neigen mehr dazu, im Privaten das Politische zu sehen, andere sind politischen Bewegungen mehr ausgesetzt, wieder andere ziehen sich ganz ins Private zurück. [...]

DIE ZEIT: Ihr neuer Roman[4], Frau Erpenbeck, könnte kaum näher dran sein an der aktuellen politischen Lage. Die Flüchtlingsfrage, von der Ihr Roman handelt, ist das zentrale politische Thema dieser Tage. Was bedeutet das für Ihr Schreiben?

JENNY ERPENBECK: Das bedeutet für das Schreiben, dass man für die Recherche mit Menschen sprechen kann und nicht Autobiografien lesen muss, dass man viel weniger in Archiven sitzt, sondern sich mehr draußen auf der Straße bewegt – aber in 50 Jahren ist unsere Gegenwart auch Vergangenheit. In meiner Familiengeschichte ist das Thema Flucht immer präsent gewesen, und ich kann mich deshalb vielleicht zu gut in die Lage von Menschen versetzen, die einen radikalen Schnitt in ihrem Leben erfahren. Ich wollte wissen, was das für Menschen waren, bevor sie Flüchtlinge geworden sind, denn „Flüchtling" ist kein Beruf. Mich haben der Alltag und die Normalität, die es vor der Flucht gab, interessiert. Und was heißt es, wenn nach der Flucht dann nichts anderes an die Stelle dessen tritt, was verloren gegangen ist. So viele Menschen sterben bei den Überfahrten auf der Flucht. Und die, die hier ankommen, sind oft nur zufällig die, die überlebt haben, sind genau solche Menschen wie die, deren Tod wir in den Nachrichten täglich zur Kenntnis nehmen. Sind Menschen, die aus ganz verschiedenen Gründen fliehen mussten und aus ganz verschiedenen Ländern kommen. Sobald man mit Einzelnen spricht, versteht man: Das Politische spiegelt sich in einem ganz konkreten Leben wider.

DIE ZEIT: Wenn man Ihren Roman liest, wird man stark in die Identifikation mit den Figuren gezogen. Gleichzeitig geht von Ihrem Buch auch ein politisches Statement aus. Simpel gesprochen: Gegen Dublin II beziehungsweise Dublin III[5], gegen ein Grenzregime, das sich vor den Flüchtlingsströmen abriegelt. Kann man Sie festnageln auf die Forderung: Macht die Grenzen auf?

JENNY ERPENBECK: Ja, zum Beispiel. Warum nicht? [...]

ILIJA TROJANOW: Mal angenommen, die Leser gehen aus dem Roman heraus mit der Vorstellung, alle Grenzen zu öffnen, dann ist ja nichts Schlechtes daran. Denn das ist ja eine der Urfunktionen von Literatur, Gegenentwürfe zu präsentieren. Eine Realität zu imaginieren, die sich unterscheidet von der vermeintlichen Evidenz der herrschenden

Verhältnisse. Die Frage ist nur, ob die Erzähltechniken, die reflexiven Ebenen und die zwingend erzählten Biografien die Leser überzeugen von diesem Entwurf. [...]

Ijoma Mangold: Politische Literatur: Gegen die herrschende Klasse. Interview von Ijoma Mangold mit Jenny Erpenbeck, Ilija Trojanow und Ulrich Peltzer, DIE ZEIT 41/2015 (08.10.2015), https://www.zeit.de/2015/41/literatur-politik-gesellschaft-ilija-trojanow?utm_referrer=https%3A%2F%2Fwww.google.com%2F).

Anmerkungen

1 Thesenroman – Roman, dessen Inhalt von einer wissenschaftlichen, religiösen oder ideologischen These bestimmt wird; die dargestellte Geschichte und auftretende Figuren spielen eine untergeordnete Rolle
2 Dreyfus-Affäre – der französische Schriftsteller Émile Zola (1840–1902) ergriff in diesem Justizskandal zugunsten des unrechtmäßig verurteilten Alfred Dreyfus Partei
3 Gesinnungsästhetik – abwertende Bezeichnung für eine Form von Kunst bzw. Literatur, die sich politischen oder moralischen Zielen, evtl. auch auf Kosten der ästhetischen Gestaltung, verpflichtet fühlt
4 In dem Roman *Gehen, ging, gegangen* (2015) erzählt Jenny Erpenbeck vom Schicksal afrikanischer Flüchtlinge in Berlin.
5 Die Bezeichnungen „Dublin II" und „Dublin III" beziehen sich auf Verordnungen der Europäischen Union zur Regelung der Durchführung von Asylverfahren.

Hinweis

Jenny Erpenbeck, geboren 1967 in Ost-Berlin, ist Schriftstellerin. Ulrich Peltzer, geboren 1956 in Krefeld, und Ilija Trojanow, geboren 1965 in Sofia (Bulgarien), sind Schriftsteller.

Material 4 Harald Martenstein: Über engagierte Literatur (2015)

Sie fragen nach der engagierten Literatur? Ob es die wieder in stärkerem Maße geben sollte? Da frage ich zurück: Wozu soll das gut sein? Was soll das bewirken? Vorbilder, nach denen andere Menschen sich in größerer Zahl eventuell richten, arbeiten heutzutage fürs Fernsehen, fürs Kino oder im Musikbusiness. Wer engagierte Literatur
5 schreibt, ist ein eitler Fratz, der sich überschätzt. Der will sich vor den Spiegel stellen, sich selbstverliebt übers Haar streichen und sagen: „Schaut her, ein engagierter Autor. *Je suis Sartre.*"[1] [...]

Um mich engagieren zu können, müsste ich mir meiner eigenen Meinung sicher sein und Antworten besitzen, kurz, ich müsste das Gegenteil eines interessanten Autors
10 sein. Ich schreibe einen Roman, wenn ich eine Frage habe, auf die ich keine Antwort weiß. Deshalb erzähle ich eine Geschichte, um dabei selbst klüger zu werden, um zu suchen und nicht, um anderen etwas beizubringen. Ich bin nicht Jesus, *I am only the piano player.* Wenn ein Buch uneindeutig ist, wenn es mehrere Sichtweisen zulässt, wenn es mich an meinen wackligen Ansichten zweifeln lässt, wenn ich über die Guten
15 wütend werde und um die Bösen weine, wenn ich mich im Kopf eines Menschen befinde, der ein bisschen anders tickt als ich, dann ist es für mich ein gutes Buch. [...]

Harald Martenstein: Über engagierte Literatur, DIE ZEIT 42/2015 (15.10.2015), https://www.zeit.de/zeit-magazin/2015/42/harald-martenstein-literatur-engagement.

Anmerkung

1 Je suis Sartre (frz.) – Ich bin Sartre.

Hinweis: Harald Martenstein (*1953) ist ein deutscher Schriftsteller und Journalist.

Material 5   Peter Stamm: Mein Kerngeschäft besteht aus Nichtstun (2015)

[…] Pragmatiker mögen sagen, auch ein Buch sei Teil der Welt, unterhalte, beglücke, belehre die Menschen. So leicht lassen wir uns nicht täuschen. Der Produktcharakter des Buches ist für den Verlag, für den Handel, sogar für den Autor als wirtschaftliches Subjekt von Bedeutung, aber kein ernsthafter Autor denkt während des Schreibens daran. So sehr die Leserinnen und Leser unsere Texte lieben mögen – es bleibt, Literatur hat keinen Zweck, keine Funktion im Räderwerk der Welt. […] Wie aber gehen wir mit dem Wissen um unsere Bedeutungslosigkeit um? Die einen flüchten sich in die Selbststilisierung, werden zu Schriftsteller-Darstellern, zu Schwierigen, Unnahbaren, Zerknirschten; zu Aussenseitern halt, von denen ohnehin niemand etwas erwartet und deren Leiden ihre Unproduktivität rechtfertigen soll. Andere schreiben so dicke Bücher, dass man gar nicht anders kann, als ihren Fleiss und ihre Ausdauer zu bewundern. […]. Eine dritte Taktik ist das Auftrumpfen mit ausserliterarischen Leistungen. […]. Aber Hand aufs Herz: Wann haben Sie zum letzten Mal einen wirklich erhellenden, politischen Essay[1] von einem Schriftsteller oder einer Schriftstellerin gelesen? Ich meine einen, der uns nicht einfach mit schönen Worten das erzählt, was sowieso alle anständigen Menschen denken. […]

Weshalb auch sollten ausgerechnet Schriftsteller, die sich einen guten Teil ihrer Zeit in fiktiven Welten bewegen, dazu berufen sein, die Realität zu analysieren? Es gibt eine Wahrheit in der Literatur, die tiefer geht als jede Essayistik. Sie entsteht dann, wenn der Text – wie Lichtenberg[2] einmal sinngemäss sagte – klüger ist als sein Autor. Schriftsteller sind keine Intellektuellen per se, sie sind Künstler, Gaukler, Zauberer, wie Thomas Mann von seinen Kindern genannt wurde. Politisch sind sie – wenn sie sich nicht im Mainstream treiben lassen – nur zu oft naiv. Wer will sich noch an die politischen Äusserungen von Ezra Pound, Knut Hamsun, dem alten Günter Grass, Gottfried Benn und von vielen anderen erinnern? So verdiente Autoren wie Gerhart Hauptmann, Robert Musil, Thomas Mann und selbst Stefan Zweig begrüssten freudig den Ausbruch des Ersten Weltkrieges, auch wenn manche sich später nicht mehr daran erinnern mochten. […] Es darf nicht sein, dass wir versuchen, das Geschrei der SVP-Plakate[3] mit noch lauterem Geschrei zu übertönen. Literatur ist das Gegenteil von Polemik. Literatur befreit die Sprache, Polemik missbraucht und beschädigt sie. […]

Peter Stamm: Mein Kerngeschäft besteht aus Nichtstun. Eröffnungsrede des Bücherfestivals „Zürich liest", in: TagesAnzeiger vom 22.10.2015. © 2015 Peter Stamm.

Anmerkungen
1 In dem Text grenzt Stamm das Schreiben literarischer Texte, das er als eigentliches Tätigkeitsfeld des Schriftstellers begreift, vom Verfassen politischer Essays ab.
2 Georg Christoph Lichtenberg (1742–1799) war u. a. Schriftsteller. Auch die im Fortgang des Textes angeführten Thomas Mann (1875–1955), Ezra Pound (1885–1972), Knut Hamsun (1859–1952), Günter Grass (1927–2015), Gottfried Benn (1886–1956), Gerhart Hauptmann (1862–1946), Robert Musil (1880–1942) und Stefan Zweig (1881–1942) waren Schriftsteller.
3 Bei der SVP (Schweizer Volkspartei) handelt es sich um eine nationalkonservative, rechtspopulistische Partei in der Schweiz.

Hinweis: Peter Stamm (*1963) ist Schriftsteller.

Die Rechtschreibung aller Materialien entspricht der jeweiligen Textvorlage.

> **TIPP** Bearbeitungshinweise

Die Aufgabe hebt sich durch ihre **Komplexität** von anderen Aufgabenformaten ab. Denn Ihr Text ist nicht durch die übliche Dreiteilung der Aufgabenstellung vorstrukturiert, sondern Sie müssen ihn ganz allein gliedern. Zwar können Sie sich in Ihrem Essay grob an der Struktur einer klassischen Erörterung orientieren – aber von Ihnen wird auch verlangt, dass Sie **sich von der strengen Gliederung einer Erörterung lösen:** Der Aufbau eines Essays ist eher **assoziativ**, muss aber trotzdem einem **roten Faden** folgen.

Dadurch, dass Sie das Thema aus mehreren Perspektiven beleuchten, einige Argumente bringen sollen und Sie im Vorfeld entscheiden müssen, welche Argumente Sie gut ausführen können, ist es wichtig, dass Sie sich für die **Vorarbeit genügend Zeit** nehmen – aber ohne die Uhr aus dem Blick zu verlieren: Sie haben insgesamt 300 Minuten Zeit.

Markieren Sie sich zunächst **in der Aufgabenstellung**, was Sie diskutieren müssen: Sie sollen der Frage nachgehen, ob Schriftstellerinnen und Schriftsteller in ihren literarischen Texten politisches Engagement zeigen sollten. Das Modalverb „sollten" deutet dabei eher auf eine **Empfehlung** als auf eine Verpflichtung hin.

Berücksichtigen Sie auch, welche **Adressaten** Ihr Text anspricht, welcher **situative Kontext** und **kommunikative Rahmen** vorgegeben ist: Stellen Sie sich vor, dass Sie mit Ihrem Deutschkurs während der Projekttage „Engagement hat viele Gesichter" mehrere Tage der Argumentationsfrage nachgegangen sind. Bauen Sie also viel **eigenes Wissen und Leseerfahrung** (eigene oder durch Schullektüren gesammelte) mit ein. Sie schreiben für das Begleitheft Ihrer Projekttage: Ihr Beitrag sollte also nicht zu ausufernd werden und für Ihre Mitschülerinnen und Mitschüler interessant sein; aber auch Eltern und Lehrkräfte werden Ihren Text bestimmt lesen.

Für die Vorarbeit des Essays ist es auch wichtig, dass Sie sich bereits **für eine Position entscheiden**, damit Sie beim Schreiben immer im Blick haben, worauf Sie hinauswollen. Argumente und Ideen für Ihren Essay finden Sie während der Vorarbeit am einfachsten, wenn Sie in einer zweispaltigen **Tabelle These und Antithese** formulieren und sich sorgfältig Notizen machen. Neben Ihren **eigenen Argumenten und Beispielen** hilft Ihnen das **Materialdossier** von fünf Texten, Ihre Argumentation mit Erläuterungen, Positionen und Beispielen zu erweitern. Achten Sie darauf, dass Sie die Materialien „ausschlachten", sich aber nur auf relevante Aspekte beziehen und Positionen nicht einfach distanzlos übernehmen. Es sollte immer Ihre eigene Gedankenführung bleiben. Notieren Sie sich stets die **Materialnummer** zu Ihren Notizen, damit Sie sich später schnell orientieren können.

Denken Sie beim Schreiben auch an die **rhetorische Gestaltung**. Bauen Sie – ähnlich wie in einer Rede – geschickt, aber ohne den Text damit künstlich zu überfrachten, Stilmittel ein. Hier eignen sich z. B. rhetorische Fragen, parallele Satzstrukturen, Ellipsen oder Anaphern.

Lösungsvorschlag

Engagiertes Schreiben: Pflicht oder Kür? — Überschrift

Klimakatastrophe – Flüchtlingskrise – Krieg – Rechtsextreme im Parlament – Staatliche Kontrolle des Individuums ... Wo man hinsieht: **Krisen und Katastrophen**. Am besten lässt man den Fernseher aus, meldet sich aus den sozialen Netzwerken ab und wendet sich nur den schönen Dingen des Lebens zu. Alles fühlt sich dann so leicht an: Statt der regional kultivierten Tomaten die spanischen zu kaufen, spart Geld, und normale Baumwolle fühlt sich auch nicht schlechter an als nachhaltig produzierte Bio-Baumwolle; wenn ich keine Nachrichten lese, rückt das Problem des erstarkenden Rechtsextremismus in weite Ferne, ebenso wie das Schicksal der Flüchtlingsfamilie, deren Kinder eigentlich ganz fröhlich unter meinem Fenster auf dem Spielplatz spielen. Den Reflex, sich von den Problemen dieser Welt abzuwenden, kennt sicher jeder: Es ist besser für die eigene „mental health". — Interesse weckender Einstieg

Aber: Sich bequem zurückzulehnen, das gefällt unserer Generation nicht. Jeder hat eine Verantwortung, ja eine **Verpflichtung, sich für eine bessere Welt einzusetzen**. Dazu braucht es zwei Dinge: tiefe Betroffenheit und ein nachhaltiges Bewusstsein für die realen Probleme unserer Zeit. An der Schule haben wir das Glück, über den Unterricht oder über Projekttage zu problembewussteren Menschen werden zu können. Aber das reicht nicht: Die gesamte Bevölkerung muss erreicht werden, um etwas zu bewirken. Im Klartext: Jedes Medium sollte sich verpflichten, sein Potenzial für eine bessere Welt auszuschöpfen: Social Media, Zeitungen, Zeitschriften, Fernsehen, Sachbücher, aber auch die Literatur. — Hinführung zum Aufgabenkontext: Projekttage

Moment. **Auch die Literatur?** Also Geschichten schreiben für eine bessere Welt? Weniger *Harry Potter* und mehr *Carbon Diaries*, der Roman von Saci Lloyd, der die katastrophenhaften Auswirkungen des Klimawandels in düster-dystopischer Form greifbar macht? Weniger Wirklichkeitsflucht und Abtauchen in fantastische Geschichten und dafür mehr Realismus? — Überleitung zur Fragestellung

Sollen sich Schriftstellerinnen und Schriftsteller in ihren Büchern für gesellschaftlich relevante Themen engagieren, eine Aufgabe übernehmen, die „nicht unbedingt eine genuin literarische Funktion ist", wie der Autor Ulrich Peltzer zu bedenken gibt? Das hat sich unser Deutschkurs während der Projekttage „Engagement hat viele Gesichter" gefragt. — Bezug zu M 3 / Bezug zum situativen Rahmen

Die bekannte Autorin **Juli Zeh** wünscht es sich. Sie fordert, dass sich Intellektuelle, also auch Schriftstellerinnen und Schriftsteller, **viel häufiger einmischen** sollten, um den Blick auf die Politik und das Soziale nicht nur Politikern und Journalisten zu überlassen. Sie selbst setzt diese Maxime in ihren spannenden Romanen konsequent um: In *Corpus Delicti* zeichnet sie die düstere Zukunftsvision einer Gesundheitsdiktatur, in der der Staat das Gesundheitsverhalten seiner Bürgerinnen und Bürger kontrolliert und Fehlverhalten hart sanktioniert. Diese apokalyptische Dystopie lässt uns darüber nachdenken, inwiefern der Staat in die Privatsphäre eines jeden eingreifen darf – und schon stehen wir der Speicherung unserer Gesundheitsdaten viel **kritischer** gegenüber.

Pro-Argumentation
Wissen aus dem Unterricht: Pflichtlektüre
Pro-Argument

Juli Zeh ist nicht die einzige Autorin, die sich gegenwärtig einer engagierten Literatur verpflichtet. Der schweizerisch-deutsche Schriftsteller **Jonas Lüscher** unterzieht in seiner 2013 veröffentlichten Novelle *Frühling der Barbaren* den Kapitalismus und die Globalisierung einer bitterbösen Kritik. Er ist überzeugt, gerade Schülerinnen und Schülern mit seiner Geschichte von Touristen in einem tunesischen Wellnesshotel ein „kritisches Weltverständnis" näherbringen zu können. Bestätigt sieht er sich durch zahlreiche Gespräche an Schulen. Und er hat recht: **Gerade wir jungen Leserinnen und Leser sind empfänglich für diese Art der Darstellung von Problemen**, die durch gut erzählte Geschichten greifbarer werden als durch sachlichen Politikunterricht. Bücher wie *The Hate U Give* von Angie Thomas vermitteln uns einen beklemmenden Eindruck vom amerikanischen Rassismus, sie klären auf, rütteln wach, machen traurig oder wütend: Diese Wut oder Trauer braucht man vielleicht, um sich zu engagieren.

Bezug zu M 2
Pro-Argument
eigene Leseerfahrung

Aber ist das nicht nur ein Tropfen auf dem heißen Stein? Ist die **Wirkung von literarischen Texten** nicht **viel zu gering** und daher die Forderung unnütz, dass sich viel mehr Autoren mithilfe ihrer Werke engagieren sollten? Greta Thunberg folgen mehr als 3,5 Millionen Menschen allein auf Instagram; die Verkaufszahlen von Juli Zehs erfolgreichem Roman *Corpus Delicti* bewegen sich dagegen bisher „nur" im sechsstelligen Bereich. **Politische Veränderungen werden von anderen Medien angestoßen**, meint auch der Kolumnist und Autor Harald Martenstein 2015 im ZEITmagazin.

Überleitung zur Kontra-Seite
eigenes Wissen
Kontra-Argument Bezug zu M 4

Außerdem **kann** nicht jeder Schriftsteller, **nicht jede Schriftstellerin engagierte Literatur verfassen**. „Wer engagierte Literatur schreibt, ist ein eitler Fratz, der sich überschätzt", wettert Harald Martenstein. Als Engagierter müsse man Lösungen parat haben. Wie die Politiker. Man müsse sich sicher sein. Dagegen Martenstein: „Ich

Kontra-Argument Bezug zu M 4

bin nicht Jesus", vielmehr „schreibe [er] einen Roman, wenn [er] eine Frage habe, auf die [er] keine Antwort weiß".

Aber leider gibt es genau solche Romane, deren **Engagement in die falsche Richtung** läuft: Nicht selten sind sie erfolgreich und fordern vehement nicht umsetzbare Lösungen oder rufen zu falschem Aktivismus auf. Und ist fiktional vermitteltes Engagement nicht gerade viel gefährlicher als sachlich-nüchterner Journalismus, der sich reinen Fakten und der Wahrheit verpflichtet? Wenn ein Schriftsteller politische Zusammenhänge subjektiv gefärbt darstellt, es mit der Wahrheit nicht so genau nimmt und nicht richtig recherchiert oder sich grundsätzlich auf seine künstlerische Freiheit beruft, kann das verheerende Auswirkungen haben. Denn **auch diese Geschichten können bei den Rezipienten Betroffenheit auslösen und ihr Engagement nachhaltig beeinflussen.** Bücher wie *Die letzten Kinder von Schewenborn* oder *Die Wolke* von Gudrun Pausewang, die verwaiste Kinder apokalyptische Szenarien nach einem atomaren Super-GAU erleben lassen, rütteln zwar auf, spielen aber auch mit der Angst von jungen Menschen, die in unserer Elterngeneration oft heute noch weiterlebt.

Kontra-Argument

Beispiele: eigene Leseerfahrungen, Wissen aus dem Unterricht, Gespräche mit Eltern

Sich schreibend zu engagieren, öffnet darüber hinaus für unbegabte Schreibende Tür und Tor: Die literarischen Texte laufen Gefahr, als **bloße Tendenz- oder Thesendichtung** daherzukommen, bei der es vor allem um die Vermittlung von Ideologien geht und die ästhetische Gestaltung vernachlässigt wird. Wie soll auch ein Kunstwerk gelingen, wenn die politische Botschaft im Hinterkopf werkelt? Wenn der Schreibende darauf achtet, das Engagement nur literarisch zu verpacken? So hat man auch den epischen Dramen von Bertolt Brecht vorgeworfen, dem Publikum mit dem didaktischen Holzhammer die immer gleiche politische Botschaft einzuhämmern: „Kapitalismus ist böse!" Politisches Engagement droht, die Literatur dazu herabzuwürdigen, nur einen Zweck zu erfüllen: sich auf die Realität zu beziehen, sie zu bewerten.

Kontra-Argument Bezug zu M 1

Das könne Literatur aber grundsätzlich nicht, davon ist der Autor Peter Stamm überzeugt und stellt sich damit in die Tradition der Klassiker Goethe und Schiller. Schriftsteller seien **Künstler**, Gaukler und **der Realität nicht verpflichtet**. Sie befreien die Sprache aus ihrer Funktionalität. Politisches Engagement in Literatur – undenkbar! Polemik und Politik würden sie missbrauchen.

Kontra-Argument Bezug zu M 5 und M 1

Es scheint also besser zu sein, man lässt allen Schriftstellerinnen und Schriftstellern die Freiheit, autonome Literatur zu verfassen: **L'art pour l'art** – unabhängig von einem bestimmten Zweck, unabhängig

vorläufiges Urteil Bezug zu M 1

von jeglicher Nützlichkeit. Also bloß keine Politisierung, da diese doch zu viele Gefahren birgt?

„Engagierte Literatur" hat den Anspruch, **nicht in der Tendenzdichtung** verhaftet zu bleiben, sondern gesellschaftlich relevante Themen „mit den Mitteln der Literatur" vorzutragen und zu verfechten. Professionell recherchierte Geschichten und Einzelschicksale im Sinne der „Éducation sentimentale", der **Herzensbildung**, die aufrütteln und unseren Blick auf vorher für uns Unsichtbares lenken, unseren Horizont erweitern, das wollen wir! Wenn Probleme mit der Macht der Sprache nachhaltig fühlbar gemacht werden, kann das der Impuls für Engagement sein. Schicksale, die in Erinnerung bleiben.

> Entkräften von Kontra-Argumenten
> Erläuterung:
> Bezug zu M 1
> Bezug zu M 2

Und gegen schlechte Recherchen und verzerrte Perspektiven haben wir ein gut funktionierendes **Korrektiv: die Literaturkritik**. Wer kauft schon gerne einen Roman, dem unterstellt wird, die öffentliche Meinungsbildung mit Unwahrheiten zu beeinflussen?

> Entkräften von Kontra-Argumenten

Dass man durch Literatur weniger Leute erreicht als über soziale Medien oder das Fernsehen, sollte kein Hinderungsgrund sein, engagierte Literatur zu verfassen – sondern die Erfolge sollten Autoren bestärken, es anderen nachzutun: Juli Zeh erreicht vielleicht nicht so viele Leute wie Greta Thunberg auf ihrem Instagram-Account. Aber **jeder und jede Einzelne**, der erreicht wird, **zählt**. Jeder Einzelne kann dazu beitragen, unsere Welt besser und humaner zu machen.

Die Autorin **Jenny Erpenbeck** schreibt Schriftstellern eine „**Weltanschauungskompetenz**" im wörtlichen Sinne zu: Politik komme auf natürliche Weise in die Literatur. Durch ihren Roman *Gehen, ging, gegangen* prägen sich Einzelschicksale von Geflüchteten sicher noch besser ein als über Posts in den sozialen Medien. Die Schriftstellerin **Amanda Lasker-Berlin** geht sogar noch einen Schritt weiter: Sie erklärte uns eindrücklich, dass für sie Literatur nur politisch sein kann, da ihre Figuren sich in Kontexten, Konstrukten und Wirklichkeiten bewegten, die sie prägen. Das, was sie tun, wirke sich auf ihr Umfeld aus und das Umfeld auf sie, sodass sie einen sozialen Raum prägen, ihn also politisch mitgestalten. In ihrem Roman *Elijas Lied* erscheinen den Rezipienten die rechtsextremen Gedanken der Figur Loth plötzlich so nah, dass man nur Wut und Ablehnung – und damit echtes Engagement – entwickeln kann.

> Bezug zu M 3
> Wissen aus Gespräch mit Autorin

Diese Idee ist nicht neu: Der politisch engagierte und steckbrieflich gesuchte **Georg Büchner** hat in dem wahrscheinlich ersten deutschsprachigen sozialen Drama, dem Fragment *Woyzeck*, schon 1836 das erschütternde Schicksal seines Protagonisten sprachgewaltig in Szene gesetzt: Der soziale Underdog, getreten, gestoßen, gedemütigt, geknechtet und zuletzt von seiner Partnerin verlassen, wird zum

> Wissen aus dem Unterricht: Pflichtlektüre

Mörder – sicherlich hat Woyzecks Schicksal bisher mehr als 3,5 Millionen Leserinnen und Leser tief betroffen gemacht und für soziale Missstände sensibilisiert.

Literatur vermag also noch **mehr als andere Medien:** Kein Medium kann so tiefe Einblicke in die Gedankenwelt von Figuren geben, damit die sozialen und politischen Zwänge nachvollziehbar machen, unter denen sie leiden, und so die Leserschaft aufrütteln. Deshalb sollte zwar kein Zwang bestehen, als Schriftsteller engagierte Literatur zu verfassen. Aber wer es kann, der sollte seine Sprachgewalt unbedingt nutzen – für eine bessere Welt. Fazit

Hessen Deutsch • Abiturprüfung 2022
Leistungskurs • Vorschlag C

MACHTAUSÜBUNG DURCH SPRACHE

Erlaubte Hilfsmittel
- ein Wörterbuch der deutschen Rechtschreibung
- Textausgaben der Pflichtlektüren ohne Kommentarzeichen, ggf. mit Worterläuterungen
- eine Liste der fachspezifischen Operatoren

Dieser Vorschlag bezieht sich auf die Pflichtlektüren Georg Büchner: *Woyzeck* und Johann Wolfgang von Goethe: *Faust I*.

Aufgabenstellung

1 Fassen Sie den vorliegenden Auszug aus Angela Lehners Roman *Vater unser* zusammen und analysieren Sie das Gesprächsverhalten der beiden Figuren. (Material) (40 BE)

2 Erläutern Sie – auch unter Rückbezug auf den vorliegenden Textauszug aus Lehners *Vater unser* (Material) – das jeweilige Arzt-Patienten-Verhältnis in Büchners Drama *Woyzeck* (Szene „Beim Doktor") und Goethes Drama *Faust I* (Szenen „Vor dem Tor" V. 981–1055 und „Studierzimmer II" V. 2001–2036). (35 BE)

3 In Goethes Spruchsammlung *Maximen und Reflexionen*, die nach seinem Tode 1833 erschien, bemerkt Goethe: „Wer klare Begriffe hat, kann befehlen."

Aus: Goethes Werke. Hamburger Ausgabe in 14 Bänden, hg. v. Erich Trunz, Band XII, München 1981, S. 546

Diskutieren Sie – ausgehend von diesem Zitat und auch unter Berücksichtigung Ihrer Ergebnisse aus Aufgabe 1 und 2 – das Verhältnis von Sprache und Macht. (25 BE)

| Material | Angela Lehner: Vater unser (2019)

Die Protagonistin des Romans, Eva Gruber, ist zwangsweise, aber ohne Angabe von Gründen in eine psychiatrische Klinik eingewiesen worden. Am vierten Tag hat sie das erste Gespräch mit ihrem Psychiater.

Wer nicht mehr neu ist, braucht auch nicht mehr in den grünen Papierhandtuchanzügen herumzulaufen. Stattdessen habe ich ein ansehnliches Repertoire an Jogginganzügen zur Verfügung gestellt bekommen. Ich muss sagen, das ist gar nicht so schlecht: Den ganzen Tag in Gummizug-Hosen flanieren und zu den Fütterungszeiten im Aufenthaltsraum abhängen. Urlaub in Lignano[1] ist auch nicht viel anders.

Meine Schritte hallen durch den Gang. Und es hilft nichts, man muss es sagen: Der Gang ist schon schön. Da herrscht noch der Glanz anderer Zeiten. In den Patientenpavillons hört das ja gleich auf mit dem Schein, sobald man das Stiegenhaus verlässt und durch die Stationstür geht. Da beginnt der Plastikboden, und womit könnte man besser ausdrücken, dass man am Boden der Tatsachen angekommen ist, als mit Plastikboden; ja, Plastikboden ist eigentlich tatsächlich der Boden der Tatsachen. Aber hier auf den Gängen im ambulanten Therapiegebäude gibt es kein Plastik. Die blauen Ornamente begleiten einen vom Erdgeschoss über vier Stockwerke hinweg. Bis ins Dachgeschoss, wo Doktor Korb sein Büro hat. Bevor ich eintrete, bleibe ich stehen und luge[2] in das Zimmer. Doktor Korb nickt mir, eine Hand an der Türklinke, zu.

Ich trete über die Schwelle, mache ein paar Schritte, bleibe mitten im Raum stehen und warte. Er schließt die Tür, geht an mir vorbei zu den Sitzmöbeln, bedeutet mir dann wieder mit einem Nicken, dass ich weitergehen soll. Als führte er mich an einer unsichtbaren Leine. Und genau wie ein braves Hündchen trotte ich seiner Halbglatze hinterher und mache Platz. Auf einem Diwan[3], der mit speckigem Leder bezogen ist. Die eine Seite flach, auf der anderen bäumt sich in elegantem Bogen eine Lehne auf. Als hätte sich ein Ohrensessel mit einem Bett gepaart. Ich rücke ein Stück nach rechts, und einer der Knöpfe, die sich in gleichmäßigen Abständen auf dem Speckbezug verteilen wie Fettaugen auf einer Wurstscheibe, gibt ein Geräusch von sich. Ich rücke noch ein Stück weiter, um Missverständnisse zu vermeiden. Doktor Korb setzt sich mir gegenüber in einen Ohrensessel, der im gleichen Stil gehalten ist wie der Diwan.

Hinter ihm steht ein großer Schreibtisch, Mahagoni, denke ich. Nicht, dass ich wüsste, wie Mahagonimöbel aussehen, aber wenn sie tatsächlich existieren, dann wohl in diesem Büro. Regale aus demselben Holz, Bücher, Zertifikate. An der gegenüberliegenden Wand eine Vitrine. Flaschen voller bernsteinfarbenem Alkohol. Ich schnaube und merke, wie Doktor Korb mich beobachtet. Da entdecke ich auf dem niedrigen Tisch zwischen ihm und mir ein Schälchen mit bunten Holzfrüchten. Ungläubig nehme ich einen rot bemalten Holzapfel und rieche daran. Badezimmer, denke ich und freue mich. Ich schaue zu Doktor Korb hinüber und halte den Apfel in die Höhe.

Er verzieht keine Miene. Er scheint den Apfel nicht lustig zu finden und auch nicht die kleine Holzbanane oder die blaue Himbeere, die genauso groß wie die Banane ist. Die Holzfrüchte, den bernsteinfarbenen Alkohol, sein ganzes klischeedurchtränktes Büro: nichts davon findet dieser Korb lustig. Kurz frage ich mich, ob ich ihm eine Freude machen und mich über den Diwan werfen sollte, wie eine Diva im Schwarz-Weiß-Film. Ein Handgelenk an der Stirn, das andere am Bauch, seufzen. Nur um das Bild eines Psychiater-Büros für ihn zu komplettieren. Vollendung, denke ich mir, ist immer ausreizbar.

Korb bleibt stumm, und ich höre eine Uhr ticken, nach der ich mich nicht mehr umzudrehen brauche. Die Lücken im Kopf haben sich geschlossen, spätestens seit den Holzfrüchten weiß ich alles über diesen Raum.

Nach einer weiteren Minute sagt Korb: „Guten Tag."

Ich wundere mich.

„Guten Tag", sag ich.

Dann nickt Korb und sagt wieder: „Guten Tag."

Ich lächle, vielleicht steckt doch Humor in diesem Menschen. Ich hebe die Hände neben die Ohren und beginne, mit ihnen zu wackeln, während ich auf dem Diwan von links nach rechts schaukle: „Gutentag, Gutentag, ich will mein Leben zurück"[4], sag ich.

Stille. Dann notiert Doktor Korb sich etwas auf dem Klemmbrett.

„Wissen Sie", sag ich, „die richtige Lampe fehlt noch."

„Wie bitte?", Korb hebt den Kopf.

„Na ja, im Zimmer hier: eine Lampe."

„Soll ich das Licht einschalten?", fragt er.

„Nein", sag ich und komme nicht umhin, die Augen zu verdrehen. Schließlich ist es helllichter Tag. Die Sonne knallt durch die Fenster herein, und auch Doktor Korb schwitzt unter seinem weißen Arztkostüm wie die Neueinlieferungen in ihren Papierhandtuchanzügen.

„Für den Schreibtisch", sag ich und deute überflüssigerweise mit dem Kinn zum Tisch, als wüsste er nicht selbst, wo er steht.

„So eine kleine grüne", sag ich und beuge mich nach vorne. Ich lege die Hände auf den Couchtisch und fahre dann in der Luft die Form der Lampe nach. Auch imaginäre Lampen müssen auf echten Tischen stehen.

„So", sag ich, „hier golden und da oben grün." Ich ziehe die Hände auseinander: „Grünes Glas." Ich richte mich wieder auf und rutsche auf dem Diwan nach hinten: „Wie in den Bibliotheken", sag ich, „in den alten. Am Heldenplatz[5] zum Beispiel."

Korb schaut zur Seite, nickt. Einen Moment lang befürchte ich, er könnte gleich wieder „Guten Tag" sagen. Deswegen beschließe ich, die Situation selbst zu retten. Ich starte die Therapie einfach mal alleine, der Arzt kann ja später einsteigen.

„Ich bin Eva Gruber", sag ich. „Mit meiner Familie ist es schwierig."

Doktor Korb nickt. Das ist zumindest ein Anfang.

„Mein Vater", sag ich, „hat sich umgebracht."

Er nickt wieder.

„Und meine Mutter ist ja auch tot."

Der Arzt zieht die Augenbrauen zusammen.

„Meinen Bruder", sag ich, „hab ich alleine großgezogen."

Ich lege den Kopf schief und schwelge in der Erinnerung: „Jaja", sag ich, „das waren noch Zeiten."

Ich lehne mich vor und schaue dem Psychiater in die Augen: „Wir haben wirklich ein inniges Verhältnis, mein Bruder und ich. Ich habe ihn ja gewissermaßen alleine am Leben erhalten. Wissen Sie, an meinen metaphorischen Zitzen hab ich ihn gesäugt, wie bei diesen Wölfen in Rom."

Mit der Hand mache ich eine kreisende Bewegung vor meiner linken Brust: „Wissen Sie, was ich meine?"

Der Arzt hebt den Blick von meiner Brust und schaut mir ins Gesicht: „Was?"

„Wölfe in Rom", sag ich, „sind Sie total ungebildet, oder was? Diese Legende. Die Menschen haben an den Zitzen von dem Wolf getrunken, in Rom; oder die Wölfe an den Zitzen von den Menschen. Umgekehrt würde es aber mehr Sinn machen. So ein Wolf hat ja mehr Zitzen zum Andocken."

Wieder lasse ich meine Hände vor den Brüsten kreisen und denke nach. „In Deutschland", sag ich, „soll es ja auch wieder Wölfe geben."

„Frau Gruber", unterbricht Doktor Korb mich.

„Ja?", sag ich und lasse die Hände sinken.

„Wissen Sie, warum Sie hier sind?", fragt er.

„Ja", sag ich und stecke die Hände in die Hosentaschen.

Es ist beruhigend zu sehen, dass der Arzt jetzt auch an der Therapie teilnimmt.

„Können Sie mir dann bitte in eigenen Worten erzählen, warum Sie hier am OWS aufgenommen wurden?"

„OWS" ist Slang für Otto-Wagner-Spital, die Leute hier nutzen es wie Studierende die Wörter „Bib"[6] oder „Stip"[7]. Das OWS ist die Hood[8] vom Korb. Darum merkt er nicht, dass er Slang redet. Er schaut mich abwartend an.

„Hergekommen bin ich mit der Polizei. Vor drei Tagen."

Ich nicke: „Fast schon vier Tage bin ich da."

Korb stimmt mir zu.

„Richtig", sagt er, „wir sind uns also einig, seit wann Sie da sind und wie Sie hergekommen sind. Das Warum müssten wir noch klären."

Ich nehme das Gummiband, das ich ums Handgelenk trage, und binde mir die Haare zusammen. „Also, die Polizei hat mich geholt. Ich war da sehr kooperativ, muss ich sagen. Ich bin eingestiegen, und dann hat man mich hergebracht. Gut", sag ich, weil mir die Therapie jetzt schon auf die Nerven geht. Ich klatsche mir mit den Händen auf die Schenkel: „War auch ein bisschen viel heute. Wir sehen uns ja morgen wieder."

Ich lächle Korb an, stehe auf und gehe zur Tür. Ich drücke die Klinke nach unten, aber die Tür bewegt sich nicht: abgesperrt. „Korb", sag ich und drehe mich um, „das wäre so ein cooler Abgang gewesen. Sie haben es mir versaut."
„Frau Gruber", sagt er, „das ist keine Show, das ist Ihre Therapie."
120 „Ja", sag ich und gehe zum Diwan zurück, „wenn das meine Show wäre, würde es auch bessere Snacks geben." Ich deute auf die Schüssel mit den Duftfrüchten.
„Warum sperren Sie überhaupt die Tür ab?", ich fläze mich wieder auf das Möbel. „Das ist ja schon grenzwertig. Ein grenzwertiger Mensch sind Sie."
„So ist das bei mir", sagt Korb und lehnt sich jetzt ebenfalls entspannt zurück. Es ist,
125 als hätte sich gerade was aufgelöst zwischen uns. „Sie können auch gern zum Kollegen wechseln. Bei mir bleibt die Tür zu."
„Schon gut", sag ich und hebe die Hände, „kein Grund, gleich beleidigt zu sein."
Korb hält wieder das Klemmbrett im Anschlag und wartet, dass ich weiterspreche. Na gut, denke ich.

Angela Lehner: Vater unser, Berlin: Hanser 2019, S. 25–31.

Hinweise

Angela Lehner (*1987), österreichische Schriftstellerin, erhielt für ihren Debütroman *Vater unser* mehrere Literaturpreise.

Die Rechtschreibung entspricht der Textvorlage.

Anmerkungen
1 Lignano – italienischer Badeort an der Adria
2 lugen – aufmerksam spähend schauen, nach jemandem/etwas blicken
3 Diwan – Sofa
4 „Gutentag, Gutentag, ich will mein Leben zurück" – Refrain aus dem Song *Guten Tag* der Gruppe „Wir sind Helden"
5 Die österreichische Nationalbibliothek befindet sich am Wiener Heldenplatz.
6 Bib – Bibliothek
7 Stip – Stipendium
8 Hood – engl.: Nachbarschaft, Viertel

> **TIPP** Bearbeitungshinweise

Als Material liegt Ihnen dieses Mal ein fast ungekürzter Text vor: das fünfte Kapitel aus Angela Lehners Debütroman von 2019. Ort der Handlung ist das berühmte riesige Jugendstilensemble „Steinhof" am Rand von Wien, erbaut nach den Plänen von Otto Wagner, daher auch Otto-Wagner-Spital (OWS) genannt.

Teilaufgabe 1: Was Sie lesen, wird Sie verblüffen. Trauen Sie Ihrem ersten **Leseeindruck** und bringen Sie ihn zu Papier, bevor Sie, sich auf ihn zurückbeziehend, dann **analytisch-systematisch** und kritisch-begründend arbeiten. Der Auszug will mehrfach gelesen werden, denn einfach ist diese Analyse nicht, weil schon die Figur der Eva Gruber alles andere als einfach gestrickt ist. Achten Sie bei Ihrer **Kommunikationsanalyse** nicht nur auf die konkreten **Äußerungen**, sondern beziehen Sie auch die **nichtsprachlichen Signale** ein. Agieren die beiden Dialogpartner auf Augenhöhe? Welche Gesprächsstrategien verfolgen sie? Was bezweckt Eva Gruber mit ihren Aussagen? Wie reagiert der Arzt? Machen Sie auch deutlich, dass der Leser bzw. die Leserin nur Einblick in die **Sicht der Ich-Erzählerin** gewinnt. Setzen Sie viel Zeit für diese Teilaufgabe an und arbeiten Sie sorgfältig, denn hier liegen 40 BE.

Der Schritt weiter zu **Teilaufgabe 2** und die Darstellung der vom Material sich unterscheidenden **Arzt-Patienten-Verhältnisse** aus Ihnen bekannten Lektüren dürften Ihnen inhaltlich leichtfallen. Achten Sie darauf, dass von Ihnen **kein direkter Vergleich** der drei Werke verlangt wird. Zwar sollen Sie den Auszug aus dem Roman von Angela Lehner in Ihre Ausführungen einbeziehen, doch müssen Sie den Fokus Ihrer Erläuterung auf die entsprechende **Personenkonstellation bei Goethe bzw. Büchner** legen. Auf keinen Fall dürfen Sie nur den jeweiligen Inhalt nacherzählen; vielmehr müssen Sie, von der Handlung ausgehend, **abstrahieren** und das Arzt-Patienten-Verhältnis herausarbeiten. Stützen Sie Ihre Schlussfolgerungen durch geeignete **Zitate** aus den beiden Dramen. Da die entsprechenden Verse im *Faust* angegeben sind, werden Sie auch die Doktor-Szene im *Woyzeck* nachschlagen und insgesamt direkt an den Texten arbeiten wollen, die Sie allerdings vorher nicht mit Markierungen aufbereiten dürfen. Freilich kostet dieses Nachlesen Zeit.

Teilaufgabe 3: Goethes Sentenz oder **These als Impuls für die Diskussion** ist sehr knapp. Überlegen Sie, ob „klare Begriffe" vielleicht auch Wörter, Termini und Sprache überhaupt bedeuten könnten. Es empfiehlt sich, die **zentralen Wörter** der Maxime, also „klar", „Begriffe", „befehlen", zu **definieren**. Notieren Sie sich vorab möglichst das eine oder andere konkrete **Beispiel**. Achten Sie darauf, **differenziert abzuwägen**. Zum Beispiel können Sie sich fragen, ob Goethes Maxime bejahend oder aber kritisch gemeint ist.

Lösungsvorschlag

In dem Auszug aus Angela Lehners 2019 erschienenem Roman *Vater unser* erzählt die Protagonistin von ihrer Wahrnehmung der psychiatrischen Klinik, in der sie sich aufhält, sowie von ihren Versuchen, die erste Therapiesitzung selbst zu steuern.

Einleitung — Autorin, Titel, Jahr, Gattung, Thema

Eva Gruber ist Protagonistin und **Ich-Erzählerin**. Vor vier Tagen ist sie von der Polizei ins Wiener psychiatrische Otto-Wagner-Spital eingeliefert worden. Nun, auf dem ersten Weg von ihrem Zimmer in einem der Patientenpavillons hinüber zum Büro ihres Therapeuten Doktor Korb, erkennt und würdigt sie die Schönheit des alten Therapiegebäudes und seines stilvollen hohen „Stiegenhauses". Ihre Unterbringung insgesamt findet sie fast so komfortabel wie in einem Urlaub. Ihre Haltung widerspricht völlig dem, was man von einem Menschen erwartet, der sich auf einem für ihn so prekären Gang befindet. Eva Gruber scheint kein bisschen nervös zu sein vor ihrer ersten Sitzung. Sie scheint auch nicht mit sich selbst und ihrem (zu vermutenden) Delikt beschäftigt zu sein, sondern beurteilt erstaunlich souverän und **spöttisch-ironisch** ihre neue Umgebung.

Analyse des Gesprächsverhaltens — Ausgangssituation: Protagonistin in Psychiatrie

Im Hauptteil des kurzen Kapitels, der **Sitzung** an sich, steigert sich noch die Verblüffung des Lesers bzw. der Leserin. Doktor Korb empfängt seine Patientin mit freundlichem Nicken und lässt sie auf einem lederbezogenen Diwan ihm gegenüber Platz nehmen. Bevor sich aber Arzt und Patientin überhaupt „Guten Tag!" gesagt haben, hat sie schon **kritisch** den Arzt und die gesamte Einrichtung seines Büros gecheckt und **abgewertet**. Sie denkt sich **Faxen** und situationsunangemessene Posen und Einlagen aus. Kurz: Sie macht eine Show und schlägt dem Therapeuten ausführlich vor, sich zur Komplettierung seines Schreibtischs noch unbedingt die entsprechende altmodische Leselampe mit grünem Schirm anzuschaffen. Schließlich eröffnet sie von sich aus die Therapie, indem sie sich und ihre Familienverhältnisse – in deren Zentrum ihr Verhältnis zum Bruder steht – skizziert. Erst im letzten Drittel des Auszugs greift der Arzt ein und bittet sie zu begründen, warum sie hier ist. Eva Gruber weicht der Frage aus (ab Z. 111), erklärt die Stunde als für sie zu anstrengend und damit für beendet und will den Raum verlassen; aber die Tür ist abgeschlossen. Sie beklagt sich darüber, lenkt aber ein, als Doktor Korb ihr freistellt, zu einem anderen Therapeuten zu wechseln.

Zusammenfassung des Therapiegesprächs

Eva Gruber, von der Polizei in die Psychiatrie gebracht, scheint trotz dieses Sachverhalts schon vor dem eigentlichen Arztgespräch kein bisschen be- oder gedrückt, befangen oder gar verwirrt zu sein.

Gesprächsstrategie Eva Grubers

Sie ist geistig beweglich und **scharf in ihrem Urteil**; sie spricht **elaboriert** und **gescheit-ironisch** („ansehnliches Repertoire an Jogginganzügen", Z. 2; „flanieren [...] zu den Fütterungszeiten", Z. 4; „metaphorisch[e] Zitzen", Z. 85; sie sei „sehr kooperativ" gewesen, Z. 112). Sie hat die Fähigkeit, ihre Umgebung rasch zu erfassen, sich z. B. am Baustil zu freuen (vgl. Z. 6 ff.), während sie dagegen in den Plastikfußböden der Patientenzimmer das Hässliche unserer Zeit symbolisiert sieht: Plastikboden sei „eigentlich tatsächlich der Boden der Tatsachen" (Z. 11), auf dem man am Ende ankomme. Das alles hat **Witz** und nimmt zunächst für sie ein.

Für die schwere, dunkle und repräsentative Einrichtung des Arztzimmers mit Ohrensessel, klassischem Diwan („Als hätte sich ein Ohrensessel mit einem Bett gepaart", Z. 21 f.), mit Uhr und dem für sie absurden Frischeduft aus Holzfrüchten hat sie sofort das **vernichtende Fazit:** „klischeedurchtränktes Büro" (Z. 37). Sie lässt sich zwar von Doktor Korb zu ihrem Platz führen „wie ein braves Hündchen", das „Platz" macht (Z. 19 f.), **versagt** aber anderseits dem Arzt den zu erwartenden **Respekt**, indem sie ihn auf seine Halbglatze reduziert (vgl. Z. 19 f.). Sie scheint es gewohnt zu sein, das **Alphatier** zu sein, das **Gespräche dominiert und lenkt** und **die Oberhand behalten** will. Entsprechend **vertauscht sie die Rollen:** Sie fixiert den Therapeuten, statt etwa er sie (vgl. Z. 83); sie stellt ihm die Diagnose (vgl. Z. 123). Was aber sind das alles für Manöver, die sie da unternimmt? Will oder muss sie versuchen, sich innerlich unbedingt mit ihren destruktiven Urteilen und einer demonstrativen Respektlosigkeit zu wappnen, um sich der für sie vermutlich doch schwierigen Situation gewachsen zu fühlen? An und für sich ist ja schon das gewöhnliche **Arzt-Patienten-Gespräch bis heute** (auch ohne möglichen kriminellen Hintergrund wie im Falle Eva Grubers) **asymmetrisch**, da der Patient in der passiven Rolle des Hilfsbedürftigen den Arzt braucht, damit er aus der aktiven Rolle des Fachmanns heraus für ihn Hilfe findet.

Eva Grubers Gesprächsverhalten ist schwer zu durchschauen. War sie bis zu dem kritischen **Wendepunkt** des Gesprächs, in dem der lange abwartende Arzt mit der **Frage nach dem Warum** endlich die Initiative ergreift, nur fieberhaft damit beschäftigt, immer neue Gags und Maskeraden zu kreieren als Ablenkungsmanöver, um eben dieser Warum-Frage zu entkommen? Weshalb aber wird sie im Laufe der Sitzung immer ausfallender und provozierend bis hin zur Frechheit (vgl. Z. 90, 123)? Interessant ist ihre Bezeichnung des Gegenübers: Anfangs nennt sie den Arzt, wie üblich, mit seinem Titel bzw. in seiner Funktion „Doktor Korb" (Z. 14, 15, 25, 31). Seit sie glaubt, ihn und sein Büro geistig niedergemacht zu haben, nennt sie ihn „dieser Korb" (Z. 38). Sie macht ihn sich gleichsam klein und

Wandel in ihrem Gesprächsverhalten

handhabbar, ist sich aber noch nicht sicher, schwankt noch zwischen den Alternativen „Korb" und „Doktor Korb". Am Ende aber beschimpft sie ihn plump vertraulich, sprachlich grob und darin doch witzig-ironisch, indem sie zugesteht, die ganze Zeit nur Theater gespielt zu haben: „,Korb', sag ich [...], ,das wäre so ein cooler Abgang gewesen. Sie haben es mir versaut.'" (Z. 117 f.) Der Arzt, weiter ungerührt sachlich, hat sie offensichtlich längst durchschaut: „Frau Gruber, [...] das ist keine Show, das ist Ihre Therapie." (Z. 119) Sie weiß **ihre Niederlage und Enttarnung** noch einmal witzig abzufedern (Z. 120 f.), indem sie wie in Selbstverteidigung ihrerseits dem Arzt grenzwertiges Verhalten attestiert (vgl. Z. 123). Gleichzeitig tut sie für ihre Unverschämtheit auf unverschämte Weise Abbitte: „kein Grund, gleich beleidigt zu sein." (Z. 127)

Zum Berufsbild des **Therapeuten** gehört seit Freud (der auch so einen Diwan, die berühmte Couch, hatte), dass er ruhig beobachtet, sich zurückhält und ein wacher **Zuhörer und Analytiker** ist. Eva Gruber aber legt es darauf an, Emotionen aus ihrem Therapeuten herauszulocken (vgl. Z. 35 ff.). Wahrscheinlich hält sie dessen Schweigsamkeit einfach nicht aus, und es ist die pure Wahrheit dieser chamäleonartigen Protagonistin, was sie gegen Ende der Sitzung sagt, dass ihr nämlich die Therapie „jetzt schon auf die Nerven" gehe (Z. 114). Hat sie also in Wahrheit große Angst? Der **Facharzt** jedenfalls bleibt **korrckt**, lässt sich an keiner Stelle auf ihr Spiel ein und scheint mit dem widerspenstigen Neuzugang Eva Gruber zurechtzukommen. Er hat sicher schon viel Sonderbares erlebt.

<small>Reaktionsweise des Arztes</small>

TEILAUFGABE 2

Aus dem Unterricht bekannte literarische Gestaltungen des Arzt-Patienten-Verhältnisses finden sich in Goethes *Faust* und Georg Büchners *Woyzeck*. Aber der **Arztberuf hat Facetten**. Bei Lehner handelt es sich um einen psychiatrischen **Facharzt**, spezialisiert auf die Behandlung seelischer Störungen und Erkrankungen. Goethes **Faust**, der Universalgelehrte mit vielen Doktorhüten, hat **unter anderem** auch **Medizin** studiert. Wir hören, dass er über ein Laboratorium verfügt. Er lehrt, aber es ist schwer vorstellbar, dass er je eine eigene Arztpraxis unterhalten hätte. Da aber **sein Vater** ein **praktischer Arzt** war, hat er ihm in jungen Jahren assistiert und ihn bei Patientenbesuchen begleitet. Diese Arztfigur des Vaters scheint – ohne reguläres Medizinstudium oder einen heutigen Begriff von Wissenschaft – eine Art **Quacksalber** gewesen zu sein. Moderner ist der **Doktor in Büchners** *Woyzeck*, den wir am Anfang des wissenschaftlichen 19. Jahrhunderts als vor allem an der **Forschung** und seinen Experimenten Interessierten erleben. Büchner, selbst

<small>Erläuterung des Arzt-Patienten-Verhältnisses
Überblick über Konstellation in *Faust* und *Woyzeck*</small>

Mediziner, wird für diese Gestalt an seinen akademischen Lehrern Maß genommen haben.

Wie seriös oder fragwürdig auch immer die Arztfiguren bei Goethe und Büchner angelegt sein mögen, stets sind sie **selbstverständliche Autoritäten** und genießen die höchste Achtung in der Gesellschaft. Schon allein der weiße Kittel scheint **Macht** zu suggerieren („Götter in Weiß") und **Respekt** einzuflößen. Doktor Korb wird von Patientin Gruber vielleicht unterschätzt und er wird, in seiner Sparte, auch keinen Arztkittel tragen. Aber Macht hat auch er: Von seinem psychiatrischen Gutachten hängt am Ende eventuell Lebensentscheidendes ab.

Machtstellung des Arztes

Im Detail: Auf dem Osterspaziergang mit Wagner begrüßt ein alter Bauer Faust, den „so Hochgelahrte[n]" (V. 984), mit einem Trunk und wünscht ihm ein langes Leben. Volk drängt hinzu. Der Alte erinnert an die „bösen Tag[e]" (V. 996) der Pest, in denen der junge Faust und sein Vater viel Gutes getan und in Krankenhäusern ihr Leben riskiert hätten, um der Seuche mit Gottes Hilfe Herr zu werden. Wagner sieht **die fast abgöttische Verehrung**, die Faust entgegengebracht wird, vor allem unter dem Gesichtspunkt des Vorteils, den er aus dieser Prominenz ziehen könnte. Da fühlt sich Faust veranlasst, einmal Licht ins Dunkel zu bringen, und beleuchtet äußerst kritisch die zweifelhaften ärztlichen Künste seines Vaters. Paradox nennt er ihn einen „dunkle[n] Ehrenmann" (V. 1034), der sicherlich helfen wollte, aber halb alchemistisch und magisch und ohne hinreichende Fachkenntnis seine „Arzenei" (V. 1048) zusammengebraut habe. Medikamente unterlagen noch keiner unabhängigen übergeordneten Aufsicht und Überprüfung. Rückblickend nennt Faust die den Patienten verabreichten Mittel krass „Gift": „So haben wir mit höllischen Latwergen / In diesen Tälern, diesen Bergen / Weit schlimmer als die Pest getobt." (V. 1050 ff.) Die Wahrheit sei, dass sie als „frech[e] Mörder" (V. 1055) gewirkt hätten, das Landvolk aber, unfähig, ihren Pfusch zu erkennen, lobe und verehre den Vater und ihn dennoch bis heute. **Faust leidet unter diesem ungerechtfertigten Vertrauen** der Menschen. Sein Resümee: „Der Menge Beifall tönt mir nun wie Hohn." (V. 1030)

Detailuntersuchungen: Faust, „Vor dem Tor"
Verehrung für Pfuscher

Mephisto dagegen, sein sich ihm bald als Komplize andienender Gegenpart, **setzt** geradezu **auf Scharlatanerie**, Betrug, Verführung und Skrupellosigkeit im Arztberuf. In einem Intermezzo, in dem er Faust in seinem Haus vertritt, belehrt er den fahrenden Schüler, der Rat und Orientierung – Studienberatung – erbittet. Er empfiehlt ihm die Medizin als Disziplin, in der man viel studieren könne, um dann letztlich doch nach eigener Façon zu werkeln. Er **argumentiert psychologisch**. Nicht auf Expertentum komme es an, sondern auf die

Faust, „Studierzimmer II" ärztliche Autorität als Mittel zum Machtmissbrauch

Ausstrahlung der Persönlichkeit. Freilich müsse **ein Titel** her, um den Patienten, zumal den Patientinnen, vertrauenswürdig zu sein. Das andere aber sei ein halbwegs ehrbares, gewinnendes, sicheres Auftreten und **Selbstvertrauen**, denn „wenn Ihr Euch nur selbst vertraut,/Vertrauen Euch die andren Seelen" (V. 2021 f.). Mit etwas Kühnheit käme er damit bei den „Weiber[n]" (V. 2023) entschieden weiter als andere. Der Student dankt entzückt, Mephisto freut sich seines teuflisch-ironischen Kabinettstückchens.

Während die Mephisto-Schüler-Szene im Faust Vergnügen macht, erschüttert die **Doktor-Szene in Büchners** *Woyzeck* trotz ihrer deutlich satirischen Züge. Doktor Korb (M) scheint ein kompetenter, erfahrener Therapeut zu sein, der zunächst, fachlich korrekt, seine neue Patientin „kommen lässt", um sich ein erstes Bild von ihr machen zu können. Seine tatsächliche Autorität und Kapazität bleibt der Patientin Gruber, da sie unentwegt selber redet, dabei verborgen. Für das Volk im *Faust* und im *Woyzeck* dagegen ist die Autorität des Arztes, zumal des Professors (Szene „Der Hof des Professors") ein generell unumstößlich dem Titel anhaftendes Faktum, ganz gleich, wie menschlich fragwürdig sein Träger handelt. **Woyzecks Doktor** ist ein **narzisstischer**, eitler und glühend ehrgeiziger Mann („Es gibt eine Revolution in der Wissenschaft, ich sprenge sie in die Luft"), dem es in erster Linie um sein Renommee in der Fachwelt geht und nicht um das Wohl des Kranken. Buchner zeichnet ihn als typischen (daher namenlosen) **Fachidioten**, dem ausgerechnet der hilflose und um Zuwendung fast bettelnde Woyzeck in die Hände gefallen ist. Aber **Woyzeck** ist im eigentlichen Sinne auch **gar kein Patient**, **sondern** hat sich diesem Doktor als **Proband** zur Verfügung gestellt. Seit einem Vierteljahr isst er nichts als Erbsen, verliert die Haare, verfällt gesundheitlich, aber er bekommt für diese Diät zwei Groschen täglich, die er Marie bringen kann. Je schlechter es ihm geht, desto mehr frohlockt der Doktor, der seine Hypothesen sich bewahrheiten sieht. Er misst Woyzecks bedenklichen Puls („klein, hart, hüpfend, ungleich"), er bestimmt Woyzecks Harnwerte, er diagnostiziert „die schönste Aberratio mentalis partialis, der zweiten Species, sehr schön ausgeprägt", ist von all den Befunden beglückt und verspricht dem „interessante[n] Casus", dem „Subjekt Woyzeck", deswegen Zulage, übersieht aber, wie sehr Woyzeck leidet und tatsächlich am Ende ist. Dennoch steht dieser Doktor, der Fürsorgepflicht und Empathie nicht kennt, **im sozialen Gefüge ganz oben**. Arrogant maßregelt er Woyzeck, belehrt ihn, wie ein Mensch sich zu benehmen habe, redet im Fachjargon über seinen Kopf hinweg und eigentlich nicht mit ihm, sondern zu sich selbst. Seinem Freund, dem Hauptmann, gestattet er, aufs anzüglichste mit Woyzeck zu spielen, und registriert dabei kalt und fachlich-sachlich:

Woyzeck, „Beim Doktor" der Arzt als menschenverachtender Fachidiot

„Gesichtsmuskeln, starr, gespannt, zuweilen hüpfend". Es ist der Punkt im Dialog, in dem Woyzeck ausdrückt, dass ihm sein Sinn nach Selbstmord steht. Woyzeck selbst befindet sich im sozialen Gefüge ganz unten, ist verachtet und derart gedemütigt, dass ihm Zweifel am Handeln dieses Doktors nicht einmal in den Sinn kommen. Er unterwirft sich der akademischen Autorität – wie auf dem Kasernenhof der militärischen – mit untertänigstem „Ja wohl".

Die wenigen Seiten des Romanauszugs (M) lassen **Lehners** Zielrichtung oder Intention beim Schreiben ihres Romans insgesamt noch im Unbestimmten. Goethes in den „Osterspaziergang" eingeblendeter (aufklärerischer) Rückblick auf die zwielichtigen Praktiken frühneuzeitlicher Medizin bei gleichzeitig höchster Verehrung des Arztes durch das Volk ist historisch glaubwürdig. Sein Mephisto aber, der Spötter, macht sich lustig über diesen Nimbus, der den Arzt umgibt, und zeigt dem noch unerfahrenen Schüler, wie leicht sich im Arztberuf eigennützig-erotische Träume verwirklichen ließen. **Büchner** schließlich übt mit den Mitteln des sozialen Dramas ernsthaft und eindringlich Gesellschaftskritik.

Fazit: das Arzt-Patienten-Verhältnis in den drei Texten

TEILAUFGABE 3

Goethes Maxime „Wer klare Begriffe hat, kann befehlen" lässt sich auf verschiedene Weise verstehen. Sie kann wegen des **Verbs** „**befehlen**" als Warnung aufgefasst werden. **Befehlsgewalt** haben Personen an der Spitze einer **Hierarchie:** Autokraten, Behördenchefs, Kapitäne, Lehrkräfte, Chefärzte und militärische Ränge („Oberbefehlshaber"). Aus dem militärischen Bereich stammt denn auch dieses Verb. Natürlich müssen beim Militär Befehle eindeutig, unmissverständlich **klar** und kurz sein und mit einer Gehorsamsbezeugung beantwortet werden. „Ja wohl, Herr Hauptmann!", sagt Woyzeck, reagiert mit dieser ihm eingedrillten Unterwürfigkeit aber auch auf den Doktor. Generell ist in Hierarchien die Kommunikationsstruktur steil asymmetrisch, was am gefährlichsten in Diktaturen ausgeprägt ist, die mit ihrem **Machtapparat** (u. a. Geheimpolizei, gleichgeschaltetem Gerichtswesen, Propaganda-Apparat – also Zentralisierung statt Gewaltenteilung) ganze **Völker** dazu **zwingen**, zu Jasagern zu werden. Wer es wagt, der jeweiligen Ideologie, „Parteilinie" oder Doktrin nicht beizupflichten, wird mit sehr **klaren Abwertungen** als „Dissident", „Abweichler", „Vaterlandsverräter", „subversives Element" etc. gleichsam zum Abschuss freigegeben. Im orthodoxen religiösen Kontext wurde oder wird er oder sie zum „Ketzer", zur „Hexe", zum „Ungläubigen" erklärt und ein „Bann" oder eine „Fatwa" machen ihn vogelfrei. Die offizielle **Sprachrege-**

Diskussion von Goethes Sentenz
„befehlen" als Form der Machtausübung

lung ist unmissverständlich **klar und** für alle **verbindlich. Sie ge**rinnt oft zu **Slogans**, die dem Volk permanent eingehämmert werden wie „Volk und Führer", „Volk ohne Raum", „Tausendjähriges Reich", „jüdisch-asiatischer Bolschewismus" oder „Schicksalsgemeinschaft". **Sie prägt** aufwertende wie entsprechend vernichtende **Begriffe**, die an Klarheit nichts zu wünschen übrig lassen, wie „Herrenrasse" versus „Untermenschen", „Parasiten", „Ungeziefer", nennt einen Angriffskrieg „Spezialoperation" (oder verkauft eine verlorene Wahl als „stolen election"). Eindeutig wird in allen diesen Fällen durch Sprache manipuliert, Gehirnwäsche angestrebt und Macht ausgeübt.

Da aber Goethe die höchste Meinung von dem hat, was er „**klare Begriffe**" nennt, verstand er – vor zweihundert Jahren – „kann befehlen" wahrscheinlich eher als Kompliment und begrüßenswerte **Fähigkeit** und synonym mit ‚der hat etwas zu sagen', ‚auf den hört man', ‚der kann lehren', ‚anderen die Richtung vorgeben' und ‚regieren'. Wer zu klaren Begriffen in der Lage ist, kann sein Denken, Fühlen, Wahrnehmen sprachlich bündeln und **den geistigen Gehalt** dieser abstrakten inneren Vorgänge präzise (klar) zum Ausdruck bringen bzw. einen überzeugenden Ausdruck dafür finden. Er prägt Sprache. Wer dazu nicht in der Lage ist, der faselt, redet diffus und für sein Gegenüber ermüdend herum, behilft sich mit abgedroschenen Phrasen und muss laufend zitieren, weil er es nicht selbst auf den Punkt zu bringen vermag. Dies ironisiert die Schüler-Szene im *Faust*: Als der Schüler nachhakt: „**Doch ein Begriff muss bei dem Worte sein.**", entgegnet Mephisto spöttisch: „Nur muss man sich nicht allzu ängstlich quälen;/Denn eben wo Begriffe fehlen,/Da stellt ein Wort zur rechten Zeit sich ein." (V. 1993 ff.) Den klaren Begriff für etwas zu finden zeugt, für Goethe, wohl vor allem davon, dass jemand **selbstständig nachgedacht** und sich geistig angestrengt hat. Klare Begriffe also findet nur, wer auch klare geistige Vorstellungen von etwas hat. Den Inhalt oder die Bedeutung eines Marschbefehls hätte er wohl eher nicht als „klaren Begriff" eingeordnet.

<small>„klare Begriffe" als Ausdruck intellektueller Stärke</small>

Von klaren Begriffen zu unterscheiden sind **wissenschaftliche Fachbegriffe: Termini**. Sie sind definiert, also in ihrer Bedeutung genau bestimmt und streng ein- und abgegrenzt, wie ja der Name sagt. Sie sind **exakt**. Gleich ob in Biologie, Physik oder Medizin sind sie in wissenschaftlicher Forschung und Kommunikation unentbehrlich. Sie sind gleichsam sprachlich sterile Präzisionswerkzeuge jenseits der Welt der muttersprachlichen Wörter und Begriffe, in denen oft emotionale Nebenbedeutungen mitschwingen und die missverständlich und vieldeutig sein können. – **Doktor Korb**, zumal er lange schweigt, konfrontiert seine Patientin nicht mit Fachbegriffen.

<small>„klare Begriffe" vs. wissenschaftliche Termini</small>

Nur am Schluss stellt er, für Eva Gruber gut verstehbar, klar, dass dies keine Show sei, sondern ihre Therapie. – **Faust** gibt keinerlei Hinweis darauf, dass sein Vater mit Sprache Macht über seine Patienten ausgeübt hätte. Fraglich ist sogar der Grad seiner Wissenschaftlichkeit. „Latwergen" (V. 1050) nennt Faust das, was der Vater seinen Patienten verabreicht, also ein reichlich undurchschaubar zusammengerührter Sud oder Brei. – Auch **Mephisto** rät dem Schüler nicht, sich hübsche Patientinnen mit Sprache „vertraulich" (V. 2029) zu machen, sondern primär mit dem Titel und viriler Verwegenheit. – Zweifelhaft ist auch, ob der **Doktor im *Woyzeck*** mit Fachsprache Macht über Woyzeck ausübt oder auch nur ausüben möchte. Vielmehr doziert er an Woyzeck vorbei und registriert selbstverliebt zu jedem Symptom die lateinische Bezeichnung. Er scheint Woyzeck damit auch weder zu imponieren noch ihn ängstlich zu machen, sondern der lässt es über sich ergehen wie so vieles andere. Macht aber übt dieser Doktor durch seine gesellschaftliche Position und sein gesamtes Gehabe über Woyzeck aus, indem er sich erlaubt, ihn zu demütigen, wie es ihm passt.

Hessen Deutsch ▪ Abiturprüfung 2022
Leistungskurs ▪ Vorschlag D

STÄDTE

Erlaubte Hilfsmittel
- ein Wörterbuch der deutschen Rechtschreibung
- Textausgaben der Pflichtlektüren ohne Kommentarzeichen, ggf. mit Worterläuterungen
- eine Liste der fachspezifischen Operatoren

Aufgabenstellung

1 Interpretieren Sie das Gedicht *Vorstadt im Föhn* von Georg Trakl. Beziehen Sie dabei Ihr literaturgeschichtliches Wissen ein. (Material 1)   (60 BE)

2 Vergleichen Sie die Gestaltung des Stadtmotivs in den Gedichten *Vorstadt im Föhn* von Georg Trakl (Material 1) und *Siehst du die Stadt?* von Hugo von Hofmannsthal (Material 2). Berücksichtigen Sie dabei inhaltliche sowie sprachliche und formale Aspekte.   (40 BE)

Material 1 Georg Trakl (1887–1914): Vorstadt[1] im Föhn[2]
(Erstdruck 1912, Fassung von 1913)

Am Abend liegt die Stätte öd und braun,
Die Luft von gräulichem Gestank durchzogen.
Das Donnern eines Zugs vom Brückenbogen –
Und Spatzen flattern über Busch und Zaun.

5 Geduckte Hütten, Pfade wirr verstreut,
In Gärten Durcheinander und Bewegung,
Bisweilen schwillt Geheul aus dumpfer Regung,
In einer Kinderschar fliegt rot ein Kleid.

Am Kehricht[3] pfeift verliebt ein Rattenchor.
10 In Körben tragen Frauen Eingeweide,
Ein ekelhafter Zug voll Schmutz und Räude[4],
Kommen sie aus der Dämmerung hervor.

Und ein Kanal speit plötzlich feistes Blut
Vom Schlachthaus in den stillen Fluß hinunter.
15 Die Föhne färben karge Stauden bunter
Und langsam kriecht die Röte durch die Flut.

Ein Flüstern, das in trübem Schlaf ertrinkt.
Gebilde gaukeln auf aus Wassergräben,
Vielleicht Erinnerung an ein früheres Leben,
20 Die mit den warmen Winden steigt und sinkt.

Aus Wolken tauchen schimmernde Alleen,
Erfüllt von schönen Wägen, kühnen Reitern.
Dann sieht man auch ein Schiff auf Klippen scheitern
Und manchmal rosenfarbene Moscheen.

Georg Trakl: Sämtliche Werke und Briefwechsel. Innsbrucker Ausgabe,
hg. v. Eberhard Sauermann und Hermann Zwerschina, Bd. I,
Frankfurt am Main/Basel 2007, S. 573.

Anmerkungen
1 Vorstadt – städtischer Bezirk außerhalb des Stadtzentrums
2 Föhn – warmer Fallwind, der die Wahrnehmung des Menschen verändern (z. B. in Form einer
  guten Fernsicht), aber auch Beeinträchtigungen bewirken kann (z. B. Kopfschmerzen, Gereiztheit)
3 Kehricht – Schmutz, Abfall, Unrat
4 Räude – durch Milben verursachter, stark juckender Hautausschlag

Material 2 Hugo von Hofmannsthal (1874–1929):
Siehst du die Stadt? (1890)

Siehst du die Stadt, wie sie da drüben ruht,
Sich flüsternd schmieget in das Kleid der Nacht?
Es gießt der Mond der Silberseide Flut
Auf sie herab in zauberischer Pracht.
5 Der laue Nachtwind weht ihr Athmen her,
So geisterhaft, verlöschend leisen Klang:
Sie weint im Traum, sie athmet tief und schwer,
Sie lispelt, rätselvoll, verlockend, bang …
Die dunkle Stadt, sie schläft im Herzen mein
10 Mit Glanz und Glut, mit qualvoll bunter Pracht:
Doch schmeichelnd schwebt um dich ihr Wiederschein,
Gedämpft zum Flüstern, gleitend durch die Nacht.

*Hugo von Hofmannsthal: Sämtliche Werke, hg. v. Rudolf Hirsch u. a., Band II,
Frankfurt am Main 1988, S. 27.*

Hinweis
Die Rechtschreibung in beiden Gedichten entspricht den jeweiligen Textvorlagen.

TIPP Bearbeitungshinweise

Der in **Teilaufgabe 1** gesetzte Operator „**interpretieren Sie**" verlangt von Ihnen, dass Sie den **Inhalt** und den **gedanklichen Aufbau**, die **Form** des Gedichts, seine **rhythmisch-klangliche und sprachlich-stilistische Gestaltung** gründlich untersuchen. Aus dieser Textarbeit heraus entwickeln Sie dann schlüssige Deutungsansätze. Außerdem fordert die Aufgabenstellung noch ausdrücklich, dass Sie Ihr **literaturgeschichtliches Wissen** mit einbeziehen, dass Sie also auf die für den vorliegenden Text relevanten epochenspezifischen Merkmale eingehen und diese für die Interpretation fruchtbar machen.

Lesen und arbeiten Sie die Texte gründlich durch, markieren Sie alle Auffälligkeiten und planen Sie Ihren Aufsatz, indem Sie einen **strukturierten Schreibplan** anlegen, um den roten Faden nicht zu verlieren und nichts zu vergessen.

In der **Einleitung** bietet es sich an, auf das alltägliche Wetterphänomen des Föhns und dessen Auswirkungen auf das menschliche Befinden einzugehen, um so das Gedicht lebensweltlich zu verankern. Genauso denkbar wäre es, sich dem Gedicht im Rahmen seines literaturgeschichtlichen Kontextes zu nähern, etwa indem man kurz die aus dem Unterricht bekannte expressionistische Großstadtthematik anspricht. Auf jeden Fall müssen Sie in der Einleitung die **Rahmeninformationen** zum Text (Autor, Titel, Gattung, Erscheinungsjahr) nennen und einen groben Überblick darüber geben, worum es in dem Gedicht geht.

Im **Hauptteil** untersuchen Sie zunächst die **äußere Form** (also Strophengestaltung, Reim, Metrum und Kadenzen) sowie den **inhaltlich-gedanklichen Aufbau** des Gedichts und fassen den **Inhalt** zusammen. Zeigen Sie, inwiefern die formalen Aspekte (in diesem Fall beispielsweise die Kadenzen und die unreinen Reime) zur inhaltlichen Strukturierung beitragen. Bestimmen Sie die Sprechsituation: Gibt es ein lyrisches Ich oder ein angesprochenes Du?

Bei der Betrachtung der **sprachlich-stilistischen Gestaltung** empfiehlt es sich, nach den zuvor erarbeiteten Sinnabschnitten vorzugehen, da sich der Text ja in einzelnen Stufen entwickelt. Dabei ist es sinnvoll, bestimmte Erschließungskriterien festzulegen und die Sprache nach Leitaspekten zu untersuchen, da es auf diese Weise leichter fällt, zielgerichtet zu schreiben. Ihre **literaturgeschichtlichen Überlegungen** können Sie entweder gleich an den entsprechenden Stellen im Verlauf der Untersuchung oder aber, wie im vorliegenden Lösungsvorschlag, in einem gesonderten Absatz anbringen. Lassen Sie sich, wenn es um literaturgeschichtliches Wissen geht, nicht ausschließlich von Autorennamen und Erscheinungsjahr leiten. Überlegen Sie, ob der Text über die von Ihnen identifizierte Entstehungsepoche (hier: Expressionismus) hinaus nicht auch Themen und Motive anderer literarischer Strömungen in sich aufgenommen hat.

Teilaufgabe 2: Die **Vergleichsaufgabe** schließt sich im Aufsatz nahtlos an. Wichtig ist es, auch an dieser Stelle die **Basisinformationen** zum Vergleichstext (Autor, Titel, Gattung, Erscheinungsjahr) anzuführen und dessen Inhalt in aller Kürze auf den Punkt zu bringen. Die Aufgabenstellung gibt vor, sich auf die

„Gestaltung des Stadtmotivs" zu konzentrieren und dabei auch sprachliche und formale Aspekte in die Darstellung miteinzubeziehen. Dabei ist es ratsam, nach **Vergleichsaspekten** vorzugehen und diese auch zu nennen. Grundsätzlich sind Sie in der Anordnung der Aspekte hier freier. Gerade weil es in der ersten Teilaufgabe explizit verlangt war, ist es auch hier sinnvoll, die vergleichende Deutung auf literaturgeschichtliche Überlegungen zu stützen. Möglicherweise ergibt sich aus dem Vergleich eine gedankliche Abrundung, mit der Sie den Aufsatz abschließen können. Bringen Sie beim Schluss keine neuen und relevanten Aspekte ins Spiel. Machen Sie auf rhetorische Weise klar, dass der Aufsatz zu Ende ist.

Lösungsvorschlag

TEILAUFGABE 1

Das macht der Föhn! So lässt sich das drückende Kopfweh erklären. Das macht der Föhn! – wenn weit entfernte Gegenden plötzlich zum Greifen nah erscheinen und die gewohnte Sehweise stören.

Einleitung: Alltagsphänomen Föhn

In eine solche Atmosphäre hinein versetzt Georg Trakl sein Gedicht *Vorstadt im Föhn*, das in der vorliegenden Fassung im Jahr 1913 erschienen ist. Es entwirft eine **abendliche Szenerie in der tristen, bedrückenden Umgebung der Vorstadt, die sich auf einmal verändert**, als die Föhnwinde ihre irritierende Wirkung entfalten.

Gedichtinterpretation: Georg Trakl Vorstadt im Föhn
Thema: triste Vorstadt und irritierender Föhn

Die sechs jeweils vier Verse umfassenden Strophen des Gedichtes durchzieht ein fünfhebiger Jambus; erster und vierter Vers des umarmenden Reims enden in männlichen, die beiden Mittelverse in weiblichen Kadenzen. Eine Ausnahme von diesem Schema bildet die letzte Strophe, die sich in vielerlei Hinsicht vom restlichen Text unterscheidet.

Strophengestaltung, Metrum, Reim und Kadenzen

Gedanklich-inhaltlich gliedert sich das Gedicht in drei Teile: In den **ersten drei Strophen** bietet sich dem wahrnehmenden Subjekt – ein lyrisches Ich zeigt sich im Text nicht – das Bild einer typischen **Vorstadtszenerie**: Zwischen ungepflegten, unmittelbar an der Eisenbahnbrücke gelegenen Gärten und dröhnendem Zuglärm ist Kindergeschrei vernehmbar. In der Abenddämmerung sind einige Frauen zu erkennen. Sie haben aus einem Schlachthof Innereien geholt (damals ein billiges Essen für arme Leute). Lärm, Schmutz und Gestank prägen diesen Abschnitt und finden ihre Entsprechung im Reim, der bisweilen unrein klingt (V. 5/8; 10/11; 18/19). Am Ende der dritten Strophe kommt Unruhe in die Monotonie der Umgebung, in die

Aufbau und Inhaltszusammenfassung: drei Sinnabschnitte
Vorstadtszenerie (Strophe 1–3)

Monotonie des Rhythmus, als nämlich der unrhythmisch sich bewegende „Zug" (V. 11) der Frauen das jambische Metrum stört (vgl. V. 12). Und tatsächlich: In der **vierten und fünften Strophe** geschieht „plötzlich" (V. 13) etwas: Vom Schlachthof aus wird über einen Kanal ein Schwall Blut in den Fluss abgeleitet und breitet sich dort langsam aus. Fließend wird auch der Rhythmus im Enjambement (V. 13/14). Zugleich **entfalten die Föhnwinde**, die hier zum ersten Mal genannt sind (vgl. V. 15), ihre irritierende **Wirkung**. Die unreine Färbung des Reims zeigt Unsicherheit, auch was die Herkunft der „Gebilde" (V. 18) betrifft, die nun auftauchen und die „[v]ielleicht" (V. 19) aus der Erinnerung kommen. Die **letzte Strophe** schließlich zeigt diese Bilder, zeitenthobene **Fantasielandschaften**, die in ihrer Gegensätzlichkeit von der schmutzigen Vorstadt des ersten Teils gar nicht weiter entfernt sein könnten. Die vom bisherigen Schema abweichenden rein weiblichen Kadenzen entrücken die Strophe auch klanglich in eine leichte, schwebende Atmosphäre. So sind es also in diesem formal sehr regelmäßig aufgebauten Gedicht gerade die wenigen, zurückhaltenden Modulationen in Reim, Klang und Rhythmus, die in ihrer Leichtigkeit den Föhnwinden entsprechen und die die Auswirkungen dieses Wetterphänomens auf das wahrnehmende Subjekt spürbar machen.

irritierende Wirkung der Föhnwinde (Strophe 4–5)

Phantasmagorie in den Wolken (Strophe 6)

Die Veränderungen der Wahrnehmung, des Befindens und des Bewusstseinszustandes unter der Einwirkung des Föhns, die Entwicklung von der reinen Beobachtung der hässlichen Realität hin zur Imagination fantastischer Bilder lässt sich auch an verschiedenen Aspekten der **sprachlich-stilistischen Gestaltung** des Gedichts nachvollziehen:

Sprachlich-stilistische Gestaltung: von der Tristesse zur Poesie

Im ersten Teil (Str. 1–3) ist es zunächst der **Raumeindruck**, der die **Befindlichkeit des Subjekts widerspiegelt:** Die „Stätte" „liegt" (V. 1), die (auch sozial den Eindruck von Armut und Elend vermittelnden) „Hütten" sind „[g]educk[t]" (V. 5) und sogar der **Klang** des Gedichtes bleibt in der Alliteration der Eingangswendung („Am Abend", V. 1) und der Assonanz der flatternden Spatzen (vgl. V. 4) auf den A-Laut niedergedrückt. Die Umgebung wirkt verstellt durch „Busch und Zaun" (V. 4), die „Pfade [sind] wirr verstreut" (V. 5) und führen nirgends hin. Zwar ist von „Gärten" die Rede, jedoch herrscht in ihnen „Durcheinander" (V. 6), ihnen fehlen Pflanzen, Leben und Farbe: Sie sind „öd und braun" (V. 1), eine **Farbgebung**, in die sich auch die Spatzen einfügen. Die „Luft" von oben her ist drückend und „von gräulichem Gestank durchzogen" (V. 2). Dabei zeigt die synästhetische Qualität des Adjektivs „gräulich", das sich optisch wie olfaktorisch verstehen lässt, dass **alle Sinne von der Umgebung beeinträchtigt** werden. Auch der Hörsinn ist ja durch den donnernden Zuglärm (vgl. V. 3) in Mitleidenschaft gezogen.

Vorstadtszenerie

Raumeindruck und Befindlichkeit des Subjekts

Das Einzige, was sowohl farblich als auch räumlich aus der Szenerie heraussticht, ist ein rotes Kleid, das „fliegt" (V. 8), so als wolle es aus jener dumpfen Gedrücktheit ausbrechen. Doch wirkt das Kleid **entmenschlicht**, ebenso wie der Kollektivbegriff der „Kinderschar" (V. 8), deren unartikuliertes, anschwellendes „Geheul aus dumpfer Regung" (V. 7) sie dem Bereich des Animalischen zuordnet. Geradezu kultiviert **wirkt** im Vergleich dazu der „verliebt" pfeifende „Rattenchor" am „Kehricht" (V. 9): Die menschlich-kokette Verliebtheit der Ratten kontrastiert mit der dumpf-aggressiven Triebhaftigkeit der Kinder; das Pfeifen im „Chor" repräsentiert in ironischer Brechung eine gewisse Ordnung und Kunstfertigkeit. Ganz im Gegensatz dazu schwankt der „Zug" der Frauen schwerfällig und unrhythmisch daher. Noch einmal also wird **das Menschliche sprachlich ins Tierhafte verkehrt**: Wie Tiere, „voll Schmutz und Räude, [k]ommen sie aus der Dämmerung hervor" (V. 11 f.) und tragen „Eingeweide" (V. 10). Damit hat die Darstellung der Vorstadt am Ende dieses Abschnitts den Gipfelpunkt der „[E]kelhaft[igkeit]" (V. 11) erreicht.

der Mensch: ins Tierhafte verkehrt

Nun (Str. 4) ändert sich die Szenerie: Zwar „speit" der personifizierte Kanal, Krankheit und Ekel symbolisierend, „feistes Blut […] in den stillen Fluß hinunter" (V. 13 f.) – Verse, in denen der Wortschatz barocker Lyrik, aber auch biblisch-apokalyptische Visionen anklingen. Doch die **Farbe** des Blutes **verselbstständigt sich** im Substantiv, „Röte" (V. 16) breitet sich aus. Die F-Alliteration macht den Windhauch synästhetisch hörbar: Die „Föhne färben" die „karge" Umgebung „bunter" (V. 15) und beginnen allmählich, die graubraune Hässlichkeit der Vorstadt zu überdecken, ja zu ästhetisieren. Die Stille (vgl. V. 14) des „langsam" (V. 16) dahinfließenden Flusses lässt Lärm und Unordnung der ersten Strophen hinter sich.

Ästhetik trotz Ekel

In der fünften Strophe **bewegt sich der Text** von dieser ruhigen, ebenen (Wasser-)Fläche nach unten: „Ein Flüstern, das in trübem Schlaf ertrinkt" (V. 17). Im Gegensatz zu dem dumpfen Geheul der Vorstadt (vgl. V. 7) ist dieses „Flüstern" artikuliert und geht von dem im Fluss sich ausbreitenden Blut aus. Es taucht in die Tiefe des Unterbewusstseins (hier in der Metapher des „trübe[n] Schlaf[s]", V. 17) und kommt vielleicht als „Erinnerung an ein früheres Leben" (V. 19), vielleicht als „Gebilde" (V. 18) der Fantasie, der Einbildung, wieder an die Oberfläche. Die Au-Assonanz der aus der Tiefe aufgaukelnden (vgl. V. 18) Vorstellungen und die W-Alliteration versetzen den Text in wiegende Schwingungen – eine Bewegung, die im Einklang „mit den warmen Winden steigt und sinkt" (V. 20) und mit der zugleich das Bewusstsein ins Schwanken gerät.

Textbewegung: in die Tiefe des Unbewussten und der Erinnerung

Aus dieser Amplitude heraus **schwingt sich der Text** in der letzten Strophe auf, vom Niveau der „Wassergräben" (V. 18) **hinauf** zu den „Wolken" (V. 21). Mit einem zu dem „Ertrinken" jenes Flüsterns (vgl. V. 17) gegenläufigen Prädikat „tauchen" „[a]us Wolken" die Bilder einer **märchenhaften Gegenwelt**: „[S]chimmernde Alleen" (V. 21), gesäumt von gradlinigen Baumreihen, lösen die öden, braunen (vgl. V. 1), „wirr verstreut[en]" Pfade (V. 5), das triste „Durcheinander" in den Gärten (V. 6) der Vorstadt ab. Die prächtigen breiten Straßen sind „[e]rfüllt von schönen Wägen" (V. 22), die lärmende Eisenbahn des ersten Teils wird also durch Kutschen ersetzt, in denen womöglich edle Damen sitzen, begleitet von „kühnen Reitern" (V. 22). Mühelos wechselt in dem utopischen Wolkenreich die Landschaft, denn „[d]ann sieht man auch ein Schiff auf Klippen scheitern" (V. 23). Die hier angedeuteten Lebensentwürfe und Ideale entsprechen eben jenen „Erinnerungen an ein früheres Leben" (V. 19). Damit stehen märchenhaft-feudale Prachtentfaltung und vornehme Haltung dem tierhaft-entmenschlichten Dasein in der Vorstadt gegenüber, Abenteuer und heldenhaftes Scheitern bilden den Kontrast zum erbärmlich abstoßenden Überlebenskampf des städtischen Proletariats. Schließlich sieht man „manchmal" – gänzlich in die Ferne eines imaginierten Orients gerückt – „rosenfarbene Moscheen" (V. 24). Die Vorstellung der Kuppeln wiederholt (oder spiegelt?) dabei die architektonische Form des „Brückenbogen[s]" (V. 3) der tristen Stadtlandschaft.

Phantasmagorie in den Wolken

Textbewegung: in die Höhe der Wolken

märchenhafte Fantasiewelt als Gegenentwurf zur tristen Vorstadt

So ergeben sich bei aller Gegensätzlichkeit und Ferne doch gewisse **Korrespondenzen** zwischen den beiden Bereichen. Gerade das **Wortfeld des Wassers** verbindet den mittleren Teil des Gedichtes mit der letzten Strophe. Denn in der Textpassage des Übergangs ist von „Kanal" (V. 13) und „Fluß" (V. 14), von „Flut" (V. 16), Ertrinken (vgl. V. 17) und „Wassergräben" (V. 18) die Rede, im Schlussbild dann von Auftauchen, „Schiff" und „Klippen" (V. 23). Damit betont der Text das Motiv des Wassers, und zwar als mögliche **Spiegelfläche**, aber auch als Sinnbild für das Verschwimmen des Bewusstseins. Darüber hinaus wiederholen sich in den Abschnitten des Gedichts auch die Farben.

Korrespondenzen und Spiegelungen

Die „rosenfarbene[n]" (V. 24) „Wolken" (V. 21) der letzten Strophe nehmen in ihrer zarten Farbigkeit die „Röte" (V. 16) des im Fluss sich ausbreitenden Blutes auf und verwandeln in synästhetischer Weise den ekelhaft stinkenden Auswurf des Schlachthauses in duftende Schönheit. Entsteht also das Fantasiegebilde aus der Spiegelung der Abendwolken im Wasser, durch das die Blutwolken ziehen? Ist die märchenhafte Landschaft nichts anderes als eine **ästhetisierte Spiegelung** der hässlichen Vorstadt, eine Sinnestäuschung, oben und unten verwirrend, hervorgerufen durch den Föhn?

Dieser Frage lässt sich auch aus dem Blickwinkel des **literaturgeschichtlichen Kontexts** nachgehen. Ganz abgesehen von Autor (Georg Trakl) und Erscheinungsjahr (1913) zeigt das Gedicht viele deutliche Merkmale des **Expressionismus** – zumindest, was die ersten Strophen anbelangt. Es variiert das für diese Zeit so typische Thema der Großstadt mit all seinen Facetten: Unordnung und Chaos, Technisierung und Reizüberflutung, Massengesellschaft und Entmenschlichung. Dabei ist hier der Fokus etwas verschoben, weg vom Zentrum. Er richtet sich auf die Randexistenzen, hebt **Verwahrlosung und soziales Elend, Krankheit und Verwesung** umso deutlicher hervor und mündet schließlich in apokalyptischen Untergangsvisionen. Dann aber gewinnt der Text an Leichtigkeit, hebt sich zusehends aus der abstoßenden Hässlichkeit, aus der konkreten Umgebung der Vorstadt und damit auch aus dem festen Raum-Zeit-Gefüge heraus. Er lässt sich ins Unterbewusste fallen, Erinnerungen steigen auf. Diese Bewegungen, die Wahrnehmung und das instabil werdende Bewusstsein verschmelzen im Bild der titelgebenden Fallwinde. (Die Betonung solcher psychischen Prozesse lässt auch an die Lehren Sigmund Freuds denken, die in der Entstehungszeit des Gedichtes ihre Wirkung entfalteten.)

<small>literaturgeschichtlicher Kontext</small>

<small>Expressionismus: Motiv der Groß(Vor-) Stadt</small>

Die letzte Strophe des Gedichts schließlich fügt, frei von Grenzen und Gesetzmäßigkeiten der Realität, **Elemente romantischer Dichtung** zusammen: märchenhafte, mittelalterlich beziehungsweise exotisch anmutende Landschaften, in die Ferne führende Alleen und die Weite des Meeres, die jedoch allesamt als ästhetisch überhöhte Spiegelungen des tristen Vorstadtlebens gelesen werden können. So betrachtet ließe sich die Phantasmagorie des Schlussteils als moderne, **neuromantische Umsetzung des romantischen Konzepts der unendlichen Spiegelung** verstehen.

<small>moderne Umsetzung der „unendlichen Spiegelung"</small>

TEILAUFGABE 2

In seiner letzten Strophe zeigt Georg Trakls expressionistischer Text somit Züge der **Neuromantik**. In Gänze von dieser Strömung getragen ist hingegen das gut 20 Jahre früher, im Jahr 1890 entstandene Gedicht *Siehst du die Stadt?* von Hugo von Hofmannsthal. Vergleicht man die Gestaltung des Stadtmotivs in diesem Gedicht der Jahrhundertwende mit jener in Trakls modernerem Text, so lassen sich einige Parallelen und Gemeinsamkeiten, aber auch Unterschiede erkennen.

<small>Vergleich: Gestaltung des Stadtmotivs in *Vorstadt im Föhn* und *Siehst du die Stadt?*</small>

In ihrer **äußeren Form und im Aufbau der Strophen** sind die beiden Texte ähnlich konventionell: Die drei Strophen des Vergleichsgedichts umfassen je vier Verse und sind mit Kreuzreimen verknüpft.

<small>konventionelle äußere Form</small>

In beiden Gedichten geht es um das wechselseitige **Verhältnis zwischen dem wahrnehmenden Subjekt und der Stadt**. Dabei bleibt das Subjekt der *Vorstadt*, obwohl der Text das Verschwimmen des Bewusstseins unter dem Einfluss des Föhns nachzeichnet, in gewisser Weise **abstrakt und anonym**, wie auch die Verwendung der Pronomen und Artikel zeigt: So steigen „Erinnerungen an ein [unbestimmtes] früheres Leben" (A, V. 19) auf, und „man" (A, V. 23) erkennt die Gebilde in den Wolken. In *Siehst du die Stadt?* hingegen tritt, wie bereits der Titel zeigt, ein **lyrisches Ich** deutlich in Erscheinung (vgl. „im Herzen mein", B, V. 9) und wendet sich in der Anrede an ein allgemeines Du. Dementsprechend ist auch das Verhältnis zur Stadt ein ganz anderes. Blieb das Textsubjekt des ersten Textes in der Rolle des distanzierten Beobachters, so entwickelt sich die **Beziehung zur Stadt** im zweiten Gedicht zu einem nachgerade erotisch aufgeladenen **Liebesverhältnis**.

> das Verhältnis zwischen dem wahrnehmenden Subjekt und der Stadt

Dazu passt auch die jeweilige **Tageszeit** in den beiden Gedichten: Die triste, unschöne „Vorstadt" zeigt sich am Ende des Tages; „**Dämmerung**" (A, V. 12) und rötlich gefärbte Abendwolken verbreiten eine teils trostlos-morbide, teils apokalyptische Atmosphäre, in der die Umgebung nichtsdestotrotz deutlich zu erkennen ist. Hofmannsthals Gedicht hingegen öffnet die **Nacht als Raum der Annäherung und Vereinigung** von Ich und Stadt. Dabei ist der nächtliche Zeit-Raum, den Vorstellungen der Romantik entsprechend, ambivalent, der „Glanz" (B, V. 10) des „Mond[es]" (B, V. 3) und der sommerlich „laue Nachtwind" (B, V. 5) erschaffen eine Atmosphäre von Schönheit und „zauberischer Pracht" (B, V. 4), in der dennoch etwas „[R]ätselvoll[es]" (B, V. 8), „[G]eisterhaft[es]" (B, V. 6), Unheimliches zu spüren ist.

> Tageszeit

Gänzlich verschieden ist nun die **Darstellung der Stadt** selbst: Trakls Text zeichnet, sieht man von der Schlussstrophe ab, ein typisch expressionistisches Bild, bestimmt von **Durcheinander und Lärm, Ekel und Schmutz**. Die Gestalten darin bewegen sich tierhaft-animalisch und sind ihres Menschseins beraubt. Ganz anders bei Hofmannsthal: Hier ist die **Stadt als Frau**, ja als Geliebte personifiziert. Sinnlich „schmieget [sie sich] in das Kleid der Nacht" (B, V. 2). „Es gießt der Mond der Silberseide Flut/Auf sie herab" (B, V. 3 f.). Der kostbarere, feine Stoff besteht aus fließender Bewegung und Licht, er materialisiert sich ausschließlich in dem leisen Rauschen, das der Klang der dichterischen Sprache in der auffälligen Häufung der S-Laute hervorbringt. Größer könnte der Gegensatz zu den armeseligen, schmutzigen Frauen der „Vorstadt" kaum sein. Bemerkenswert ist unter diesem Aspekt auch die Mittelstrophe des Hofmannsthal-Gedichts. Sie zeigt die „Frau" im intimen Moment des Schlafs. Die entfernten Geräusche der nächtlichen Stadt werden

> Darstellung der Stadt

auf der Bildebene zu „tiefe[en] und schwer[en]" Atemzügen. Ja, sie „weint" sogar „im Traum" (B, V. 7), gewissermaßen stellvertretend für all den in der Stadt durchlebten Kummer, und vereint in sich die ganze Bandbreite menschlicher Schicksale, „verlockend, bang" (B, V. 8) und „qualvoll bun[t]" (B, V. 10). Kamen in der *Vorstadt im Föhn* **Elend und Verwahrlosung** der Proletarierfrauen immerhin zur Sprache, so vermittelt der zweite Text tiefes **Mitgefühl mit den Menschen** der Stadt, wenn auch in einer sprachlich stilisierten, ästhetisch gänzlich verschiedenen Art der Ausformung.

Auch die in den beiden Gedichten vorkommenden **Sinneswahrnehmungen** lassen sich vergleichen. So ist in Trakls Text die Vorstadt im ersten Abschnitt beherrscht von Hektik und Bewegung, die **Sinneseindrücke überlagern sich** in einer fast unangenehmen Weise, bis sich das Bewusstsein unter dem Einfluss des Föhns eintrübt. In einer Übergangsphase des Schlafes beruhigt sich die Szenerie (vgl. A, V. 17). Die Schlussstrophe ist allein dem Schauen vorbehalten, hier „sieht man" (A, V. 23) die Fantasiegebilde oben in den Wolken.

<small>Sinneswahrnehmungen</small>

Was das zweite Gedicht angeht, so betont die Eingangsfrage „Siehst du die Stadt?" zunächst den **Sehsinn** – eine Frage, die der Text unbeantwortet lässt. Strenggenommen ist in der Dunkelheit ja auch nichts zu erkennen, zu sehen sind nur das Mondlicht und der „Glanz" (B, V. 10), der „Wiederschein" (B, V. 11) der nächtlich erleuchteten Stadt – indirekte, schimmernde Lichtverhältnisse, in die beispielsweise auch Eichendorff seine poetischen Landschaften hineinversetzt. Die Eindrücke der zweiten Strophe sind ausschließlich **akustischer** Art, die Nacht wird zum **Klangraum:** Der „laue [W]ind" (auch bei Trakl taten die Föhnwinde das Ihre) „weht" die Geräusche der Stadt zum Sprecher „her" (B, V. 5). Diese sind „verlöschend leis[e]" (B, V. 6), also ganz anders als in der lärmenden „Vorstadt". In der letzten Strophe schließlich nimmt das lyrische Ich die „dunkle Stadt" (B, V. 9) in sich auf, sie „schläft" in seinem „Herzen" (B, V. 9). Diese Vereinigung führt dazu, dass alle **Sinneswahrnehmungen synästhetisch verschmelzen**, denn „schmeichelnd" und „[g]edämpft zum Flüstern" „schwebt" nun der „Wiederschein" (B, V. 11 f.) der Stadt um den Sprecher. Damit greifen die letzten Verse noch einmal das Eingangsbild der Stadt auf, die sich ins Mondlicht wie in ein Seidenkleid schmiegt, und übertragen es auf den Sprecher, den nun seinerseits der Lichtglanz der Stadt gleichsam liebkosend umschmeichelt, den nun seinerseits das Licht wie eine Aura umgibt. Während also das – ohnehin wenig konturierte – Textsubjekt am Ende des Trakl-Gedichts in den Fantasiebildern und Erinnerungen verschwindet, rückt der Sprecher bei Hofmannsthal gänzlich ins Zentrum.

Damit im Zusammenhang ist schließlich die **räumliche Situierung** der Stadt, sind die **räumlichen Strukturen** in den beiden Gedichten von Bedeutung. Trakls Gedicht wird von der Aufteilung der Bereiche in **Oben und Unten** bestimmt, wobei sich die hässliche Vorstadt (unten) in den Wolkengebilden (oben) in ästhetisch überhöhter Form widerspiegelt. Bei Hofmannsthal hingegen entsteht der Raum durch die Kategorien von **Ferne und Nähe, Außen und Innen** sowie durch die Bewegung innerhalb dieses Raums. So „ruht" die Stadt zunächst „da drüben" (B, V. 1), in einiger Entfernung zum Sprecher. In der zweiten Strophe nähert sie sich an, sie bewegt sich akustisch „her" (B, V. 5). In der dritten Strophe schließlich hat sich das Verhältnis von Außen und Innen umgekehrt, denn nun liegt die Stadt im Inneren des Sprechers. Damit führt der Weg durch die Weite der Nacht zugleich ins Innere des Subjekts – eine Bewegung, die an romantische Vorstellungen von Wandern und **Unendlichkeit** erinnert. Die Seele wird, gleich der Nacht, zum Resonanzraum, in dem der Klang der Stadt widerhallt, ihr Glanz sich widerspiegelt.

räumliche Strukturen und Situierung

Beide Texte, sowohl Hofmannsthals Jahrhundertwende-Gedicht als auch Trakls expressionistisches, münden also in **Denkfiguren der Romantik** und zeichnen damit ein jeweils eigenes, letztlich jedoch ähnliches Bild. „Die Welt muss poetisiert werden!", so wussten die Romantiker. „Die Stadt muss poetisiert werden!", so überführen die beiden Dichter den Gedanken in die Moderne.

Schluss: Romantik in der Moderne

Hessen Deutsch ▪ Abiturprüfung 2023
Leistungskurs ▪ Vorschlag A

NÄCHTLICHE SEHNSUCHT

Erlaubte Hilfsmittel
- ein Wörterbuch der deutschen Rechtschreibung
- Textausgaben der Pflichtlektüren ohne Kommentarzeichen, ggf. mit Worterläuterungen
- eine Liste der fachspezifischen Operatoren

Aufgabenstellung

1. Interpretieren Sie das Gedicht *Verlornes Meer* von Max Herrmann-Neiße. (Material 1) *(60 BE)*

2. Vergleichen Sie Herrmann-Neißes Gedicht (Material 1) mit Joseph von Eichendorffs Gedicht *Der Einsiedler* (Material 2) unter Berücksichtigung des Inhalts und der sprachlich-formalen Gestaltung. *(40 BE)*

Material 1   Max Herrmann-Neiße (1886–1941): Verlornes Meer (1927)

Ich sehne mich nach einer Nacht am Meere:
die Schenken[1] schließen, und ich geh' allein
hinab zum Strand, um in der großen Leere
der Weltunendlichkeit für mich zu sein.

5 Da lehne ich dann auf der Landungsbrücke,
sie scheint zu schwimmen, und es treibt mein Traum
hinaus ins All, und über jedem Glücke
vergangnen Jahres wirbelt höhnisch Schaum.

Der Leuchtturm tastet sich mit seinen Fühlern
10 von neuem immer wieder auf die Flut
und wird zurückgespült. Mit immer kühlern
Nachtwinden streift der Ozean mein Blut.

Blinkfeuer[2] grüßen. Inseln winken, sinken.
Ganz draußen zieht ein Lichtschiff[3] seine Bahn.
15 Zu meinen Füßen glucksend scheint zu trinken
Nachtwandlers Schiffbruch den Salzwasserwahn.

Die Stadt hinter den Dünen ward begraben
mit Kneipen, Kirchen, Schelm- und Priesterwort.
Die Nacht ist schwarz. Der Wogen dunkle Raben
20 ballen sich über dem versunknen Ort.

Allein ich lebe, in der großen Leere
des Weltensterbens zweifelhaftes Glück.
Ich sehne mich nach einer Nacht am Meere
und kehre nimmermehr dorthin zurück.

Max Herrmann-Neiße: Um uns die Fremde. Gedichte 2, Frankfurt am Main 1986, S. 166.

Anmerkungen
1 Schenke: kleines Wirtshaus, Schankwirtschaft
2 Blinkfeuer: Leuchtfeuer, das abwechselnd leuchtet und erlischt
3 Lichtschiff: auch Feuerschiff, ähnlich wie ein Leuchtturm ausgestattetes Schiff, das als Navigationshilfe für Schiffe dient

Hinweis
Die Rechtschreibung entspricht der Textvorlage.

Material 2   Joseph von Eichendorff: Der Einsiedler (1834/35)

Komm, Trost der Welt, du stille Nacht!
Wie steigst du von den Bergen sacht,
Die Lüfte alle schlafen,
Ein Schiffer nur noch, wandermüd',
5 Singt übers Meer sein Abendlied
Zu Gottes Lob im Hafen.

Die Jahre wie die Wolken gehn
Und lassen mich hier einsam stehn,
Die Welt hat mich vergessen,
10 Da trat'st du wunderbar zu mir,
Wenn ich beim Waldesrauschen hier
Gedankenvoll gesessen.

Trost der Welt, du stille Nacht!
Der Tag hat mich so müd' gemacht,
15 Das weite Meer schon dunkelt,
Laß ausruhn mich von Lust und Not,
Bis daß das ew'ge Morgenrot
Den stillen Wald durchfunkelt.

Joseph von Eichendorff: Ausgewählte Werke. Band 1, München 1987, S. 283 f.

Hinweis
Die Rechtschreibung entspricht der Textvorlage.

TIPP Bearbeitungshinweise

Im **Vergleichen von Gedichten** sind Sie sicherlich geübt; und **Merkmale romantischer und expressionistischer Gedichte** können Sie vermutlich wie am Schnürchen hersagen. Sie wissen aber auch, dass richtige Dichter ihre Texte nicht anhand von Merkmallisten „herstellen". Sie suchen vielmehr die ihnen zwingend erscheinende sprachlich-klangliche und formale Fassung für das, was sie in ihrem Inneren bewegt. Bilder und Motive aus ganz anderen Epochen können dabei – wenn auch abgewandelt – in ihrem Gedicht nachklingen, denn sie kennen ja auch Lyrik und Lebensvorstellungen vergangener Zeiten. Eichendorff nur mal als Beispiel hat sich von einer barocken Strophe zu seinem *Einsiedler* anregen lassen. Wundern Sie sich also nicht, wenn Sie bei Herrmann-Neiße vielleicht an Romantisches erinnert werden, und trauen Sie sich, das auch zu sagen.

Grundsätzlich aber: Sie sind im Abitur aufgeregt, Gedichte aber brauchen Sammlung, Ruhe und **Zeit**. Nehmen Sie sich eine Stunde zum puren Kennenlernen beider Texte: zum **Sich-Einlesen** und **Sich-Einhören** und zum **Nachdenken**! Ein Bleistift sollte da schon zur Hand sein, denn es empfiehlt sich, von Anfang an das **metrische Schema** notiert zu haben und lesend zu erfahren, wie sich die Sätze in diesem Taktmaß bewegen. Lesen Sie sich die Gedichte auch mal in der chronologischen Reihenfolge M 2 vor M 1 vor. Der **Wandel in Welt- und Menschenbild** binnen der drei Generationen dazwischen wird Ihnen dabei besonders fühlbar bzw. bewusst werden. Wenn Sie dann systematisch mit Stift arbeiten, schauen Sie nach der **räumlichen Situierung des lyrischen Ich** (Von wo aus spricht es? Welcher Horizont eröffnet sich ihm?) und nach der **zeitlichen Schichtung** des Gedichts. Machen Sie sich die **inhaltlichen Schritte** (Gliederung/Aufbau/gedankliche Entwicklung von Strophe zu Strophe) klar und schauen Sie vom Schluss – vergleichend – wieder zurück zum Beginn. Was hat sich verändert? Markieren Sie Änderungen im Metrum – diese haben oft einen Grund; gehen Sie dem nach. Untersuchen Sie, durch welche **klanglich-rhythmischen, sprachlich-rhetorischen Mittel** wie z. B. Wiederholungen die jeweilige Gefühlslage und Atmosphäre zum Ausdruck gebracht und besonders betont ist. Fragen Sie nach und halten Sie fest, was sich Ihnen nicht erschließen will. Allmählich werden Sie aus Ihren Einzelbeobachtungen **Ihr Verständnis** des Gedichts (Ihre Interpretation) gewinnen. Welches Gedicht könnte man vertonen und singen? Welches sperrt sich wohl eher dagegen?

Schreiben Sie möglichst erst los, wenn Sie zu beiden Texten Ihren Zugang gefunden haben und mit einem groben **Überblick über beide** einleiten können. Und stückeln Sie nicht. Während der Vorarbeit gemachte Beobachtungen, die sich nicht gut in die gedankliche Entwicklung Ihrer Interpretation integrieren lassen, dürfen Sie übergehen.

Anm. zu M 2: An Einsiedler bzw. Einsiedeleien erinnern im heutigen Europa vermutlich nur noch Ortsnamen. Eichendorff aber konnte Einsiedlern noch begegnen. Es waren fromme Männer, die sich – noch strenger als Mönche in ihren Klostergemeinschaften – „aus der Welt", also aus aller weltlichen Geschäftigkeit und Menschengesellschaft in eine Klause (Einsiedelei) in einsamer Natur zurückgezogen hatten. Meist wurden sie als heilig oder besonders weise verehrt.

Lösungsvorschlag

TEILAUFGABE 1

Anscheinend beide Gedichte, das von **Joseph von Eichendorff** von 1834/35 und das von **Max Herrmann-Neiße** von 1927, könnten den Titel des Aufgabenvorschlags haben und **„Nächtliche Sehnsucht"** heißen. Und da sowohl die Nacht als auch die Sehnsucht romantische Motive sind, könnte man zunächst zwei romantische Gedichte erwarten. Während aber Eichendorffs Einsiedler vor allem der Nacht zugewandt ist, steht das titelgebende Meer bei Herrmann-Neiße im Zentrum der Aufmerksamkeit. **Nacht und Meer**, zwei emotional und gedanklich reich aufgeladene Naturphänomene, könnten aber auch als Gegensätze betrachtet werden: Nicht erst seit der Romantik steht die Nacht vor allem für Stille und innere Sammlung, das Meer dagegen auch für das unbezähmbare, unermüdlich flutend-zurückflutende, abreißende und umgestaltende Urelement. Beide jedoch, Nacht und Meer, vermitteln eine Ahnung von Unendlichkeit. Wie sonderbar also, dass Herrmann-Neiße da von „[v]erlorne[m]" Meer sprechen kann.

<small>Einleitung
thematische Hinführung zu den beiden Gedichten</small>

Das lyrische Ich in *Verlornes Meer* steht, ab Vers 1 „ich" sagend, aktuell allerdings gar nicht am Meer. Herrmann-Neißes Gedicht ist **nicht** unmittelbare **Erlebnislyrik**, wie sie aus dem 18./19. Jahrhundert bekannt ist. Sondern sein Ich sehnt sich zurück „nach einer Nacht am Meere" (V. 1). Vielleicht sitzt es zu Hause, als die Erinnerung an diese eine längst vergangene und offenbar unwiederbringliche Nacht ihn wieder in Bann schlägt.

<small>Interpretation von *Verlornes Meer*</small>

Die ersten vier Strophen sind, obwohl im Präsens gehalten, ab Vers 2 also **Rückblick**. Aber in ihnen vergegenwärtigt sich diese Nacht, von der man nicht einmal recht sagen kann, ob sie eine letztlich beglückende oder doch eher demütig machende und melancholische war.

<small>Aufbau Strophe 1–4</small>

Dann folgt mit **Strophe 5** ein **Zeitsprung**. Damals gab es am Meer die Landungsbrücke, auf der das sich erinnernde Ich einmal stand,

<small>Strophe 5</small>

und hinter den Dünen gab es eine kleine Stadt voller Leben (vgl. V. 2 und 18). Wohl eine Sturmflut hat dies alles fortgerissen. Heute ist da nichts mehr; es ist ein „versunkne[r] Ort" (V. 20). Der **Titel** drückt wohl aus, dass mit diesem Ort auch der damals besuchte Abschnitt des Meeresufers nichtssagend geworden ist, weil er menschenleer und gleichsam entseelt und insofern **verloren** erscheint.

Im Überblick also erkennt man, dass das Gedicht sozusagen eine Rolle rückwärts macht: Es erinnert sich ab Vers 2 an eine ferne Vergangenheit, spricht danach von einer jüngeren Vergangenheit und kehrt erst dann, mit der **letzten Strophe**, in die **Gegenwart** des lyrischen Ich zurück. Das **Fazit**, das es hier zieht, ist zumindest herb. Indem Rondo-artig das **Sehnsuchtsmotiv** von Vers 1 hier neu anklingt, wird deutlich, dass ein **nie mehr zu stillender Schmerz** dieses Ich gefangen hält. Anders gesagt: In jenem nächtlichen Gang aus der Stadt an den Strand und in dieser Nacht am Meer muss es sich so voller Leben gefühlt haben wie dann nie mehr. Darum wohl ist ihm die tiefe, weit zurückliegende Vergangenheit – vielleicht seine Jugendzeit? – unvergessen.

zeitliche Schichtung

Herrmann-Neiße hat ein **Meergedicht** und ein **Sehnsuchtsgedicht** zugleich geschrieben und das eine mit dem anderen verwoben. Beide Motive, das bewegliche **Fluten der Wellen** und **die ziehende Sehnsucht**, kann man dank Metrum und Satzfluss (in Melodie und Rhythmus) horend nachvollziehen. Er hat dem Gedicht aus **sechs Quartetten** ein fünfhebiges, weitgehend regelmäßiges **jambisches Metrum** mit Auftakt und alternierendem Kreuzreim gegeben, also ein festes Gerüst. Auf den berühmten expressionistischen Zeilenstil verzichtet er. Dass Vers- und Satzende zusammenfallen, kommt höchstens einleitend vor (V. 1, 5), in den additiven Nennungen (V. 13 f.) und im Schluss (V. 23 f.), als sowieso alle Bewegung endet. Charakteristisch dagegen sind die „versüberspülenden", schwingenden **Enjambements**, in denen ein Satz oder auch mehrere Sätze gleichsam über ihre Vers-Ufer weiterdrängen und zu einer großen Bewegung werden (vgl. V. 2, 3, 4; V. 6, 7, 8 u. a.). Aufgehalten und gegliedert wird dieser Impuls zum Weiterströmen der Sätze durch **Zäsuren im Versinnern**, das heißt: Der neue Satz fängt nach dem zweiten oder dritten Takt an (V. 2 nach „schließen"; V. 6 nach „schwimmen"; V. 7 nach „All"; V. 11 nach „zurückgespült"; und besonders markant und unwiderruflich in Strophe 5, V. 19 nach: „Die Nacht ist schwarz."). Übrig von allem, was einmal war, ist da nur noch Düsternis und die vernichtende Gewalt des Wassers, metaphorisch gefasst als „Der Wogen dunkle Raben", die sich hier „ballen" (V. 19 f.).

Gestaltung von Metrum und Versen

Unversehens hat der Nachweis des weiterdrängenden Rhythmus in Herrmann-Neißes Gedicht uns auch auf seinen **Sprachgebrauch**, auf eine wuchtige **Genitivkonstruktion** gestoßen, bevor wir uns überhaupt mit dem Erleben jener fernen Nacht am Meere beschäftigt haben. Aber jede Beobachtung zu einem Gedicht führt in sein Zentrum.

Was nun war damals? Nach einer wohl durchzechten Nacht in einer Stadt am Meer hatte das Ich das Bedürfnis, „in der großen Leere/der Weltunendlichkeit" (V. 3 f.) für sich allein zu sein, als müsse es sich besinnen, zu sich kommen und vielleicht etwas besonders Gravierendes verarbeiten. Bewusst setzt es sich also der Weite des nächtlichen Elements aus. Die „**große Leere der Weltunendlichkeit**", diese ins Kosmische und Absolute gesteigerte hyperbolische Benennung dafür, hat hier noch nicht die nihilistische Färbung metaphysischer Verlorenheit wie dann später (vgl. V. 21 f.), sondern ist der selbst gewählte Ort für tiefes Aufatmen und Selbstbesinnung. Dennoch erweist sich dieser einzelne Mensch vorn auf der Landungsbrücke sogleich (ab Strophe 2) als instabil und preisgegeben. Das Setting erinnert an den *Mönch am Meer*, das berühmte Bild des romantischen Malers Caspar David Friedrich, der immer wieder den einzelnen Menschen im Anblick einer überwältigenden Natur darstellte. Hier nun hat **das Meer** den **aktiven, dynamischen und allmächtigen Part**. Schon verliert das Ich gefühlsmäßig den festen Halt unter den Füßen, denn die Landungsbrücke, auf der es steht, „scheint zu schwimmen" (V. 6). Aber auch was es als „Traum" in sich trägt, bleibt ihm nicht, sondern „treibt" (V. 6) wie vom Meer gezogen „hinaus" (V. 7) und, muss man annehmen, zergeht zu nichts. Und „höhnisch" verwirbelt die personifizierte Gischt alles, was es als Glück seines letzten Jahres erinnert (vgl. V. 7 f.).

lyrisches Ich: anfängliche Gefühlslage und Verhältnis zum Meer

Also ein fatales, ein vernichtendes Erlebnis? In jedem Fall ein existenzielles. Das Ich richtet jetzt den Blick aufs Meer hinaus und nimmt da **menschliche Zeichen**, Lichtsignale zur **Orientierung** für Seefahrer, wahr: einen Leuchtturm, Blinkfeuer auf Inseln und ein Lichtschiff. Aber auch hier scheint es ihm, dass nicht Menschen ihre Signale an- und abschalten, sondern die personifizierten Hilfsmittel selbst. Es ist, als „tast[e] sich" der Leuchtturm mit seinem Licht – die „Fühle[r]" (V. 9) lassen an ein Insekt denken – ins Weite, werde aber von der Flut gleichsam chancenlos jedes Mal wieder „zurückgespült" (V. 11). Die Inseln scheinen kurz herüberzugrüßen und gleich wieder zu versinken in ewigem Werden und Vergehen. Das alte **Vanitas-Motiv** des Barock scheint im Binnenreim (vgl. V. 13) auf und bleibt dann in allem weiteren Erleben gegenwärtig. Schließlich erreicht das personifizierte Meer im Bund mit den nun kühleren Nachtwinden das Ich auch körperlich im Innern: Es „streift der Ozean [sein] Blut" (V. 12). Da kehrt der Blick zu sich, zum Landungssteg und zu dessen Grund zurück, und die Vorstellung eines

Wahrnehmung der Signale und Bezug zum Erleben des Ich

Schiffbruchs bemächtigt sich seiner (V. 15 f.): Unheimlich glucksen die Wasser zu seinen Füßen, und ihm ist, als tränke der Schiffbruch des Nachtwandlers nicht nur Salzwasser, sondern „den Salzwasserwahn". Mit diesem nun wirklich **expressionistisch aus Nomen** aufgetürmtem Vers (abermals Genitivkonstruktion inklusive Schiffbruch als Symbol des Scheiterns plus abschließender Neologismus, zusammengesetzt aus Konkretem und Abstraktem) enden die vier der Vorvergangenheit geltenden Strophen hart und wie eine definitive Vernichtung; aber zu deuten ist dieser Vers kaum. Ist das erlebende Ich der Nachtwandler, der hier sein eigenes Scheitern registriert? An sich kann nur ein Mensch, nicht aber ein Schiffbruch (aktiv) trinken. Und „Salzwasserwahn" mit w-Alliteration und der dreimaligen a-Assonanz lässt sich nicht abschließend deuten, korrespondiert aber mit den dunklen Raben der Wogen (vgl. V. 19) und den schon angesprochenen Metaphern-Knäueln in den Rahmenstrophen 1 und 6.

Eindeutig ist: Eine reiche Vorstellungskraft belebt das schauend-erlebende, sich dem Meer aussetzende Ich. Herrmann-Neiße vermeidet Vergleiche; stattdessen nutzt er die verbale Annäherung „[es] **scheint**…" (vgl. V. 6 und V. 15) sowie eine starke **Metaphorik**. Zudem wirkt alles **belebt**: Personifiziert sind nicht nur Meer und Signale, sondern auch die „begraben[e]" (V. 17) Stadt selbst, die in Form einer Aufzählung umschrieben wird, bei der weltliche Freuden („Kneipen", „Schelm[wort]") und geistliche Erbauung („Kirchen", „Priesterwort", V. 18) kombiniert sind.

Sichtweise des lyrischen Ich

Nach der Gewissheit vom Untergang der Stadt am Meer verdüstert sich das Gedicht. Was vorher lebendig war, ballt sich jetzt zu Schwärze (vgl. V. 19 f.). Aus der vielleicht noch eher magisch empfundenen „großen Leere/der Weltunendlichkeit" (V. 3 f.) des Anfangs ist die nun eindeutig hoffnungslos konnotierte „**groß[e] Leere/des Weltensterbens**" (V. 21 f.) geworden und damit das Bewusstsein, dass ein Leben inmitten solcher Sinnleere ein höchst „zweifelhaftes Glück" (V. 22) ist. Im Fazit also **Schwermut**, Hoffnungslosigkeit und darin – wie eine Parallele zu den „Blinkfeuer[n]" (V. 13) auf nächtlicher See – als winziger Lichtfunke die Sehnsucht nach jener Nacht des reichen Empfindens? Ein kompliziertes Gedicht also, gesprochen aus sicherlich komplizierter Lebens- und Seelenlage heraus und ungewöhnlich **subjektiv** auch noch für die Zeit des Spät-Expressionismus. Die Stimmung ist **elegisch** und damit der bösen Fröhlichkeit völlig entgegengesetzt, mit der Jakob van Hoddis 1911 das *Weltende* der Bürgerwelt inszenierte.

Ausklang in nihilistischer Stimmung

TEILAUFGABE 2

Auch Eichendorffs **Rollengedicht *Der Einsiedler*** von 1834/35 umspannt ein **ganzes Leben**. Es beginnt mit einem konkreten Abend in Strophe 1. Strophe 2 enthält einen Lebensrückblick, und Strophe 3 richtet sich auf eine nicht mehr allzu ferne Zukunft.

Gedichtvergleich mit Der Einsiedler
kurze Inhaltswiedergabe

Aber im Gegensatz zu dem komplizierten Aufbau von Herrmann-Neißes Gedicht und der seelischen Problematik seines lyrischen Ich scheint nicht nur das **Ich** bei Eichendorff trotz mancher Verletzung durch das Leben insgesamt mit sich im Reinen zu sein, sondern auch seine Verse laufen so sanglich, schlicht und harmonisch, dass sie am Ende wie selbstverständlich in die Vision einer lichten Ewigkeit einmünden. Bei Herrmann-Neiße ist **am Ende** alles **rabenschwarz**; bei Eichendorff dagegen funkelt im Finale ein Morgenrot.

Stimmung des Ich und Schlusswendung

Herrmann-Neißes lyrisches Ich hatte keinen Adressaten, blieb also **monologisch**. Eichendorffs **Einsiedler** aber hält **Zwiesprache mit der** ihm vertrauten und lieben **Nacht**. Seine Klause in bergiger Landschaft an einem Waldrand gewährt ihm einen weiten Blick bis hinaus aufs Meer und hinab zum Hafen am Fuß des Berges. Ein Leben lang hat er hier Tage kommen und gehen und Schiffe ausfahren und wieder in den Hafen einlaufen gesehen. Nun ist er alt. Wieder geht ein Tag zu Ende, und er heißt die von den Bergen herabsteigende Nacht als seinen **ersehnten Trost** willkommen bzw. ruft sie herbei (vgl. M 2, V. 1 f.). „[S]acht" (M 2, V. 2) kommt die Nacht, der Wind hat sich gelegt (vgl. M 2, V. 3), die Nacht bringt Stille bzw. sie *ist* die Stille (vgl. M 2, V. 1).

Redesituation

Die **Verse der ersten Strophe** erzeugen das Gefühl eines **tiefen Abendfriedens** zusätzlich dadurch, dass von unten das Lied eines einzelnen Schiffers „übers Meer" (M 2, V. 5) hinaus ins Weite und bis zu ihm hinauf klingt. (Physikalisch kaum möglich, das oben zu hören, aber es komplettiert diese zarte, andächtig-lyrische **Abendstimmung**.) Man hat interpretierend den Eindruck, den Wortlaut von Eichendorffs Versen nicht antasten zu dürfen. Die pure Rekonstruktion ihres Inhalts zerstört sie. Eichendorffs **drei Sextette** bauen sich aus jambischen Vierhebern auf, wobei – entsprechend dem **Reimschema a, a, b, c, c, b** – die durch den Schweifreim b, b zusammengeschlossenen Verse nur drei Takte haben und stets einen Ruhepunkt setzen. Man hört die Pause mit, die durch den weggelassenen vierten Takt entsteht. In ihr hallt Gesagtes gleichsam nach: „**Die Lüfte alle schlafen [–]**" ist so ein **Kurzvers** (V. 3), in dem das „schlafen" noch einen Takt Zeit hat, sich richtig zu ereignen. Pluralisch, verbal und im Zusammenspiel der Vokale und Konsonanten schwingt hier also Bild bzw. Gedanke noch fort. Ganz zur

M 2: Erzeugen von Stimmung

Metrum und Reimschema

Ruhe kommt der Tag schließlich durch **das Reimwort „Hafen"** (V. 6) als Resonanz auf „schlafen", wobei „Hafen" an sich schon Symbol des Zur-Ruhe- und Angekommenseins ist und auf die Schlussverse vorausweist.

Bei Eichendorff sind neben den **Adjektiven** die **Verben** bestimmend und sorgen dafür, dass der Text fließt, während Herrmann-Neißes extremer **Nominalstil** mit seinen robusten Komposita trotz der „maritimen" Enjambements zu Stauungen führt und tatsächlich so etwas wie ein entgegengesetztes Weltbild verkörpert. Und dies, obwohl bei beiden die **Natur personalisiert** ist.

<small>Wortwahl</small>

Beide Texte arbeiten mit einem **Rahmen**, der jeweils eine **Rückschau** in die Vergangenheit umschließt. Doch während sich im jüngeren Gedicht der quälend-sehnsüchtige Blick des lyrischen Ich auf etwas Versunkenes, dauerhaft Verlorenes richtet, kann der Einsiedler abgeklärt und in sich ruhend den Gang der Jahre reflektieren. Eichendorffs Gedicht öffnet sich gleichsam wie ein **Triptychon**, ein **Klappbild mit drei Flügeln**. Nachdem der Einsiedler den Abend eines konkreten Tages und das anschließende „Herabsteigen" der von ihm ersehnten realen Nacht gleichsam mitvollzogen hat, kommentiert er in der **Mittelstrophe** in kurzem **Rück- und Überblick** das Vergehen seiner Lebensjahre und begründet sein inniges Verhältnis zur Nacht. Wie die Wolken, also flüchtig, seien seine Jahre gegangen (vgl. V. 7). Als die Menschen ihn schließlich vergessen hatten, trat „wunderbar" (V. 10) die Nacht zu ihm und wurde des Einsamen Gefährte. Wie schon in Strophe 1 spricht er **die personifizierte Nacht** weiter **als Du** an. Es zeigt sich, dass alle drei Strophen zusammen so etwas wie eine **Hymne auf die Nacht** sind, ein (romantisches) Hohelied auf ihre große, tröstliche, tiefe Stille nach dem – bei Eichendorff „lauten" – Tag.

<small>Aufbau und Zeitgestaltung</small>

Bei **Herrmann-Neiße** ist die **Nacht** dagegen **ambivalenter** gezeichnet: Erinnert sie zunächst an die Zeit früheren Glücks, steht sie zuletzt für Tod und Verzweiflung (vgl. M 1, V. 19). Zwar bekommt auch Eichendorffs Nacht eine existenzielle Bedeutungstiefe, wird aber nicht bedrohlich, sondern ist Trost und Freund. In **Strophe drei** kehrt ohne den Auftakt „Komm" die erste Anrede an die Nacht direkt und noch prononcierter wieder (vgl. V. 13), und es entsteht so etwas wie ein **Bittgebet**. Die Tageszeiten Tag und Nacht changieren nun hinüber ins Metaphysische. **Der Tag**, das ist **das Leben**. Nicht anders als jeder Mensch und wohl auch Herrmann-Neißes Ich hat der Einsiedler in seinem Leben „Lust und Not" (V. 16) erfahren; aber das ließ ihn nicht klagen und etwa gleich dramatisch-theatralisch in den Abgrund eines „Weltensterbens" blicken (M 1, V. 21 f.). Dennoch: Das Leben hat ihn erschöpft. Er sagt das ganz kindlich: Es

<small>die Nacht als Bild für den Tod</small>

hat ihn „so müd' gemacht" (V. 14). Es verlangt ihn danach, nun davon ausruhen zu dürfen (vgl. V. 16) und sich schlafen zu legen wie zuvor der Abendwind (Strophe 1) in einer **Nacht**, die für ihn wohl schon immer auch **Gleichnis für den Tod** war. Vom realen Meer in Strophe 1 konnte der Schiffer am Abend in seinen konkreten Hafen heimkehren und dankte Gott dafür. Kein Schiffbruch, nirgends. In Strophe 3 wird dann – eine Parallele zum Text Herrmann-Neißes – auch **das Meer** zum **Gleichnis des** unruhigen und wechselhaften **Lebens**. Da es nun aber „schon dunkelt" (V. 15), wird es im metaphorischen Sinn auch für den Einsiedler Zeit, heimzukehren. Aber wohin? In die stille Nacht des Todes? In **einen göttlichen Hafen**? Der Einsiedler ist eine schlichte, gläubige Seele, aber bis auf das Adjektiv „ewig" (vgl. V. 17) vermeidet Eichendorff das hier sonst übliche Vokabular der Kirchen. Wohl aber erweist sich die fast heilige große Nacht in diesem Gedicht doch nicht als Ziel, sondern nur als Durchgangsstadium, denn im Schluss wird „das ew'ge Morgenrot/ Den stillen Wald" durchfunkeln (V. 17 f.). Da gibt es dann keine Nacht mehr. Der Einsiedler ist sich einer Auferstehung gewiss, die sich in der Kulisse seines stillen Waldes (vgl. V. 18) vollziehen wird. Alle „weltlich-konkreten" Dinge dieses Gedichts, **das Meer, der Hafen, der Tag, die Nacht** und am Ende **der Morgen bzw. Sonnenaufgang**, werden im Verlauf von nur drei Strophen transparent für ihre **metaphorische und transzendente Dimension**. Diese Aussicht ist viel **versöhnlicher** und tröstlicher als die nihilistische Verzweiflung des einsamen, metaphysisch entwurzelten Ich bei Herrmann-Neiße, dem nur noch ein zweifelhaftes Glück bleibt.

Durch Eichendorffs Schlussbild entsteht unversehens eine Konkurrenz von stiller Nacht und funkelndem Morgenrot. Aber das Lied insgesamt ist von einer anscheinend gänzlich unangestrengten meditativen Gemütsbewegung getragen und in sich so zauberhaft-musikalisch geschlossen, dass unlogische Wendungen nicht von Bedeutung sind und die ins Leere gehende Sehnsucht des Expressionisten als Gegensatz davon absticht: hier **tiefe Frömmigkeit** – dort **europäische Moderne**.

<small>Fazit</small>

Hessen Deutsch • Abiturprüfung 2023
Leistungskurs • Vorschlag B

FORMEN DER VERFÜHRUNG

Erlaubte Hilfsmittel
- ein Wörterbuch der deutschen Rechtschreibung
- Textausgaben der Pflichtlektüren ohne Kommentarzeichen, ggf. mit Worterläuterungen
- eine Liste der fachspezifischen Operatoren

Dieser Vorschlag bezieht sich auf Thomas Manns Erzählung *Mario und der Zauberer*.

Aufgabenstellung

1 Interpretieren Sie den Auszug aus Wolfgang Koeppens Roman *Tauben im Gras*. (Material) (60 BE)

2 Setzen Sie den vorliegenden Textauszug aus Koeppens Roman (Material) in Beziehung zu Thomas Manns Erzählung *Mario und der Zauberer* hinsichtlich des jeweils vorherrschenden gesellschaftlichen Klimas. (40 BE)

Material Wolfgang Koeppen: Tauben im Gras (1951)

Wolfgang Koeppens Roman „Tauben im Gras" spiegelt die Verhältnisse in Deutschland um 1948 wider. Ort des Geschehens ist das amerikanisch besetzte München. Der vorliegende Auszug ist im letzten Drittel des Romans angesiedelt.

Das Fräulein verkaufte im Warenhaus am Bahnhof Socken. Das Warenhaus verdiente an den Socken. Das Fräulein verdiente wenig. Es gab das Wenige zu Hause ab. Es hatte aber keine Lust, am Abend zu Hause zu sitzen und die Radiomusik zu hören, die der Vater bestimmte: Glühwürmchenflimmere[1], das ewige tödlich langweilige
5 Wunschkonzert, das zäheste Erbe des Großdeutschen Reiches. Der Vater las, während das Glühwürmchen flimmerte, die Zeitung. Er sagte: „Bei Hitler war's anders! Da war Zug drin." Die Mutter nickte. Sie dachte an die alte ausgebrannte Wohnung; da war Zug drin gewesen; es war Zug in den Flammen gewesen. Sie dachte an die immer gehütete und dann verbrannte Aussteuer[2]. Sie konnte den Linnenschrank[3] der Aus-
10 steuer nicht vergessen, aber sie wagte dem Vater nicht zu widersprechen: der Vater war Portier in der Vereinsbank, ein angesehener Mann. Das Fräulein suchte nach den Socken und nach der Glühwürmchen-Musik etwas Heiterkeit. Das Fräulein wollte leben. Es wollte sein eigenes Leben. Es wollte nicht der Eltern Leben wiederholen.

Das Leben der Eltern war nicht nachahmenswert. Die Eltern waren gescheitert. Sie waren arm. Sie waren unheiter, unglücklich, vergrämt. Sie saßen vergrämt in einer grämlichen Stube bei grämlich munterer Musik. Das Fräulein wollte ein anderes Leben, eine andere Freude, wenn es sein sollte, einen anderen Schmerz. Die amerikanischen Jungen waren dem Fräulein lieber als die deutschen Jungen. Die amerikanischen Jungen erinnerten das Fräulein nicht an das grämliche Zuhause. Sie erinnerten das Fräulein nicht an alles, was es bis zum Überdruß kannte: die ewige Einschränkung, das ewige Nach-der-Decke-Strecken, die Wohnungsenge, die völkischen Ressentiments[4], das nationale Unbehagen, das moralische Mißvergnügen. Um die amerikanischen Jungen war Luft, die Luft der weiten Welt; der Zauber der Ferne, aus der sie kamen, verschönte sie. Die amerikanischen Jungen waren freundlich, kindlich und unbeschwert. Sie waren nicht so mit Schicksal, Angst, Zweifel, Vergangenheit und Aussichtslosigkeit belastet wie die deutschen Jungen. Auch wußte das Fräulein, was ein Kommis[5] im Warenhaus verdient; es kannte die Entbehrungen, die er litt, um sich einen Anzug kaufen zu können, einen Anzug im schlechten Geschmack der Konfektion[6], in dem er unglücklich aussah. Das Fräulein würde einmal einen überarbeiteten, enttäuschten, schlechtangezogenen Mann heiraten. Das Fräulein wollte das heute vergessen. Es wäre gern tanzen gegangen. Aber Richard[7] wollte ins Bräuhaus gehen. Auch das Bräuhaus war lustig. Ging man also ins Bräuhaus. Aber man spielte auch im Bräuhaus die Glühwürmchen-Musik.

Die Säle waren überfüllt. Die Volks- und Völkergemeinschaft, die viel gerühmte, die oft besungene Gemütlichkeit des Bräuhauses tobte. Aus großen Fässern strömte und schäumte das Bier; es strömte und schäumte in ununterbrochenem Fluß; die Zapfer drehten die Spünde[8] nicht ab; sie hielten die Maßkrüge unter den Strom, rissen sie vom Bier zurück, schnitten sie ab vom Naß und hielten schon den nächsten Krug unter den Fluß. Kein Tropfen ging verloren. Die Kellnerinnen schleppten acht, zehn, ein Dutzend Krüge zu den Tischen. Das Fest des Gottes Gambrinus[9] wurde gefeiert. Man stieß an, man trank aus, man legte den Krug auf den Tisch, man wartete auf die zweite Füllung. Die Oberländer-Kapelle spielte. Es waren alte Herren in kurzen Lederhosen, die haarige gerötete Knie zeigten. Die Kapelle spielte das Glühwürmchen, sie spielte Sah-ein-Knab'-ein-Röslein-stehn[10], und alle im Saal sangen das Lied mit, sie faßten sich unter, sie standen auf, sie stellten sich auf die Bierbänke, sie hoben die Krüge und brüllten langgezogen gefühlsbetont Röslein-auf-der-Hei-hei-den. Man setzte sich wieder. Man trank wieder. Väter tranken, Mütter tranken, kleine Kinder tranken; Greise umstanden den Waschbottich und suchten nach Bierneigen[11] in den abgestellten Krügen, die sie durstig gierig hinunterspülten. Man sprach von der Ermordung des Taxifahrers. Ein schwarzer Soldat hatte einen Taxifahrer ermordet. Es war Josefs[12] Tod, von dem gesprochen wurde; aber die Fama[13] hatte aus dem Dienstmann einen Taxifahrer gemacht. Ein Dienstmann schien der Fama ein zu armes Opfer für einen Mord zu sein. Die Stimmung war den Amerikanern nicht günstig. Man schimpfte, man raunzte; man hatte zu klagen. Bier hebt in Deutschland das nationale Bewußtsein. In andern Ländern regt Wein, in manchen vielleicht Whisky den Nationalstolz an. In Deutschland ist das Bier der die Vaterlandsliebe belebende Stoff: ein dumpfer, ein nicht erhellender Rausch. Den einzelnen Angehörigen der Besatzung, die sich in den Hexenkessel des

Bräuhauses verirrt hatten, begegnete man nachbarlich freundlich. Viele Amerikaner liebten das Bräuhaus. Sie fanden es großartig und gemütlich. Sie fanden es noch großartiger und noch gemütlicher als alles, was sie darüber gelesen oder gehört hatten. Die Oberländer-Kapelle spielte den Badenweiler Marsch, den Lieblingsmarsch des toten Führers. Man brauchte der Kapelle nur eine Lage zu spendieren, und sie spielte den Marsch, der den Einzug Hitlers in die Versammlungssäle der Nationalsozialisten begleitet hatte. Der Marsch war die Musik der jungen und verhängnisvollen Geschichte. Der Saal hob sich wie eine einzige geschwellte Brust der Begeisterung von den Plätzen. Es waren nicht Nazis, die sich da erhoben. Es waren Biertrinker. Die Stimmung allein machte es, daß alle sich erhoben. Es war nur eine Gaudi! Warum so ernst sein? warum an Vergangenes, Begrabenes, Vergessenes denken? Auch die Amerikaner wurden von der Stimmung mitgerissen. Auch die Amerikaner erhoben sich. Auch die Amerikaner summten den Marsch des Führers, schlugen mit Füßen und Fäusten den Takt. Amerikanische Soldaten und davongekommene deutsche Soldaten umarmten sich. Es war eine warme rein menschliche Verbrüderung ohne politische Absicht und diplomatischen Handel.

Wolfgang Koeppen: Tauben im Gras, Frankfurt am Main: Suhrkamp 1980, S. 182–185.

Hinweise
Wolfgang Koeppen (1906–1996): deutscher Schriftsteller, der sich in seinen Werken insbesondere mit den Verhältnissen in der Nachkriegszeit auseinandergesetzt hat

Die Rechtschreibung entspricht der Textvorlage.

Anmerkungen
1 Glühwurmchenflimmere: *hier:* seichte Unterhaltungsmusik, u. a. Märsche und Schlager zum Mitsingen
2 Aussteuer: Brautausstattung
3 Linnen: Leinenstoff
4 Ressentiments: Vorurteile
5 Kommis: *hier:* Verkäufer
6 Konfektion: industrielle Herstellung von Kleidung, Fertigkleidung
7 Richard: *hier:* junger deutschstämmiger amerikanischer Soldat
8 Spund: Fassverschluss
9 Gambrinus: sagenhafter König, angeblich Erfinder des Bieres
10 Sah ein Knab' ein Röslein stehn: bekanntes deutsches Kunstlied; Text: J. W. v. Goethe
11 Bierneigen: der im Fass verbliebene Rest nach der Leerung
12 Josef: *hier:* Bediensteter eines schwarzen US-Amerikaners; er wird durch den Steinwurf einer aufgebrachten Menschenmenge schwer verletzt und stirbt
13 Fama: *(lat.)* Gerücht

Bearbeitungshinweise

Hintergrundwissen: Wolfgang Koeppens Gegenstand in *Tauben im Gras* ist ein einziger Tag im München der Nachkriegszeit. In ihm kreuzen sich die Wege von circa dreißig Protagonisten aller Schichten so, dass ihre Geschicke dabei kaleidoskopartig aufleuchten und sich allmählich zum Bild einer ganzen Gesellschaft zusammensetzen. Szenen und Schauplätze wechseln und „überblenden" sich. Die Szene im Hofbräuhaus setzt sich nach dem Ende des vorliegenden Auszugs fort.

Teilaufgabe 1: Der Romanauszug ist nicht lang, aber so dicht gewoben, dass **mehrere Lesedurchgänge** nötig sind, um seine Bedeutungsebenen zu erfassen. Lesen Sie sich Stellen des Textes leise vor, um etwas von dem **Sog und der Suggestivkraft** der Koeppen'schen Sätze zu spüren. Wie sind diese Sätze verbunden, wie bauen sie sich auf? Analysieren Sie **exemplarische Stellen** im Detail. Was ist das für ein **Erzähler**, möchte man fragen; und wenn ja, wie viele? Wie erhalten wir hier Einblicke in Milieu und Klima, Atmosphäre und Denkweise des Jahres 1948? Erfahren Sie, was der Autor politisch von dieser Gesellschaft hält? Überreich ist Koeppens Einsatz **rhetorischer Mittel**. Sie sollen keinesfalls so viele wie möglich nur additiv aufzählen. Beschränken Sie sich hingegen auf zentrale, mehrfach wiederkehrende sprachliche Elemente (wie z. B. Anaphern oder Parallelismen) und deuten Sie diese immer im Hinblick auf ihre jeweilige **Funktion** für den Text. Zeigen Sie auf, wie Koeppen das **Fortdauern nationalsozialistischen Sprechens und Denkens** in der Nachkriegsgesellschaft gestalterisch umsetzt.

Vielleicht leuchtet Ihnen anfangs noch gar nicht ein, wie man das vorliegende Material in Teilaufgabe 2 zu Th. Manns Novelle und dem Titel-Begriff „Verführung" in Beziehung setzen könnte. Konzentrieren Sie sich interpretierend zunächst ganz auf den fremden Text. Gehen Sie von Offensichtlichem aus und fragen Sie sich – Beobachtungen vertiefend – weiter durch. Irgendwann wird Ihnen das Tertium Comparationis, das **verbindende Dritte**, zwischen den Texten aufgehen. Beachten Sie, dass Sie für Teilaufgabe 1 bis zu 60 BE erwerben können, was sich im Umfang und in der inhaltlichen Tiefe der Ausarbeitung widerspiegeln sollte!

In **Teilaufgabe 2** sollen Sie das **gesellschaftliche Klima vergleichen**, das in beiden Texten vorherrscht. Es handelt sich bei diesem Begriff um ein Abstraktum, das Sie mithilfe von aus den beiden Texten gewonnenen Beobachtungen konkretisieren müssen. Dabei sollten Sie auch die Überschrift dieses Vorschlags, „**Formen der Verführung**", einbeziehen. Konzentrieren Sie sich dann nicht nur auf den Cipolla-Abend, um die Stimmung zu erfassen, die den Urlaubsort in *Mario und der Zauberer* prägt. Auch im Verlauf des Strandurlaubs vorher spielt das zentrale Thema bereits eine Rolle. Es wäre deshalb gut, die Lektüre zur Hand zu haben und noch einmal durchblättern zu können. Nutzen Sie ein **Konzeptblatt**, um vorher **Gemeinsamkeiten und Unterschiede** beider Texte zu notieren.

Verwendete Textausgabe: Th. Mann: Mario und der Zauberer. Frankfurt a. M.: Fischer TB 2011 (Nr. 9320).

Lösungsvorschlag

TEILAUFGABE 1

Der vorliegende Auszug aus Wolfgang Koeppens Roman *Tauben im Gras* von 1951 zeigt am Beispiel einer jungen Frau die Spannungen im Nachkriegsdeutschland zwischen der fortexistierenden NS-Ideologie, vorgegebenen Rollenbildern und dem Wunsch nach einem Ausbruch. Überspült werden alle Differenzen von Bier und Musik, die Einheimische und US-Besatzer zu einer feiernden Masse werden lassen.

Einleitung: Autor, Titel, Gattung, Jahr, Thema

Der Auszug hat zwei Absätze, der erste könnte „**Das Fräulein**" heißen. Die Situation einer vom „Dritten Reich" geprägten Familie samt ihrem tristen Leben in der Nachkriegszeit und den Aussichten auf eine kaum weniger triste Zukunft der Tochter vermittelt sich in diesen Zeilen. Der Folgeabsatz ist länger und bedeutungsschwerer. Sein Titel müsste nach seinem Schauplatz „**Im Bräuhaus**" heißen. Gemeint ist das Münchner Hofbräuhaus, das wohl gegen Abend hin zu einem Schnitt- und Brennpunkt in diesem Roman geworden ist. Auch viele US-Soldaten der amerikanischen Besatzungsmacht in München zieht es in dieses berühmte Lokal.

Aufbau: Zweiteiligkeit

Rein **äußerlich** sind beide Absätze dadurch verbunden, dass auch „das Fräulein" an diesem Abend im Bräuhaus landet. Dort verliert sich dann freilich seine Spur. Nicht so deutlich auf der Hand liegt die **innere Beziehung** zwischen den Absätzen. Der Titel-Begriff der Aufgabe, „Verführung", kommt bei Koeppen nicht vor.

Verklammerung der beiden Teile

„**Das Fräulein**", nach heutigem Sprachgebrauch also eine junge, unverheiratete Frau, erhält keinen Eigennamen. Zweifellos geht es Koeppen darum, in diesem Absatz **das exemplarische Los eines Menschen aus dem Kleinbürgertum** zu vergegenwärtigen, der in einem materiell und geistig-moralisch von Krieg, Zerstörung und Niederlage bedrückten Elternhaus aufwächst, einen schlecht bezahlten und öden Job annehmen musste und eines Tages einen Partner aus ähnlich bedrückendem Milieu wird heiraten müssen (vgl. Z. 29 f.).

Charakterisierung des Fräuleins ...

Diese dürre Auskunft wird prägnant durch **Koeppens** raschen, knappen, ungewöhnlichen **Erzählstil**. In kurzen, oft parallel gestellten, also **reihenden** Hauptsätzen informiert der offenbar **auktoriale Erzähler** anfangs über die Situation des Fräuleins (Satz 1–4). Aber obwohl das grammatische Subjekt „das Fräulein" laufend wiederholt oder **in der dritten Person** („es") genannt wird, kommen allmählich dessen eigene Ansichten, Gefühle, Urteile und Wünsche so lebhaft und unmittelbar zum Ausdruck, als handelte es sich um die **erlebte**

... unter Berücksichtigung der erzählerischen und sprachlichen Gestaltung

2023-16

Rede eines Ich. Eindruck reiht sich an Eindruck und verdichtet sich so zu einem Ich. **Adjektive** verstärken das Empfinden, den inneren **Bewusstseinsstrom** dieser kritisch und klar denkenden jungen Frau mitzuerleben: Sie gibt ihren Lohn zu Hause ab, will aber abends dort nicht mehr sitzen und „das ewige tödlich langweilige Wunschkonzert" (Z. 4 f.) mit alten Nazi-Schlagern hören müssen, das der autoritäre Vater allen oktroyiert. Der Vater ist noch immer Anhänger des Nationalsozialismus und trauert ihm nach (vgl. Z. 6 f.); die Mutter wagt nicht zu widersprechen; die Tochter hält die Eltern für „gescheitert" (Z. 14), denn das ganze Zuhause ist für sie „unheiter" (Z. 15), ist ihr – in kleinem Satz-Staccato fast zornig betont mit fünfmaligem Insistieren auf dem Adverb bzw. Adjektiv: „**vergrämt**" und „**grämlich**" (vgl. Z. 15 ff.). Auch der alte Hit vom Glühwürmchenflimmern (vgl. Z. 6) ist ihr „grämlich munter[e] Musik" (Z. 16), verabscheut als Ausdruck der fortbestehenden Nazi-Welt des Vaters. Kurz: Die junge Frau **weiß, was sie will** (vgl. die Satzkaskade: „Das Fräulein **wollte** leben [...] **wollte** [...] **wollte nicht** ..."; Z. 12 f.). Sie sucht sich einen amerikanischen Jungen, da die Amerikaner ihr, frei von der Last der deutschen Vergangenheit, viel unbeschwerter, kindlich und freundlich-umgänglich erscheinen. Sie findet den US-Soldaten Richard und möchte tanzen gehen; aber Richard zieht es ins Bräuhaus.

Im Wechsel vom Fräulein-Es zum fortan verwendeten **unpersönlichen bzw. kollektiven „man"** („Ging man also ins Bräuhaus", Z. 32) drückt sich bereits ein kleines Stück Selbstaufgabe aus. Im Bräuhaus gibt es anscheinend überhaupt kein Ich mehr, sondern nur noch dieses dionysisch-kollektive, bierselige „Man". Und die markanteste Brücke zwischen den beiden Absätzen des Auszugs: Koeppen setzt den Schlager vom **Glühwürmchen als Leitmotiv** und Erkennungsmelodie des in der Nachkriegszeit **fortbestehenden Geistes der Nazizeit** ein. Auch im Bräuhaus spielt die rustikale Kapelle aus alten Herren das „Glühwürmchen" neben „Sah ein Knab' ein Röslein stehn" und Hitlers Lieblingsmarsch. Ihr altes Repertoire kann also offensichtlich unangefochten fortbestehen. Das Fräulein kommt – im sozusagen vergrößerten Maßstab – im Bräuhaus just in dem Milieu an, dem es den Rücken kehren wollte.

Aufgabe der Perspektivfigur und Wechsel zum Kollektiv im 2. Teil

Die Frage nach **Koeppens Erzähltechnik** führt zu einer eigenartigen Beobachtung. Er **durchmischt** in Absatz 1 **auktorialen Stil mit erlebter Rede (bzw. personalem Stil)**, obgleich er letztere einfühlsam beherrscht. Ab Zeile 2 („Es [das Fräulein] hatte aber keine Lust [...]") ist das meiste, auch die Rekonstruktion der Vater-Mutter-Spannung (vgl. Z. 6–11), glaubwürdige Rede der kein bisschen dummen Portierstochter. Sie spürt, was los ist und was ungut zwischen Vater und Mutter. Aber da hinein interpoliert der Autor

erzähltechnische Kunstgriffe zur Vermittlung von Gesellschaftskritik intellektuelle, abstrahierende Begriffe und Urteile, die nicht *Fräulein-Speech* sind, sondern sicherstellen wollen, dass **Koeppens zeitkritische Intention** in *Tauben im Gras* sich auch unmissverständlich vermittelt. So etwa mit der Beurteilung der dem Vater teuren Wunschkonzerte als „**das zäheste Erbe des Großdeutschen Reiches**" (Z. 5). Ähnlich mit der akademisch-abgehobenen Beurteilung: „die völkischen Ressentiments, das nationale Unbehagen, das moralische Mißvergnügen" (Z. 21 f.).

Diese Tendenz des Autors, sich die **Deutungshoheit** zu wahren, verstärkt sich im Bräuhaus-Absatz. Vom zweiten Satz (Z. 34) an verhält sich der **Erzähler** auktorial, **distanziert und ironisch** zum – wie unterm Mikroskop beobachteten – Geschehen. Die berühmte populäre „Gemütlichkeit" des Bräuhauses, die für die amerikanischen Soldaten sogar alle Erwartungen an Herrlichkeit noch übertrifft (Z. 58 ff.), **verspottet** der Erzähler als ein Toben der „Volks- und Völkergemeinschaft" (Z. 34 f.), als „Fest des Gottes Gambrinus" (Z. 40) und „dumpfe[n], […] nicht erhellende[n] Rausch" (Z. 56). Zwischendurch macht das Gerücht die Runde, ein „schwarzer Soldat" habe einen Taxifahrer ermordet – der Erzähler greift, wiewohl unvollständig, korrigierend ein (vgl. Z. 49 ff.). Hier hätte die Stimmung kippen können, zumal in kurzem – ebenfalls spöttischen – Völkervergleich mitgeteilt wird, dass es in Deutschland das Bier sei, das „**das nationale Bewußtsein**" hebe (Z. 54). Stattdessen aber fallen ziemlich unerklärlich die nationalen Schranken: Das **Bier**, dessen Schäumen die Metapher des „ununterbrochene[n] Flu[sses]" (Z. 36) veranschaulicht, wird zum **Symbol** einer gefühlsduseligen und tumben Völkerverständigung. Gemeinsam trinkt man, gemeinsam grölt man mit Inbrunst die Lieder der Kapelle mit, steigt gemeinsam auf die Bierbänke, schunkelt untergehakt und setzt sich wieder. Ausgedrückt wird der Gleichklang durch parallele, anaphorisch verknüpfte Satzreihen (vgl. Z. 44 f.). Die Stimmung erreicht ihren **Höhepunkt**, als **der Badenweiler Marsch** erklingt, der „Lieblingsmarsch des toten Führers" (Z. 61 f.): „Der Saal hob sich wie eine einzige geschwellte Brust der Begeisterung" (Z. 65). Während die Metonymie „der Saal" das **Aufgehen des Einzelnen in der Masse** widerspiegelt, transportieren der Vergleich und die pathetische Alliteration („Brust der Begeisterung") den **Spott** des Erzählers angesichts des unglaublichen Geschehens: Auch die amerikanischen Soldaten, die doch eben noch diesen Führer besiegt haben, vergessen sich, werden von der allgemeinen Stimmung und dem Takt des Marsches hin- und „mitgerissen" (Z. 69), stimmen also ein ins allgemeine Hochgefühl, und Deutsche und Amerikaner **verbrüdern** sich im Bier- und Sangesrausch. Erneut dienen Parallelismen und Anaphern („Auch") dazu, die vereinigende Kraft des Biers zu

erzählerische und sprachliche Gestaltung des Abends im Bräuhaus beschreiben (vgl. Z. 68 ff.). Die Deutung dieser Vorgänge durch die Beteiligten wird in Ausrufen und rhetorischen Fragen vermittelt (vgl. Z. 67 f.): Das alles sei doch ganz unpolitisch, sei nur eine „Gaudi" (Z. 67). Zugleich aber: Man müsse doch auch mal Vergangenes vergangen sein lassen, nicht immer so ernst sein etc. Nicht umsonst nennt der Erzähler die tobende, grölende, hoch emotionalisierte „Volks- und Völkergemeinschaft" (Z. 34) dieses Bräuhaus-Abends metaphorisch einen „**Hexenkessel**" (Z. 57).

TEILAUFGABE 2

Thomas Mann hat in *Mario und der Zauberer* die anscheinend biografische Erinnerung an einen Familienurlaub an der norditalienischen Westküste Mitte der 1920er-Jahre festgehalten und durch eine „sich ereignete unerhörte Begebenheit" zur **Novelle** gestaltet. Tatsächlich aber ist *Mario und der Zauberer* eine durchkomponierte **politische Erzählung**. Der Erzähler registriert die sich mehrenden Anzeichen des italienischen Faschismus. Veröffentlicht wurde die Erzählung 1930. Noch im gleichen Jahr erkannte ein Rezensent: „Wenn Mussolini etwas von Kunst verstünde, müßte er diese Novelle in Italien verbieten lassen." (Vorwort in unserer Fischer-Ausgabe) Wahrscheinlich setzte sich Thomas Mann im *Mario* aber bereits auch mit dem deutschen Faschismus und seinem eigenen, ambivalenten Verhältnis zum „Phänomen Hitler" auseinander.

Textvergleich: Vorstellung von Th. Manns Erzählung

Während **Manns Erzählung** somit das **Aufziehen des Faschismus beschreibt** und dessen Merkmale – Intoleranz, übersteigerter Nationalismus, Fixierung auf einen „starken Mann" – vorführt, bietet Wolfgang **Koeppen** in seinem Roman eine ernüchternde Bestandsaufnahme **nach den Menschheitskatastrophen** des Holocaust und des Zweiten Weltkriegs. 17 Jahre nach Thomas Mann setzte er sich in *Tauben im Gras* **mit dem deutschen Faschismus auseinander**. Seine Diagnose, dass dieser im Denken und Empfinden der Nachkriegsgesellschaft fortbestehe, wurde 1951 nicht gern zur Kenntnis genommen. Koeppen charakterisierte die Gesinnung der deutschen **Nachkriegsgesellschaft** als eine zumindest unterschwellig oder auch offen nostalgisch faschistische (Der Vater, anerkennend: „Da war Zug drin", Z. 6 f.). Das „nationale Bewußtsein" (Z. 54) mag lädiert sein, aber es ist noch da. Selbst die ans Licht gebrachten Nazi-Verbrechen hatten also bei vielen kein Umdenken bewirken können. Viele Deutsche verharrten, verdrängten und lenkten sich mit Suff und läppischer Unterhaltungsmusik ab, sofern sie sich nicht in Wiederaufbau-Aktivität stürzten. Die **Fremdenfeindlichkeit** schwelt weiter: Im Bräuhaus befeuert das Gerücht, ein schwarzer US-Soldat habe einen Deutschen getötet, die Vorurteile (vgl. Z. 49 ff.).

Vorkriegs- vs. Nachkriegsgesellschaft

In beiden Texten ist also das **gesellschaftliche Klima** von der **faschistischen Ideologie** geprägt. Hilfreich für die Deutung kann der Titel der Aufgabe sein: **Formen von Verführung**. Diese Formulierung setzt auch im politischen Kontext der beiden Werke (aktive) Verführer und (passive) Verführte voraus. Wer sich verführen lässt, ordnet damit **seinen persönlichen Willen** und seine Entscheidungs- und Urteilsfreiheit einem fremden Willen unter, unterwirft oder fügt sich – vielleicht sogar gern – oder wird in seinem Willen gewaltsam und manipulativ gebrochen. In *Mario und der Zauberer* ist dieser Sachverhalt in seinen Spielarten zu besichtigen und wird beim Namen genannt.

> Bezug zum Thema der Aufgabe

Im Gegensatz zu Koeppens distanziertem Erzähler ist **Thomas Manns Ich-Erzähler** sympathischerweise selbst nicht ganz firm, sondern gesteht, dass die wahrgenommenen politischen Einstellungsveränderungen ihn zumindest neugierig machen und er ihrer **Faszination** in gewissem Maße selbst unterliegt. Eigentlich hätte die Familie bereits nach dem brüskierenden **Vorfall im Grand Hotel** von Torre di Venere und spätestens nach den empörenden **Vorkommnissen am Strand** diesen Urlaub abbrechen müssen. Aber man bleibt. Der Erzähler merkt, wie Ungutes, Beklemmendes, Neues entsteht, d. h. wie das Klima sich ändert. Erst war da die latente Fremdenfeindlichkeit und kriecherische Liebedienerei des Hotelmanagers vor einer römischen Fürstin, die sich über den Husten der Kinder des Erzählers beschwert hat. Dem sachverständigen Urteil eines zugezogenen Arztes war er nicht zugänglich und forderte die deutsche Familie auf, in den Neubau des Hotels umzuziehen. **Vernunft** blieb **auf der Strecke**. Dann, am Strand, beunruhigt das Elternpaar ein so in Italien noch nie erlebter **Patriotismus** samt **Fremdenfeindlichkeit** und bisher unbekannter Prüderie. Es ist von der Größe und Würde des Vaterlandes die Rede. Und weil man das Töchterchen kurz nackt zum Wasser laufen lässt, um den Sand aus seinem Badeanzug zu spülen, erhebt sich eine Woge **nationaler Entrüstung** gegen die Deutschen. Anzeige wird erstattet wegen dieses sittlichen Verstoßes „gegen die nationale Würde" und wegen des Missbrauchs der italienischen Gastfreundschaft.

> Erlebnisse des Erzählers bei Th. Mann: Fremdenfeindlichkeit und Nationalismus in Mussolinis Italien

Italien bekennt sich zum Duce, dem neuen faschistischen Führer Mussolini. Spürbar verinnerlicht die Nation dessen Ideologie. Aber ist das eine Unterwerfung? War Zwang im Spiel? Hat Mussolini das Volk verführt? Oder hat das Volk sich ihm willfährig ergeben? Thomas Mann hält das offen. Der politische Sinneswandel jedenfalls kulminiert in der **Abendvorstellung des Zauberers Cipolla**. Er, der dem Duce offen anhängt und sich brüstet, schon vor dessen Bruder aufgetreten zu sein, spickt seine Darbietungen fortwährend mit eloquenten **nationalen Bekundungen** und stellt sich selbst **als** einen

> Cipollas Vorstellung: autoritäre Führerfigur und manipulierbare Masse

„Führer" und Duce vor. „**Volk und Führer**" sei er in einer Person, da die Kehrseite des Befehlens der Gehorsam sei. Und befehlen kann er. Für den Erzähler und seine Frau jedenfalls wird der ganze Abend zur nicht geheuren und dämonischen **Demonstration der „Willensentziehung**" (S. 80). Mit seiner hypnotisierenden Kraft, seinen brennenden Augen und einer Reitgerte, die Cipolla gelegentlich durch die Luft pfeifen lässt, verwandelt er gestandene Leute in sich verrenkende, grimassierende, tanzende Hampelmänner, zwingt ihnen seinen Willen auf, demütigt sie, gewinnt sie sich mit falschen Schmeicheleien, verletzt ihre Ehre bis aufs Blut und bricht sie.

Koeppen hatte das Bräuhaus einen **Hexenkessel** genannt. Damit bezeichnete er den **Willens- und Kontrollverlust** der rauschhaft sich verbrüdernden, zu einem „Man" verschmelzenden, begeisterten **Menge** mit einem Begriff aus dem Bereich des Magischen. Entsprechend ist Cipolla der große **Magier**, angekündigt als **Zauberer**. Und als schier unerträglich und als „**pure Behexung**" (S. 84) erlebt es der Erzähler, als Cipolla z. B. seine Wirtin, die zarte Signora Angiolieri, mit purem Blick aus ihrem Sitz hochzieht, sodass sie ihrem „Verführer" wie eine Schlafwandlerin durch den Saal folgt. Aber tatsächlich handelt es sich beide Male nicht um Hexerei, sondern um einen **psychologischen Vorgang**. Während das **Bier** und die **Marschmusik** die Besucher des Bräuhauses zu einem selbstvergessenen, feiernden **Kollektiv** formen, gelingt dies Cipolla mittels seiner **Autorität**, seiner psychologischen Raffinesse und seinem Wissen um den unbewussten Wunsch des Menschen, fremdbestimmt und frei von Verantwortung zu sein. Im Saal in Torre di Venere bietet sich ein Gast Cipolla sogar besonders auffällig als Versuchsobjekt an, möchte also von sich aus **seine Selbstbestimmung loswerden**, weil es ihm offenbar erst **in der Hörigkeit** ganz **behagt** (vgl. S. 88). Und der heroisch sich Cipolla widersetzende Herr aus Rom scheint glücklicher zu sein, als er sich Cipollas stärkerem Willen schließlich ergeben und mit dämlich-breitem Lächeln auf dem Gesicht entspannt tanzen kann wie die anderen „Hampelmänner".

> Gemeinsamkeit: Aufgehen des Individuums in der Menge

Und so haben auch die meisten Bräuhausbesucher wohl von sich aus gesucht, was sie finden: die **Preisgabe ihres Ichs** für diesen Abend, **Betäubung, Rausch und Taumel** durch Bier, Gegröle und das gemeinsame **Sich-Vergessen** im sie vereinenden Marschrhythmus als Gipfel der Gefühlsseligkeit. Beide, Koeppen wie Thomas Mann, zeigen, wie sich im jeweiligen Finale „eine gewisse Ausartung, ein gewisses […] Drunter und Drüber der Gemüter, eine **trunkene Auflösung der kritischen Widerstände**" (S. 87), Bahn bricht. Es ist das, was Soziologen als Psychologie der Massen beschreiben. Massen sind etwas anderes als die Summe ihrer Einzelnen. Massen sind lenkbar und können dabei eine gefährliche Eigendynamik gewinnen.

Darum sind **totalitäre Systeme** so unheimlich. Aber auch schon eine angemeldete Demonstration kann durch Einmischung von Radikalen gewalttätig aus dem Ruder laufen.

Beide Texte führen exemplarisch vor, wie eine Gesellschaft durch **gruppendynamische Prozesse** bestimmt werden kann, gegen die der Einzelne keinen Widerstand mehr leistet, sondern es eventuell sogar genießt, Teil einer großen Bewegung zu sein. Thomas Manns Erzähler kann es sich nicht verzeihen, seiner Kinder wegen den Besuch des Cipolla-Abends nicht früher abgebrochen zu haben. Auch er war im Bann des doch als Scharlatan durchschauten Magiers. Bei Koeppen ereignet sich zudem das für die amerikanischen Soldaten unbegreifliche und tief **beschämende Paradox**, dass sie sich nur drei Jahre nach ihrem Sieg über Hitler-Deutschland mit Lautstärke und viel Emphase dazu hinreißen lassen, in den Badenweiler Marsch mit einzustimmen.

Unfähigkeit, der Verführung zu widerstehen

Thomas Mann reflektiert in *Mario und der Zauberer* die eigene, immer auch intellektuell gebrochene Verführbarkeit und Grade menschlicher Willensstärke und gewinnt und bewegt so seine Leserschaft. Mann, geboren 1875, kannte als Demokratie nur die gescheiterte Weimarer Republik. Koeppen, geboren 1906, dürfte von den 12 Jahren des Nationalsozialismus noch mitgeprägt worden sein. Wie kommt es, dass er ihn so anscheinend unangefochten, distanziert und überlegen sezieren und vorführen kann?

Schlussgedanke

Hessen Deutsch • Abiturprüfung 2023
Leistungskurs • Vorschlag C

AUFRUF ZUM UMSTURZ?

Erlaubte Hilfsmittel
- ein Wörterbuch der deutschen Rechtschreibung
- Textausgaben der Pflichtlektüren ohne Kommentarzeichen, ggf. mit Worterläuterungen
- eine Liste der fachspezifischen Operatoren

Dieser Vorschlag bezieht sich auf Büchners Dramenfragment *Woyzeck*.

Aufgabenstellung

1 Stellen Sie David G. Richards' Interpretationsansatz dar. (Material) (30 BE)

2 Erörtern Sie Richards' Interpretationsansatz im Hinblick auf die Frage, ob das Dramenfragment *Woyzeck* zum Umsturz der gesellschaftlichen Verhältnisse aufruft. (70 BE)

Material David G. Richards: Georg Büchners „Woyzeck". Interpretation und Textgestaltung (1975)

Der Hauptmann ist ein geistloser Vertreter der von der Kirche gelehrten konventionellen Moral, und der Doktor ist durch sein monomanes[1] Interesse an der medizinischen Wissenschaft vollkommen entmenschlicht. Als Verkörperungen von Ideen und Verhaltensweisen stellen sie die Art von leblosen, mechanischen Puppen dar, die
5 Büchner charakteristisch für die idealistische Kunst hält; als „idealisierte Natur" stehen sie den Fleisch-und-Blut-Naturen gegenüber, die Büchners Kunst verlangt.

Insofern sie Woyzeck degradieren, mißbrauchen und verletzen, dienen sie auch als Träger sozialer Kritik. Interpretationen, die diesen Aspekt der sozialkritischen Problematik hervorheben, übertreiben nicht nur das, was von relativ geringer und oberfläch-
10 licher Bedeutung ist, sondern werden auch dem tieferen und weit revolutionäreren Gehalt des Stücks nicht gerecht. Die Analyse der aufeinanderfolgenden Stufen in der Entwicklung[2] des Dramas zeigt, daß Büchner es absichtlich vermied, einen melodramatischen Konflikt zwischen den guten Menschen und den bösen Vertretern einer schlechten Gesellschaft zu schaffen. [...] Anstatt uns mit Grauen und Haß zu erfüllen,
15 kommen sie uns eher grotesk und lächerlich vor. Sie fungieren nicht als Bedrücker,

sondern als die Mittel, durch welche die Beschränktheit, Unzulänglichkeit und Starrheit der christlichen Moral und die Gefühlslosigkeit der experimentellen Wissenschaft parodiert und verspottet wird. [...]

Der Doktor zeigt sogar noch größere Kaltblütigkeit und Erbarmungslosigkeit dem Hauptmann gegenüber als im Verkehr mit Woyzeck. Was Woyzecks Situation von der des Hauptmanns unterscheidet, ist die Verantwortlichkeit, die er für den Unterhalt seiner kleinen Familie auf sich genommen hat, denn dadurch wird er gezwungen, alle sich ihm bietenden Verdienstmöglichkeiten anzunehmen, selbst so gefährliche wie die, sich als Versuchstier verwenden zu lassen.

Die in dieser Situation immanente Kritik richtet sich nicht gegen ein Individuum oder eine bestimmte soziale Schicht, sondern gegen die Struktur einer Gesellschaft, in der ein Mann wie Woyzeck eine kleine Familie nicht unterhalten kann, ohne sich Tag und Nacht mit erschöpfender und oft entwürdigender Arbeit abzuarbeiten. Die Botschaft des *Hessischen Landboten*[3] kehrt hier in dramatischer Form wieder. Die Gesetze und Einrichtungen des Staates werden von den Reichen für die Reichen entworfen, um Ordnung aufrechtzuerhalten. Für die Armen bedeutet die bestehende Ordnung nur Hunger und Überarbeitung. Die Schlußfolgerung, die aus der Situation Woyecks gezogen werden muß, entspricht der der politischen Flugschrift: Die Gesetze und Einrichtungen des Staates müssen geändert werden, so daß die Armen größeren Nutzen aus ihrer eigenen Arbeit gewinnen und ein menschenwürdigeres Leben führen können.

David G. Richards: Georg Büchners „Woyzeck". Interpretation und Textgestaltung, Bonn: Bouvier 1975, S. 53–57.

Hinweise
David G. Richards (*1935) ist ein amerikanischer Literaturwissenschaftler.
Rechtschreibung und Zeichensetzung entsprechen der Textvorlage.

Anmerkungen
1 monoman: zwanghaft
2 Stufen in der Entwicklung: gemeint sind hier die Entstehungsphasen des Dramenfragments
3 Der *Hessische Landbote*: im Jahr 1834 veröffentlichtes und von Georg Büchner und Friedrich Ludwig Weidig verfasstes Flugblatt, in dem zum Protest gegen die sozialen Missstände im Großherzogtum Hessen-Darmstadt aufgerufen wird

> **TIPP** Bearbeitungshinweise

Teilaufgabe 1 verlangt die Herausarbeitung der wichtigsten Thesen aus einer Textvorlage. Es handelt sich um einen gekürzten Interpretationsansatz aus der wissenschaftlichen Sekundärliteratur.
Sie können in diesem Aufgabenteil prinzipiell ähnlich verfahren wie bei der **Wiedergabe eines Sachtextes**. Jedwede persönliche Stellungnahme ist zu vermeiden; es kommt darauf an, die **zentralen Inhalte mit eigenen Worten** adäquat wiederzugeben. Im Stil sind **Sachlichkeit** und **Distanziertheit** gefragt und die Zeitform ist grundsätzlich das **Präsens**. Nach sprachlichen und formalen Aspekten der Argumentation wird *nicht* gefragt. Wenn Ihnen Schwachstellen in der inhaltlichen Argumentation, Ungenauigkeiten in der Wortwahl oder unklare Formulierungen auffallen, können Sie diese benennen.
Da der Text bereits auf zentrale Kernthesen hin gekürzt wurde, ist eine weitere inhaltliche Reduktion der Interpretation kaum möglich, sondern jeder Absatz verlangt eine Berücksichtigung. Die Prozentangabe bei der Aufgabengewichtung gibt nur eine sehr pauschale Orientierung, die verdeutlichen soll, dass der **Schwerpunkt** der Aufgabenstellung ganz und gar auf der **zweiten Teilaufgabe** liegt.

Teilaufgabe 2 zielt in Anknüpfung an Richards' Interpretation auf die **Erörterung einer ganz konkreten Fragestellung** ab. Es gilt hier, die Fragestellung genau zu beachten und zu klären, inwieweit der literaturwissenschaftliche Text dazu eine Antwort bereithält oder Anregungen zur weiteren Stellungnahme bietet.
Da die Erörterung nach einem **politisch-appellativen Zweck von** *Woyzeck* fragt, den man nicht ohne Weiteres mit der Gattung Drama in Verbindung bringt, wäre ausgehend von Richards präzisierend zu fragen, inwieweit die Figuren nur Repräsentanten eines Systems sind, das es grundlegend zu verändern oder umzustürzen gilt. Ebenso liegt die Frage nahe, inwieweit Woyzeck das Opfer dieses Systems ist, das Büchner an den Pranger stellt.
In jedem Fall kann die Ausgangsfrage **durch weitere Fragen so erweitert oder präzisiert** werden, dass sie auf **zentrale Inhalte und Aspekte des Dramas** zielt, die zur Beantwortung aufschlussreich sein können. Wichtig ist, die jeweilige **Problemstellung** auch immer **klar zu formulieren, die** Fragen jeweils **textbezogen auf eher zustimmende oder ablehnende Aspekte hin zu erörtern** und am Ende den Rückbezug zur Ausgangsfrage herzustellen. Unterrichtswissen über Büchner und seine Zeit kann bei der Erläuterung und Vertiefung einzelner Beobachtungen hilfreich sein, doch sollte immer der Text selbst im Mittelpunkt stehen.
Prinzipiell geht man auch bei der literarischen Erörterung so vor, dass sich an eine **Hypothese** oder eine Behauptung die nähere **Erläuterung**, die **Begründung** und der **Beleg** anschließen. Die **Dramenhandlung** dient dazu als das **Material**. Sprachliche und formale Aspekte stehen kaum zur Debatte, sondern die **Inhalte, die Handlung, die Personen und ihre Beziehungen**. Bauen Sie wörtliche Zitate aus dem Drama ein, um Ihre Argumentation zu konkretisieren und zu veranschaulichen.

Ebenso wie in der Sacherörterung werden auch **Stringenz** und **Kohärenz** in der Argumentation sowie **Übersichtlichkeit** und ein **abrundendes Fazit** erwartet. Ob man der Ausgangsthese eher zustimmt oder sie ablehnt, ist nicht entscheidend, es zählt vielmehr die **Schlüssigkeit** der Argumentation. Eine Interpretation ist immer nur eine Deutung unter anderen möglichen Deutungen und lädt bestenfalls zur anregenden Diskussion ein.

In diesem Sinne ist auch der folgende **Lösungsvorschlag** zu verstehen. Er zeigt **mögliche Aspekte** zu einer bestimmten Sichtweise auf die Ausgangsthese auf. Nicht alles wird man in einer zeitlich begrenzten Klausur unterbringen können. Der Lösungsvorschlag ermöglicht somit einen Blick auf die Fülle möglicher Argumente zu einer Position, die im Rahmen einer solchen Aufgabenstellung erörtert werden könnten. .

Lösungsvorschlag

TEILAUFGABE 1

In einer 1975 veröffentlichten Interpretation von Georg Büchners *Woyzeck* stellt der Autor David G. Richards das Dramenfragment als ein Werk mit „revolutionäre[m] Gehalt" (Z. 10f.) hin, das letzten Endes auf die „Änderung" (vgl. Z. 34) der politischen und sozialen Verhältnisse ausgerichtet sei. Das Ziel dieser Änderung sei es, die Lebensbedingungen der Armen und sozial Schwachen zu verbessern.
Darstellung des Außentextes Basisinformationen

Im vorliegenden Textauszug macht Richards diese Sichtweise an den **Figuren des Hauptmannes und des Doktors** fest (vgl. Z. 1–6, 14–18, 19–24). Man könne, so Richards, in diesen Figuren viel mehr als nur Ansätze zu einer Sozialkritik erkennen. Das zeige sich auch, wenn man die Entwicklungsstufen des Dramas berücksichtige: Büchner habe bewusst darauf verzichtet, einen direkten Konflikt zwischen Woyzeck und einem Repräsentanten der gesellschaftlichen Ordnung zu gestalten. So richte sich der Blick auf die **zugrunde liegenden Strukturen**. Beide, der Hauptmann und der Doktor, verkörperten auf ihre je eigene Weise ein zutiefst **unmenschliches gesellschaftliches System**. Während der Hauptmann als Vertreter einer **konventionellen kirchlichen Moral** fungiere, repräsentiere der Doktor demgegenüber eine kaltblütige, auf dem Experiment beruhende **Wissenschaft** und überbiete den Hauptmann in seiner „Erbarmungslosigkeit" (Z. 19) sogar noch.
Wiedergabe der zentralen Aussagen des Interpretationsansatzes

Doch seien die beiden nicht etwa als boshafte Individuen, sondern als Träger einer inhumanen Gesellschaft anzusehen, welche auf **Ausbeutung und sozialer Ungerechtigkeit** beruhe. Diese werde am **Beispiel Woyzecks** vorgeführt, der sich selbst aufreibt, um den Unterhalt seiner Familie zu sichern.

Die „Gesetze und Einrichtungen des Staates" dienten nach Büchners Auffassung nur zur Aufrechterhaltung dieser Ungerechtigkeit und müssten „geändert" werden (Z. 33 f.).

Büchners *Woyzeck* sei in diesem Sinne zu verstehen als eine dramatisierte Form der bedeutenden politischen Flugschrift *Der Hessische Landbote* von 1834, in der Büchner zum Protest gegen die sozialen Missstände im Großherzogtum Hessen-Darmstadt aufgerufen hatte. Auch das Drama wolle somit einen **revolutionären Umsturz zugunsten der Armen anstoßen.**

<small>Fazit des Autors: das Drama als Aufruf zum Protest</small>

TEILAUFGABE 2

Lässt sich *Woyzeck* als Aufruf zur Revolution deuten? Um diese Frage zu erörtern, bedarf es zunächst einiger begrifflicher Klärungen: Richards spricht von einem „**revolutionäre[n] Gehalt** des Stücks" (Z. 10 f.) und kommt im vorliegenden Textauszug zu dem Schluss, Büchners Drama ziele auf politische Änderungen ab, damit im Sinne der Flugschrift von 1834 **mehr soziale Gerechtigkeit** in der Gesellschaft hergestellt werden könne. Die Rede von einem revolutionären Gehalt ist allerdings ebenso vage wie die Formulierung, die Gesetze und Einrichtungen des Staates müssten geändert werden (vgl. Z. 33 f.).

<small>Erörterung
Fragestellung: begriffliche Klärung</small>

Um den revolutionären Gehalt des Dramas in den Blick zu nehmen, soll untersucht werden, inwiefern es in *Woyzeck* nicht nur um ein singuläres tragisches Schicksal geht, sondern um die konkrete **Veranschaulichung eines inhumanen, gesellschaftlichen Systems**, das der Realität der Verhältnisse im damaligen Großherzogtum Hessen-Darmstadt entspricht, so wie sie in der Flugschrift *Der Hessische Landbote* beschrieben wurde. Anschließend soll erörtert werden, ob sich eine **revolutionäre Intention** aus dem Drama herauslesen lässt. Denn nur, wenn das Werk auf eine Systemkritik abzielt und der Mörder Woyzeck als das Opfer einer inhumanen Gesellschaft anzusehen ist, könnte ein Appell zur Umwälzung der Verhältnisse daraus abgeleitet werden.

<small>Konkretisierung der Fragestellung: Ist Woyzeck ein singuläres Schicksal oder wird ein inhumanes System dargestellt?</small>

Einiges spricht dafür, dass Büchner in „**Woyzeck" nicht ein individuelles Schicksal, sondern eine gesellschaftliche Systemkritik** dramatisiert und damit möglicherweise einen politisch-sozialen Umsturz intendiert hat.

<small>Argumente für eine Deutung des Dramas als Revolutionsaufruf</small>

Da wäre zum einen der **Realismus der Handlung:** Es ist bekannt, dass der Dichter sein Drama auf der Grundlage dreier ähnlich gelagerter Mordfälle konzipiert hat; darunter ist auch der Fall des J. C. Woyzeck, der 1824 in Leipzig hingerichtet wurde. Das Todesurteil basierte auf der schon damals strittigen Annahme, dass Woyzeck bei seiner Straftat, der Ermordung seiner Geliebten, voll zurechnungsfähig gewesen sei.

das historische Vorbild

So realistisch wie die Tat sind auch die **äußeren Umstände**, denen die dramatischen Akteure ausgesetzt sind. Das Stück spielt offensichtlich in einer **deutschen Garnisonsstadt**, in der es auch eine Universität gibt. Die handelnden oder erwähnten Gesellschaftsschichten entsprechen der **vorindustriellen Übergangsepoche** um 1830: Es ist von der staatlichen und kirchlichen Obrigkeit die Rede, vom Prinzen und dem Garnisonsprediger; Arzt sowie Armeehauptmann, Soldaten, Tagelöhner, Handwerker und sonstige arme Leute des Vierten Standes zählen zum Personal der ganz auf die **Gegenwart des damaligen Lebensalltags** bezogenen Handlung. Zeitgenössische Leser bzw. Zuschauer hätten ihre Welt und deren Missstände wiedererkennen können.

Lebensverhältnisse um 1830

Allerdings hat Büchner Details der realen Vorlage anders ausgestaltet – und dies im Sinne der **Inszenierung einer ausbeuterischen Gesellschaft**, in der die Armen keine Chance auf ein selbstbestimmtes Leben haben. Wie der reale, so ersticht auch der literarische Woyzeck seine Geliebte aus Eifersucht. Was beim realen Woyzeck vielfach diskutiert wurde, ist bei Büchner klar: Sein Woyzeck ist aus vielerlei Gründen, die nicht er selbst zu verschulden hat, **nicht im Vollbesitz seiner Geisteskräfte**. Zudem richtet sich Büchners Interesse insgesamt auf Woyzecks **Entwicklung zum Mörder** und nicht auf die Verurteilung des Straftäters.

Büchners Umgestaltung der Tatsachen

Fokus auf Motive Woyzecks

Inwiefern ist dieser Woyzeck ein **Opfer gesellschaftlicher Missstände?**
Darauf, dass das **System angeprangert** werden soll, deutet bereits die Tatsache hin, dass vor allem Personen aus dem Vierten Stand einen **Namen** haben, also **Individuen** sind. Die übrigen Figuren im Drama sind nur durch ihre Rolle in der Gesellschaft bezeichnet: Hauptmann, Doktor, Professor, Tambourmajor. Diese Menschen treten also als **Repräsentanten eines Systems** auf. Und fast alle üben Herrschaft über den armen Soldaten Woyzeck aus. Er wird von ihnen getrieben, gehetzt, ausgebeutet, gestoßen und öffentlich gedemütigt. Keine selbstbestimmte Tat ist ihm möglich; einzig die Gewalt gegenüber Marie, die Mordtat, geht von ihm selbst aus, auch wenn Woyzeck sich von halluzinierten Stimmen dazu aufgefordert fühlt.

Ist Woyzeck ein Opfer und hat er Schuld?

Namenlosigkeit der Repräsentanten des Systems

Woyzeck als Unterworfener unter die Gewalt des Systems

Wie aber funktioniert das gesellschaftliche System? Als Soldat von dreißig Jahren führt Woyzeck **kein Privatleben**, sondern er muss abends zum Appell erscheinen und sich mit seinem Kameraden Andres das Bett teilen, mit dem er tagsüber Nebenarbeiten nachgeht (wie beim Stöckeschneiden in der 1. Szene). Infolgedessen ist Woyzeck allzeit „**verhetzt**" (5. Szene) und hat keine Zeit, auch nicht für seine Partnerin Marie, bei der er fürsorglich seine Nebenverdienste abliefert („Ich muss fort", 2. Szene).

Darstellung des Systems: Arbeitsleben

Woyzeck als Getriebener

Insofern gestaltet sich Woyzecks Leben als „ein **langer Werktag**", wie der *Hessische Landbote* die Situation der Armen beschreibt – ganz im Gegensatz zum „**langen Sonntag" der Reichen**, die im Drama der **Hauptmann** repräsentiert. Dieser hat offensichtlich in Friedenszeiten wenig zu tun, er ist „schwermütig" in Anbetracht seiner herumhängenden Uniform (vgl. 9. Szene), er langweilt sich und predigt ein Leben der Entschleunigung, was angesichts von Woyzecks prekären Lebensbedingungen zynisch wirkt (vgl. 5. Szene).

Gegensatz arm – reich

Trotz der unentwegten Arbeit, die Woyzeck leistet, um Marie und das Kind durchzubringen, kommt er aus der Armut nicht heraus. **Arbeit und Armut** sind die bestimmenden **Kategorien seines Daseins**. Er kann sich die Heirat nicht leisten, deshalb leben Kind und Geliebte in sozialer Ehrlosigkeit. Aus Armut kauft er sich am Ende auch nur ein Messer und nicht etwa eine Pistole, um Marie umzubringen; selbst der Mord steht unter der Prämisse der Ökonomie. Aber auch **Maries Existenz** ist von der Armut geprägt; sie widersteht nicht dem Werbungsgeschenk des Tambourmajors, einfachen Ohrringen, und wird von seinem höheren Sozialprestige angelockt. Sie besitzt nicht einmal einen ganzen Spiegel, um sich anzuschauen. Das **Kind** hat kein Bettchen, es muss auf seinem Kinderstuhl schlafen; Woyzeck erkennt, dass sein Sohn selbst im Schlaf den Arbeitsschweiß der Armen zeigt (vgl. 4. Szene).

Armut als Lebensprinzip

Hinter dieser Darstellung des Vierten Standes steht der **Pauperismus** der vorindustriellen Zeit, in der ein Arbeitstag von 16 Stunden nicht ungewöhnlich war und trotzdem nicht ausreichte, um Hunger und Elend abzuwenden. Das drastische soziale Gefälle zwischen dem einfachen Soldaten und seinem Vorgesetzten stößt das Theaterpublikum auf die **Ungleichheit und Ungerechtigkeit** der Gesellschaft.

Pauperismus und Wirkung der Darstellung auf Rezipienten

Doch Woyzecks Lage ist noch vertrackter. Um sich ein Zubrot zu verdienen, verdingt er sich als Versuchstier für die **wissenschaftlichen Experimente** des Doktors. Zur strukturellen Armut und Überarbeitung kommt noch die **Ausbeutung und Verwertung seines Körpers** hinzu. Statt den physischen und psychischen Verfall Woyzecks zu lindern, ist die Medizin maßgeblich daran beteiligt.

Ausbeutung: Woyzeck als Objekt medizinischer Experimente

Als ehrgeiziger Forscher bildet sich der Doktor ein, er könne mit seiner Erbsendiät eine „Revolution" in der Wissenschaft bewirken. Tatsächlich waren medizinische Menschenversuche zu Büchners Zeit normal, denn der Wert eines Menschen war nicht unbedingt höher angesetzt als der eines Tieres, was auch im Drama laufend thematisiert wird (so in der 3. Szene, in der Woyzeck mit einem Affen gleichgesetzt wird: „Der Aff' ist schon ein Soldat, s'ist noch nit viel, unterst Stuf von menschliche Geschlecht!", vgl. auch 8. und 10. Szene).

Die **Erbsendiät**, mit der auch in der historischen Realität die Verpflegungskosten für die Soldaten gesenkt werden sollten, hat eine lebensbedrohliche **toxische Wirkung** auf Woyzeck, da sie ihn nicht nur körperlich schwächt, sondern auch Halluzinationen auslöst. Woyzeck ist **für den Doktor** jedoch nur ein „**Casus**", ein „**Subjekt**", dessen körperliche und seelische Verfassung das Material für Studien liefert. Da auch der Urin ein Forschungsgegenstand ist, darf Woyzeck nicht einmal seinem natürlichen Harndrang nachgeben (vgl. 8. Szene). Zynisch verspricht der Doktor eine Geldzulage, weil er eine „Aberratio mentalis", also Wahnvorstellungen, feststellen kann.

<small>Realismus der Experimente</small>

<small>körperlicher und seelischer Verfall Woyzecks</small>

Woyzecks **Menschenwürde** wird von seinen Vorgesetzten **ignoriert** und er muss sich als Tier beschimpfen lassen: „er hat auf Straß gepisst, an die Wand gepisst wie ein Hund." (8. Szene) Voller Schadenfreude geben ihm Hauptmann und Doktor zu verstehen, dass er **von Marie mit dem Tambourmajor hintergangen** wird, was bei dem psychisch höchst labilen Mann die **Psychose** und in der Folge den **Mord auslöst**. Woyzeck lässt sich in die Gewalt treiben, weil er erkennen muss, dass er, der selbst nichts besitzt außer seiner Arbeitskraft, das Letzte, das ihm lieb und teuer ist, seine Geliebte Marie, an einen Nebenbuhler verloren hat.

<small>Liebesverrat Maries nur als Auslöser für Mord</small>

In einem Brief an seine Eltern von 1834 formuliert Büchner sinngemäß die Ansicht, dass der **Mensch durch die Umstände gemacht** werde, für die er nicht zur Verantwortung gezogen werden könne, und es somit nicht in seiner Macht liege, kein Verbrecher zu werden. Die Geschichte Woyzecks kann wie ein Beweis für diese Ansicht gelesen werden. Der Straftäter Woyzeck ist auch ein **Opfer der Umstände**, die ihn daran hindern, ein menschenwürdiges Leben zu führen. Sein Leben, das multikausal von den gesellschaftlichen Strukturelementen Armut, Arbeit und Ausbeutung bestimmt wird, gerät nicht durch ein einzelnes psychisches Moment, die Eifersucht, aus dem Ruder, sondern diese stellt nur das auslösende oder – medizinisch gesprochen – das traumatisierende Moment dar, das ihn letztlich zu seiner Tat treibt. Büchner führt mit der Geschichte des Woyzeck ein zutiefst **inhumanes Herrschaftssystem** vor und klagt es

<small>der Mensch als bedingt durch die Umstände: Woyzeck als Opfer der Verhältnisse</small>

an. Wie gezeigt wurde, verweist dieses System auf die gesellschaftliche Realität, wie sie in der Agitationsschrift des *Hessischen Landboten* beschrieben wurde.

Doch reichen der **Wirklichkeitsbezug** und die analytisch-scharfe **Entlarvung sozialer Ungerechtigkeit** aus, um Büchners Drama zu einem Aufruf zur Revolution werden zu lassen? [Überleitung zur Kontra-Seite]

Eine Revolution ist – wie 1789 in Frankreich – oft mit Gewalt verbunden. Und tatsächlich eskaliert die Gewalt im Stück: Woyzecks **Aggressivität** ist erst latent – darauf deutet die Metapher hin, dass er „wie ein offnes Rasiermesser" (9. Szene) umherlaufe –, wird dann aber real: Brutal sticht er auf Marie ein. Lässt sich hier das Gewaltpotenzial des geknechteten Vierten Standes erkennen, das in eine Revolte münden könnte? Wohl eher nicht, schließlich ist Woyzeck als bemitleidenswerter **Antiheld** gezeichnet und nicht als Vorbild, dem es nachzueifern gilt. [Argumente gegen eine Deutung des Dramas als Revolutionsaufruf; Woyzeck als Antiheld]

Woyzeck ist **kein Revolutionär** und er leistet auch nirgends Widerstand gegen die Obrigkeit, sondern er fügt sich gehorsam und gibt die Gewalt, die er erleidet, am Ende weiter an ein noch schwächeres Glied der Gesellschaft, seine Frau, die ihm die Treue gebrochen hat. Somit **wendet sich Woyzeck nicht gegen seine Peiniger, sondern gegen Marie**. Seine Geliebte zu ermorden, ist fast wie Gewalt gegen sich selbst. Tatsächlich spricht Woyzeck davon, dass er sich selbst erhängen möchte, nachdem er durch den Hauptmann von Maries Untreue erfahren hat (vgl. 9. Szene). Es liegt Tragik darin, dass sich die Aggression nicht gegen ihre Verursacher entlädt, sondern quasi innerhalb des Vierten Standes verbleibt. [kein Aufstand gegen Obrigkeit, sondern Gewalt gegen Partnerin]

Dennoch nahmen die staatlichen Zensurbehörden Büchners Schriften genau unter die Lupe, weil sie das Potenzial von literarischen Analysen der Machtstrukturen fürchteten. Allerdings distanzierte sich Büchner von der politischen Agitationsliteratur des Jungen Deutschland und der Vereinnahmung der Literatur durch Politik. Er wollte die **Literatur nicht für eine politische Revolution instrumentalisiert** wissen, denn er fürchtete, dass eine solche Politisierung nur von einer gebildeten Elite ausgine, die das Volk nicht erreichen könnte. [Büchners eigene literarische Position]

Für den Aufruf zur Revolution bräuchte es auch eine klare **Zielvorstellung**, wohin sich eine neue Gesellschaft entwickeln sollte. Zwar hat Woyzeck eine Idee vom guten Leben; zumindest versucht er immer wieder etwas Dahingehendes zu formulieren, scheitert aber an seinem Mangel an sprachlichen Ausdrucksmöglichkeiten. So widerspricht er der Forderung des Hauptmanns, dass sein Kind den ehelichen Segen der Kirche brauche, mit einem Bibelzitat, dem zufolge [Fehlen einer positiven Zukunftsvision]

Gott alle menschlichen Wesen gleichermaßen annehme. Er bezeichnet das tugendhafte Leben, das ihm verwehrt ist, als „was Schöns" (5. Szene). Und er zeigt Empathie und Fürsorge gegenüber Marie oder seinem Sohn (vgl. 4. Szene). Doch entsteht aus diesen Vorstellungen keine **positive politische Vision**, die eine Revolution motivieren könnte. Selbst das Märchen der Großmutter hat ein **nihilistisches** Ende: Das elternlose Mädchen bleibt allein zurück, die Erde erweist sich als umgekippter Nachttopf (vgl. 19. Szene).

Trotz der offensichtlichen Sozialkritik muss die Frage, **ob das Dramenfragment zum gesellschaftlichen Umsturz aufruft, verneint** werden. Für einen solchen Aufruf eignet sich eher die Textsorte des **Flugblatts**. Dieses bezweckt Aktion mittels Agitation und Appell. Im **Drama** stehen dagegen einzelne Menschen und ihre Sozialpathologie im Mittelpunkt der Handlung: Büchners Fragment veranschaulicht das Elend der Geringsten und die Palette menschenverachtender Gewalt. Das Drama kann somit Empathie, Identifikation und Empörung bewirken, Denkanstöße geben und den Blick auf die Gesellschaft schärfen, aber wohl kaum einen gewaltsamen Umsturz entfesseln.

Verneinung der Ausgangsfrage

Textsortendifferenz von Theaterstück und Flugblatt

In seiner Novelle *Lenz* legt Büchner dem Protagonisten seine eigenen ästhetischen Vorstellungen in den Mund: Keiner dürfe zu gering oder zu hässlich sein, um in der Kunst dargestellt zu werden. Er wolle in der Dichtung keine idealisierten Gestalten, sondern **lebende Menschen** aus der Wirklichkeit haben, gleichgültig, ob sie schön oder hässlich, ob sie bedeutend oder einfach seien. Einen **sozial deklassierten Menschen in seiner Ausweglosigkeit** und Verzweiflung zu zeigen, war Büchners Anliegen. Der Gedanke, dass er dieses Armenleben für eine politische Idee benutzen und ausschlachten wollte, passt nicht in das poetische Konzept, die Menschen in ihrem wirklichen Dasein darzustellen. Was die Instrumentalisierung eines Menschen für eine ehrgeizige Idee bedeutet, das hat Büchner im Dramenfragment anhand der medizinischen Experimente des Doktors anschaulich vorgeführt.

Büchners Kunstkonzept

Aus diesem Grund verbietet sich die Auffassung, Büchner wolle mit seinem *Woyzeck* zu einem revolutionären Umsturz aufrufen. In der Geschichte des deutschsprachigen Theaters ist das Dramenfragment allerdings **revolutionär**, weil einfache Menschen des Vierten Standes und ihre Würde im Mittelpunkt stehen. Büchner war seiner Zeit damit weit voraus. Erst der Naturalismus um 1900 brachte mit dem Proletariat und der Industrialisierung die Hässlichkeit der Welt und ihre Missstände auf die Bühne.

Fazit

Hessen Deutsch • Abiturprüfung 2023
Leistungskurs • Vorschlag D

POLITISCHE RHETORIK

Erlaubte Hilfsmittel
- ein Wörterbuch der deutschen Rechtschreibung
- Textausgaben der Pflichtlektüren ohne Kommentarzeichen, ggf. mit Worterläuterungen
- eine Liste der fachspezifischen Operatoren

Aufgabenstellung

Im Rahmen eines Projektes beschäftigt sich Ihr Deutsch-Kurs mit dem Thema „Macht durch Sprache". Die Ergebnisse sollen in einem Themenheft dargestellt und der Schülerschaft der Oberstufe zugänglich gemacht werden.

Verfassen Sie für dieses Themenheft einen Kommentar, indem Sie sich mit der Frage „Politische Rhetorik – nur Mittel zur Manipulation?" auseinandersetzen.

Nutzen Sie dazu die folgenden Materialien 1 bis 5 und beziehen Sie unterrichtliches Wissen und eigene Erfahrungen ein.

Formulieren Sie eine geeignete Überschrift.

Verweise auf die Materialien erfolgen unter Angabe des Namens der Autorin bzw. des Autors und ggf. des Titels.

Ihr Kommentar sollte etwa 1 000 Wörter umfassen.

(100 BE)

Material 1 Dreieck der Rhetorik (2013)

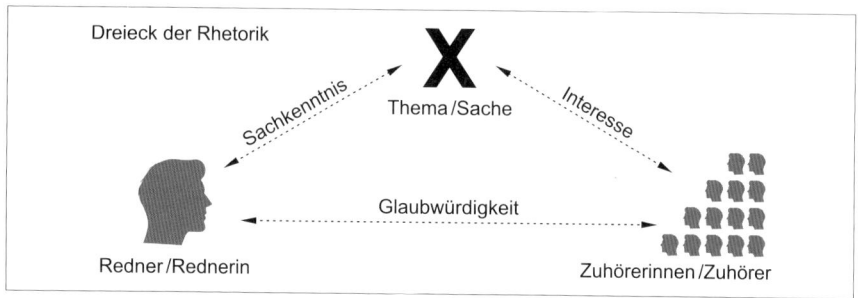

Dreieck der Rhetorik. In: Politik & Unterricht 1 (2013), S. 11,
https://www.politikundunterricht.de/1_13/kommunikation.pdf

Material 2 Rhetorik: Die unsichtbare Unterkonstruktion jedes Textes (o. J.)

Die Rhetorik ist in der Antike entstanden. Damals tüftelte man erstmals an einem Instrumentarium für das Erstellen und Ausführen erfolgreicher Reden. Das Modell war das Gericht. Wie begründet man eine Anklage? Und wie eine Verteidigung? Es fiel auf, wie wichtig der Umgang mit Argumenten war: sowohl im Sinne ihrer Erfindung
5 und Anordnung als auch in der sprachlichen Ausgestaltung mit gewissen Glanzpunkten, zum Beispiel mit kühnen Metaphern. Dies wurde rasch auf die Politik übertragen. Man wusste: Wie vor Gericht setzt sich die Wahrheit oder das Richtige nicht von selbst durch. Die Probleme sind oft zu verwickelt, die Zuhörer leicht ablenkbar oder haben vorgefasste Meinungen. Da gilt es, Aufmerksamkeit für das Thema zu er-
10 zielen, Emotionen zu wecken, die die eigene These annehmbar machen. Die Griechen und nach ihnen die Römer haben dafür einen entsprechenden Unterricht organisiert und das Wichtigste in Lehrbüchern (Rhetoriken) zusammengetragen.

Seit der Antike ist das Interesse an Rhetorik und rhetorischer Rede in Europa nie mehr erlahmt, auch wenn sich die Umstände änderten. [...]
15 Die Erben der rhetorisch geprägten Schriftkultur sind die Kommentatoren und Essayisten in den Medien. Man lernt hier immer noch, wie man Argumente sachlich und sprachlich am besten vertritt, um Aufmerksamkeit und Zustimmung zu erzielen. Viel ist dabei von den alten „Tricks" vorhanden, die in den Rhetoriken seit der Antike vermittelt worden sind. Eines sollte man bei alldem jedoch im Auge behalten: Ein rheto-
20 risch guter Text muss noch lange kein „richtiger" Text sein. Die argumentative und stilistische Kunstfertigkeit ist sozusagen wahrheitsneutral. Man kann durchaus Rhetoriker für ihr rhetorisches Talent bewundern, auch wenn sie das Gegenteil der eigenen Meinung vertreten. Es gibt sogar gute Rhetorik in Verbindung mit Verbrechen – wie bei den Nationalsozialisten. [...]

Aus: „Die Rhetorik und die Medien" von Karl-Heinz Göttert, in: ZEIT für die Schule Medienkunde 2016/2017, S. 50.

Material 3   Andreas Sentker: Rhetorik. Einfach überzeugen (2016)

[...] Hier[1] kommt alles zusammen, was eine historische Rede ausmacht: die Glaubwürdigkeit des Redners, die Tragkraft seiner Argumente und die Gefühle, die er beim Publikum hervorzurufen vermag. Die drei Säulen der Rhetorik – Ethos, Logos und Pathos – beschreibt schon der griechische Philosoph Aristoteles[2] im allerersten Lehr-
5 buch der Rhetorik. Für ihn ist Rhetorik die Kunst der Überzeugung, nicht der Überredung. Und daher ist das Argument das entscheidende rhetorische Mittel.

Aber Aristoteles weiß auch um die Macht der Gefühle und rät dem Redner, „nicht nur darauf zu sehen, dass die Rede beweisend und überzeugend sei", sondern auch dafür zu sorgen, „sich selbst und den Beurteiler in eine bestimmte Verfassung zu versetzen".
10 Dreihundert Jahre später im politischen Machtzentrum Roms setzt der erfahrene Politiker und Rhetoriker Marcus Tullius Cicero[3] deutlich unverblümter auf das Pathos: „Nichts ist in der Beredsamkeit wichtiger, als dass der Zuhörer dem Redner geneigt sei und selbst so erschüttert werde, dass er sich mehr durch einen Drang des Gemütes und durch Leidenschaft als durch Urteil und Überlegung leiten lasse."
15 Die antike Rhetoriklehre, sie wirkt bis heute fort: Ihre Regeln sind aktuell, ihre Rezepte nach wie vor alltagstauglich. Die Natur des Menschen hat sich in den Jahrtausenden offenbar nicht geändert. Dass sich gerade die politische Redekultur der Vereinigten Staaten so offensichtlich aus dem Fundus der antiken Lehrmeister bedient, hat historische Gründe. Die Rhetorik wurzelt in der Demokratie. Nur ein mündiges Publikum
20 kann und muss vom Redner überzeugt werden. Und die Amerikaner haben eine deutlich längere demokratische Tradition als etwa die Deutschen. Schon vor 200 Jahren durfte dort der freie Bürger das Wort ergreifen, während der deutsche Untertan schwieg und gehorchte. [...]

In Europa hingegen war das Ansehen der Rhetorik durch die NS-Zeit endgültig be-
25 schädigt, nachdem sie schon im 18. Jahrhundert an Bedeutung verloren hatte. Die Nazis hatten sie zur Propaganda missbraucht, mit den Mitteln der Rede war nicht das Gute, sondern das Böse durchgesetzt worden. Das erschütterte das Ansehen des Faches im Fundament. Schon im alten Griechenland hatte die Rhetorik ihrer Ambivalenz halber prominente Gegner gehabt. So kritisierte der Philosoph Platon[4] die machtbe-
30 wusste Rhetorik als Schmeichelei und warnte vor der Gefahr durch Demagogie. Sein rhetorischer Gegenentwurf setzt auf die Erkenntnis der Wahrheit, seine Kritik ist vor allem eine an der unzureichenden Moral manchen Redners.

Zur Rhetorik gehört von Beginn an die Angst vor ihrer Janusköpfigkeit[5]. Der erfahrene und selbstbewusste Redner Otto von Bismarck[6] weist jede Nähe zur Rhetorik von sich:
35 „Ich bin Minister, Diplomat und Staatsmann und würde mich für gekränkt halten, wenn man mich einen Redner nennte." Ablehnung der Rhetorik auch beim Philosophen Immanuel Kant: Er hält sie für eine „hinterlistige Kunst". Johann Wolfgang von Goethe schimpft über „verdammte Rednerkünste, die alles bemänteln, über alles hinweggleiten wollen, ohne das Rechte und Wahre auszusprechen". Seinen Faust lässt er
40 ausrufen: „Es trägt Verstand und rechter Sinn mit wenig Kunst sich selber vor." Dabei erzieht die Rhetorik bis weit ins 18. Jahrhundert die europäischen Eliten zum guten

Reden – und gehört bei der Gründung erster Universitäten zum Kerngeschäft der Akademiker. [...]

In Deutschland hatte die nationalsozialistische Propaganda alle Rhetorik diskreditiert. Hitler und Goebbels[7] haben mit ihren sprachlich primitiven, aber bis ins Detail inszenierten Brüllreden jeden Einsatz rhetorischer Mittel für die Zukunft unmöglich gemacht. Als Schulstoff bleiben allenfalls die rhetorischen Figuren übrig [...]. Im Übrigen ist die Rhetorik in Deutschland ein Synonym für Manipulation, Überredung, Entfesselung und Verführung der Massen.

Walter Jens tritt 1967 in Tübingen an, die Rhetorik vom Fluch zu befreien. Ihm und seinen Nachfolgern[8] gelingt es nach und nach tatsächlich, das Instrumentarium der Rhetorik zu reinigen und zu schärfen. „Seelenführung im Horizonte der Vernunft" nennt Jens seine rhetorische Praxis. Und der heutige Lehrstuhlinhaber Dietmar Till weiß, warum die antiken Rhetoriklehren bis heute nichts von ihrem Reiz eingebüßt haben: „Nie zuvor und vermutlich später nie wieder hat man so intensiv über die Kunst der Rede nachgedacht wie damals."

Dem Propagandaverdacht begegnet Till offen. Mit seinen Studenten erarbeitet er in der Vorlesung regelmäßig eine Tabelle: Was will Propaganda? Was die Rhetorik? Schnell füllen sich die Spalten: Propaganda strebt nach Totalität, möchte Meinung dominieren. Sie stellt Mediensysteme in ihren Dienst. Sie geht emotional vor. Die Rhetorik hingegen stellt das Argument in den Mittelpunkt. Aber die Studenten sehen auch: Zwischen den Tabellen liegt ein Graubereich. „Hier spielt sich der größte Teil unserer alltäglichen Kommunikation ab", sagt Till, „irgendwo zwischen Überredung und Überzeugung." [...]

Andreas Sentker: Einfach überzeugen. In: DIE ZEIT Nr. 20 (2016)
https://www.zeit.de/2016/20/rhetorik-redner-vorbilder/komplettansicht

Anmerkungen
1 Sentker bezieht sich hier auf die weltberühmte Rede von Martin Luther King, die dieser am 28. August 1963 in Washington während einer Veranstaltung gegen Rassentrennung und Diskriminierung gehalten hat.
2 Aristoteles: Der griechische Philosoph (384 v. Chr. bis 322 v. Chr.) gilt als einer der einflussreichsten Denker in der Geschichte der Philosophie.
3 Marcus Tullius Cicero: Der römische Anwalt, Politiker, Schriftsteller und Philosoph (106 v. Chr. bis 43 v. Chr.) übte 63 v. Chr. als einer der beiden Konsuln das höchste Amt der römischen Republik aus.
4 Platon: Der griechische Philosoph (428 v. Chr. bis 347 v. Chr.) war Lehrer von Aristoteles.
5 Janusköpfigkeit: Von Janus, dem zweigesichtigen römischen Gott des Anfangs und des Endes abgeleitete Bezeichnung für eine Zwiespältigkeit und insbesondere etwas, was positiv und negativ zugleich sein kann.
6 Otto von Bismarck: Der preußische Politiker (1815–1898) war Wegbereiter und erster Kanzler des Deutschen Reiches.
7 Goebbels: Joseph Goebbels (1897–1945) war 1933–1945 Leiter des „Reichsministeriums für Volksaufklärung und Propaganda". In seiner bekanntesten Rede im Berliner Sportpalast 1943 rief er vor jubelnden parteinahen Zuhörern zum „Totalen Krieg" auf.
8 Nachfolger: Gemeint sind hier die Professorinnen und Professoren, die nach Walter Jens den „Lehrstuhl für Rhetorik" an der Universität Tübingen innehatten.

Hinweis
Andreas Sentker (*1964) ist Wissenschaftsjournalist, seit 1995 bei der Wochenzeitung DIE ZEIT. Dort leitet er seit 1998 das Ressort Wissen.

Material 4   Gert Ueding: *Ars est artem celare*[1] –
Die Lüge als rhetorische Kunst betrachtet (2014)

[...] die Rhetorik hat es mit Meinungen zu tun, nicht mit Wissen, das ist schon in der Definition enthalten, [...] in der Aristoteles hervorhob, dass nämlich von rhetorischem Belang „nur solche Dinge [sind,] welche sich allem Anschein nach auf zweierlei Weise verhalten können". Ohne dass er es nach Philosophenweise ausdrücklich hervorhebt,
5 vernehmen wir im Hintergrund Protagoras[2], der das nicht anders gesehen und kaum anders formuliert hatte, dass sich nämlich die Rhetorik mit Themen beschäftige, über die man mit gleichem Rechte nach beiden Seiten (also in einander entgegengesetztem Sinne) disputieren könne. [...]

Dazu ist freilich eine Voraussetzung nötig, über die schon in der Antike viel diskutiert
10 wurde. Meinung und Gegenmeinung (um den Pluralismus der Meinungen modellhaft zu vereinfachen) müssen sich nämlich in einem Verhältnis zueinander befinden, das das Konkurrieren überhaupt fruchtbar macht und einen Fortschritt in der Lösung eines, sagen wir juristischen oder politischen Problems bringt. Sie müssen sich, um es mit einer uns geläufigen Metapher zu sagen, auf Augenhöhe begegnen, und das ist oftmals
15 nicht von vornherein gegeben. So befindet sich nicht nur der Redner im Nachteil, der eine sehr viel schwächere Meinung vertritt als sein Gegner, weil er z. B. die herrschende Gesetzesauslegung gegen sich hat oder der im Publikum herrschenden Meinung entgegentreten muss. Auch die Problemlösung selber gerät in Gefahr, nicht zum optimalen Ergebnis zu finden. Protagoras, der darüber nachgedacht hatte, verlangte daher
20 vom Redner eine eigene Kunstfertigkeit, nämlich „die schwächere Sache zur stärkeren" machen zu können. [...]

Dass in der Rhetorik-Geschichte bis heute das monologische Verständnis von Rede als Gegenstand der Theorie und Unterweisung vorherrschen sollte, hat seine Gründe auch in der politischen Geschichte Europas. Öffentliche Rede verwirklichte sich in der
25 Predigt, im Herrscherlob oder in der Kriegsrede, drei Gattungen, die keinen beratenden, sondern apodiktischen, auch propagandistischen Charakter haben: in ihnen konnte jede Lüge unwidersprochen bleiben, sie produzierte nichts als sich selber. Das Gespräch blieb dem lehrhaften, akademischen Dialog vorbehalten, der zwar für die Tradierung des Konzepts und seiner Techniken sorgte, aber praktisch folgenlos bleiben
30 musste.

Womit ich zum Abschluss noch auf ein historisch besonders radikales Exempel monologischer Rhetorik-Theorie und -Praxis hinweisen möchte [...]. Ich meine die nationalsozialistische Rhetorik, lange vorbereitet durch Rhetoriker wie Carl Schmitt, Ewald Geissler[3] oder Maximilian Weller, die die Rhetorik total auf das Orator-Prinzip[4]
35 gründeten. „Das Endziel aber, dem der Redner über alle Widerstände hinweg zudrängt, ist: dass die Hörer so werden, wie er sie haben will. So denken, so fühlen, so wollen, so handeln." Derart werden „die Hörer der Stoff des Redners", er selber zum „Kampfredner". Das alles sind Maximen Geisslers. [...] Erfolgreichster Schüler solcher Lehren war Adolf Hitler, in *Mein Kampf*[5] kann man ihre Spuren zum Teil wörtlich
40 nachlesen. Ich zitiere ein Beispiel: „Die Macht aber, die die großen historischen Lawi-

nen religiöser und politischer Art ins Rollen brachte, war seit urewig nur die Zauberkraft des gesprochenen Worts." Vom Eingehen auf den Zuhörer, der Vertrautheit mit ihm, spricht auch Hitler, doch ist kein Dialog damit gemeint. Die andere Meinung kennen bedeutet allein, den Schlachtplan eines Gegners kennen, den es zu schlagen gilt,
45 mit Hitlers Worten: „Ich habe [...] gelernt, [...] dem Feinde die Waffe seiner Entgegnung gleich selber aus der Hand zu schlagen." Die wenigen Belege mögen genügen, um die nationalsozialistische Rhetorik als den Exzess einer auf dem Orator-Prinzip fußenden Rede-Theorie zu decouvrieren[6]. [...]

Gert Ueding: Ars est artem celare – Die Lüge als rhetorische Kunst betrachtet. In : Cahiers d'Études Germaniques [Online] 67 (2014), S. 75 – 90, http:/journals.openedition.org/ceg/1685

Anmerkungen
1 Ars est artem celare: lat. „Die Kunst ist, Kunst zu verbergen." Im Mittelalter wurde die Rhetorik als „ars celare artem" („Kunst, die Kunst zu verbergen") bezeichnet. Grundlage ist eine bereits aus der Antike stammende Strategie der Rhetorik. Danach sollte die kunstvolle Inszenierung einer Rede verborgen bleiben, sodass sie spontan wirkt, was die Glaubwürdigkeit erhöht.
2 Protagoras: Der griechische Philosoph und Staatsmann Protagoras von Abdera (485 v. Chr. bis 415 v. Chr.) war einer der bedeutendsten Denker der Antike, zu dessen Überzeugungen gehörte, dass es keine absolute Wahrheit, sondern nur subjektive Wahrheiten gibt.
3 Ewald Geissler: Der in Halle lehrende Germanist und Sprachpfleger (1880–1946) war ebenso wie der Sprachwissenschaftler Maximilian Weller und der Staatsrechtler Carl Schmitt ein begeisterter Anhänger des Nationalsozialismus.
4 Orator-Prinzip: Ueding verweist hier auf die im Römischen Reich entstandene Praxis, den Redner auf eine Bühne zu stellen, um eine größere Reichweite zu erzielen. Das stehe im Gegensatz zur griechischen Praxis, in der ein „Redner [...] Mitzuhörer [ist] und der Zuhörer Mitredner".
5 Mein Kampf: die von Adolf Hitler verfasste zentrale Programmschrift der nationalsozialistischen Weltanschauung
6 decouvrieren: (frz. decouvrir) etwas auf- oder entdecken

Hinweis
Gert Ueding (*1942) ist ein deutscher Germanist und Literaturkritiker. Von 1988 bis zu seiner Pensionierung 2009 war er als Nachfolger von Walter Jens an der Universität Tübingen Inhaber des damals einzigen Lehrstuhls für Rhetorik in Deutschland.

| **Material 5** | Walter Jens: Über demokratische Beredsamkeit oder: Politik muß für Wahrheiten Worte finden (1989) |

Blood, toil, tears and sweat, Blut, Mühsal, Tränen und Schweiß: mehr habe er der Regierung, dem Parlament und dem Volk nicht zu bieten, erklärte Winston Churchill[1] am Pfingstmontag, dem 13. Mai 1940, unmittelbar nach seiner Ernennung zum Premierminister im Unterhaus und stellte damit, formelprägend, jene beiden Haupt-
5 charakteristika eines demokratischen Politikers unter Beweis, deren Namen Wahrheitsliebe und Prägnanz, Ehrlichkeit und sentenziöse Bannkraft sind. Während der Diktator in Berlin seinem Volk in hochtrabender, klischeebestimmter Rede ein goldenes Zeitalter versprach und noch in den finstersten Stunden die aufgehende Sonne beschwor, sprach Churchill von Elend, Bitternis und Not ... und dies in einer Sentenz,
10 deren Struktur verrät, wie lange der Redner an ihr gearbeitet hatte: vier einsilbige Wörter, die beiden Binnenbegriffe durch den Stabreim verbunden, *toils and tears,* die Außenglieder in einer scheinbar simplen, in Wahrheit von Raffinement und Kalkül bestimmten Technik aufeinander bezogen. *Blood and sweat,* derart zusammengefügt, daß hinter den Nomina das Verbum *to sweat blood* hindurchschien: Blut und Wasser
15 schwitzen, sich abrackern bis zur Erschöpfung. Pathos verbindet sich mit Prägnanz; die Formel bringt die Wahrheit durch das Stakkato[2] jener blitzartig erhellenden Zuordnungen auf den Begriff, die Eleganz und Überzeugungskraft klassischer Parlamentsberedsamkeit definiert.

Wahrheitsliebe, gepaart mit Spiritualität: So nimmt sich das Ideal jener demokra-
20 tischen Beredsamkeit aus, wie sie, mit der ihm eigenen pathetischen Kargheit, Winston Churchill und, in ganz anderer Weise, Franklin Delano Roosevelt[3] praktizierten – Roosevelt, der am Tag der Invasion[4], statt der Diktatoren eigenen martialischen Rhetorik, ein Gebet sprach, in dessen Zentrum die Überlegung stand, mit welchen Opfern der bevorstehende Kampf gegen das Deutschland Hitlers verknüpft sei. Viele, so
25 Roosevelt, würden nicht mehr nach Hause zurückkehren, am Ende des Krieges – Gott möge ihnen gnädig sein. Mochte der eine, Churchill, das Parlament zu (übrigens genau und kühl vorausberechneten) Ovationen hinreißen und der andere, Roosevelt, im You-and-I-Plauderstil der Kaminansprachen den Mann auf der Straße zu überzeugen suchen: Beide, so fremd sie einander am Ende gegenüberstanden, hatten *eins* gemein-
30 sam – die Überzeugung, daß die drei Worte Demokratie, Wahrhaftigkeit und Redekunst zusammengehörten.

Während Diktatoren die Wahrheit schminken und Beredsamkeit durch eine Agitation ersetzen, die, statt Argumente vorzutragen, auf die Macht, die Pistole, die Garrotte[5] verweist, zeigt demokratische Beredsamkeit die Ambivalenz der Probleme, verdeut-
35 licht das Dunkel, das neben dem Licht ist, und verweist auf die Kosten der Siege: Viele werden sterben, und in unzähligen Familien wird geweint werden, am Tag, da die Kirchenglocken zum Siegesfest läuten. [...]

Die Wahrheit also – und zwar ungeschminkt – zu benennen, ist erste Pflicht der parlamentarischen Redner. Die zweite Aufgabe aber heißt: Für die Wahrheit Worte zu
40 finden, klare Benennungen, präzise, aber gleichwohl phantasiebestimmte Formeln, in-

dividuelle Antworten, eigenständige Sentenzen, witzige Allegorien, geistreiche Aphorismen, Maximen, Lyrismen, Sentenzen ... was immer: wenn nur endlich Schluß mit jenem *basic German* ist, dem lumpigen Verschnitt, der dazu herhalten muß, die Provokationen vonseiten der Außenwelt zu nivellieren[6]. [...]

Walter Jens: Über demokratische Beredsamkeit oder: Politik muß für Wahrheiten Worte finden, in: Hildegard Hamm-Brücher und Norbert Schreiber (Hrsg.): Die aufgeklärte Republik. Eine kritische Bilanz. Hrsg. im Auftrag der Theodor-Heuss-Stiftung. München: C. Bertelsmann Verlag 1989, S. 123–127.

Anmerkungen

1 Winston Churchill: Der bedeutende britische Staatsmann (1874–1965) war zweimal Premierminister (1940–1945 und 1951–1955) und führte Großbritannien durch den Zweiten Weltkrieg.
2 Stakkato: Die Bezeichnung für einen musikalischen Vortrag, bei dem die Töne kurz und abgesetzt voneinander gespielt werden, wird hier übertragen gebraucht.
3 Franklin Delano Roosevelt (1882–1945): von 1933 bis 1945 der 32. Präsident der Vereinigten Staaten von Amerika
4 Invasion: Landung alliierter Truppen in der Normandie am 6. Juni 1944
5 Garrotte: Folter- und Hinrichtungsinstrument
6 nivellieren: Unterschiede durch Ausgleichung aufheben

Hinweis

Walter Jens (1923–2013) war Professor für klassische Philologie und Allgemeine Rhetorik an der Universität Tübingen und dort Inhaber des ersten Lehrstuhls für Rhetorik, der in Deutschland seit 1829 eingerichtet wurde.
Die Rechtschreibung der Materialien entspricht den jeweiligen Textvorlagen.

Bearbeitungshinweise

Das Verfassen eines Kommentars erfordert, eine eigenständige Position überzeugend zu begründen. Dazu bedarf es der Darstellung argumentativer Zusammenhänge, eigenen Wissens und einer durchdachten Konzeption Ihres Textes.

Die **profilierte Aufgabenstellung** benennt das **Thema**, das zunächst immer genau eingegrenzt und geklärt werden sollte. In der vorliegenden Aufgabe ist dies die Frage, ob politische Rhetorik nur Mittel zur Manipulation sei. Dass sie dies immer auch sei, setzt die Aufgabenstellung voraus. Das **Rahmenthema** „Macht durch Sprache" muss einbezogen werden. Es vertieft und fokussiert die Aufgabenstellung hier in naheliegender Weise.

Die Aufgabe gibt auch die **Textsorte Kommentar** vor. Wichtig ist es, dass deren **kommunikative Funktion** beachtet wird, d. h. die Ausgangssituation (hier: Projekt des Deutsch-Kurses), der Adressatenbezug (hier: Schülerinnen und Schüler der Oberstufe) und der Veröffentlichungsort (Themenheft). Die Textsorte muss sprachlich angemessen umgesetzt werden: Ein Kommentar fordert insgesamt Sachlichkeit, erlaubt aber auch den Einsatz sprachlicher Mittel (wie es das Lösungsbeispiel zeigt). Zentral sind eine klare Gliederung (Einleitung, Problemfrage, Hintergrund, Pro und Kontra, Fazit) und eine **überzeugende Argumentation**, die sich durch eine angemessene **Vertiefung** und **Komplexität** auszeichnet.

Wichtig ist es, von vorneherein eine **eigenständige Konzeption** im Blick zu haben. Es empfiehlt sich, zunächst **eigenes Wissen** über Rhetorik im Bereich der Politik und der öffentlichen Auseinandersetzung zu sammeln. Auf dieser Grundlage können Sie sich **Leitfragen** notieren. Und vielleicht haben Sie jetzt schon eine Idee für den **Aufbau** Ihres Textes.

In einem zweiten Schritt sollten Sie ausgehend von Ihrer Konzeption das **Dossier** auswerten. Machen Sie sich dabei klar, wie sich die Texte in Ihre Argumentation einordnen lassen. Markieren Sie zentrale Informationen und griffige Stellen, die Sie zitieren können. Gibt es möglicherweise konkurrierende Positionen oder Widersprüche zwischen den Materialien? In Ihrem Text sollten Sie **alle** Materialien nutzen, d. h. explizit darauf **Bezug** nehmen und alle übernommenen Inhalte als solche **kennzeichnen** (indirekte Rede, normgerechtes Zitieren). Nennen Sie den /die Autor(in) und, wenn sinnvoll, den Titel; keine Angabe der Materialnummer, keine Zeilenangaben! In Ausnahmefällen (z. B. allgemeine Lexikonartikel) kann der Bezug auch implizit bleiben (wie hier z. B. bei M 1).

Machen Sie sich einen **Schreibplan** und planen Sie genügend Zeit für eine **Überarbeitungsphase** ein. Vergessen Sie nicht, Ihrem Text eine griffige Überschrift zu geben, die die Neugier der Leserschaft weckt. Die Aufgabenstellung nennt einen ungefähren Umfang. Es handelt sich dabei um einen Richtwert, der in der Regel aber keinen Einfluss auf die Bewertung hat; dementsprechend müssen die Wörter im Abitur nicht gezählt werden.

Lösungsvorschlag

Waage und Walze

Politik verdirbt den Charakter – und die Kommunikations- und Redekultur. Wohin die Reise geht, zeigt wie so oft der Blick über den Atlantik auf den politischen Diskurs im Zukunftsland USA: eine Hydra von Lügen, Verunglimpfungen und ideologischem Keifen hysterischer Hyänen tobt, Wahrheit, Wahrhaftigkeit, selbst Wohlanständigkeit scheinen tot. Die politische Rhetorik ist hier offenbar genau zu dem degeneriert, dessen sie seit jeher verdächtigt wurde: zu einem machtvollen Mittel der Manipulation. *(Einleitung)*

Ist sie das? **Muss politische Rhetorik zwangsläufig nur ein Manipulationsinstrument sein?** *(Leitfrage)*

Entwickelt hat sich die politische Redekunst in den **attischen Stadtstaaten** aus der Gerichtsrede als ein Mittel, um „Aufmerksamkeit und Zustimmung zu erzielen" (so heißt es in einem einschlägigen Einführungstext der Wochenzeitung „Die Zeit"). Die antike Rhetorik unterschied drei Grundfunktionen: das **docere**, also die Vermittlung von Sachargumenten, das **delectare**, die unterhaltende Zuwendung zum Publikum, und das **movere**, die Erregung von Emotionen. Sie ist getragen von Logos, Ethos und Pathos. In den Sonnenstunden der Rhetoriktheorie glänzt sie als Mittel der Verständigung über Angelegenheiten, die, so Aristoteles im Rückgriff auf Protagoras, „sich allem Anschein nach auf zweierlei Weise verhalten können", d. h. die nicht eindeutig wissenschaftlich, sondern nur nach **Wahrscheinlichkeiten** zu klären sind. Sie bedürfen deshalb der **Entscheidung im öffentlichen Dialog**, in dem gemäß dem Kommunikationsdreieck idealiter der Redner sich mit Sachkunde, das Publikum mit Sachinteresse dem Gegenstand widmen und beide in einem Verhältnis von Glaubwürdigkeit und Vertrauen stehen.

(Teil 1: Grundbegriffe und Entstehung der Rhetorik)
(Bezug zu M 2)
(Bezug zu M 3)
(Bezug zu M 4)
(Bezug zu M 1)

Oft aber ist es so, dass der Redner die Sache in seinem Sinne zurechtbiegt, mit funkelnden rhetorischen Mitteln eher blendet als erhellt, eher fasziniert denn interessiert, überredet, überwältigt, überrumpelt: Die Rhetorik als Walze. Beispiele finden sich zuhauf: die Etwas-bleibt-immer-hängen-Strategien in Parlamentsreden, die irdischen Paradiesversprechen der Wahlwerbung, die wie alle Werbung vor allem gute Gefühle verkauft, Framing als Assoziationsmanagement usw. Dass Rhetorik **manipulativ gebraucht** wird, ist ein **Faktum**.

(Teil 2: Argumente dafür, dass Rhetorik vor allem ein Manipulationsinstrument ist)
(Manipulation als Faktum)

Rhetorik ist – auch – eine **Technik**, eine **lehr- und lernbare** Kunstfertigkeit. Sie ist unabhängig von den Inhalten. Und wie jede Technik lässt sie sich im Guten wie im Schlechten für jeglichen Redezweck einsetzen. Das haben schon die antiken Sophisten propagiert – sehr zu Sokrates' Verdruss.

(Rhetorik als inhaltsunabhängige, lernbare Technik)

Es geht in politischer Rede offenbar **nicht um die Wahrheit**, die ungeschminkte und nackte, sondern der rhetorische Schmuck verhüllt die Aussagen in schmucke Sprachgewänder, die „die Wahrheit schminken" (Walter Jens) und „bemänteln" (Goethe) – die Rhetorik ist eine „**hinterlistige Kunst**" (Kant). Die Wahrheit scheint auch im Meinungskrieg das erste Opfer zu sein.

inhaltlich: Verschleierung der Wahrheit
(Bezug zu M 3, M 5)

Hinter dem Zurechtbiegen, Auslassen, Lügen steht eine **Haltung der Unaufrichtigkeit**, die Glaubwürdigkeit nur simuliert. Sprache ist eine **Handlung**, und das heißt mit Blick auf die politische Rhetorik oft: eine Form der Machtausübung. Es geht darum, mittels rhetorischer Kniffe Einfluss auf das Publikum auszuüben. Schon die Römer setzten auf das Orator-Prinzip, sie stellten den Redner auf ein Podest über die Zuhörer. Daran schloss noch die zweifellos wirkmächtige Rhetorik der Nationalsozialisten an; deren demagogische Maxime formulierte der Hallenser Germanist Ewald Geissler bündig: „Das Endziel aber, dem der Redner über alle Widerstände hinweg zudrängt, ist: dass die Hörer so werden, wie er sie haben will." Dabei ist dieses „Eingehen auf den Zuhörer", so hält der ehemalige Tübinger Rhetorikprofessor Gerd Ueding fest, „**kein Dialog**", sondern manipulativer Monolog. Die Folge? „Rhetorik in Deutschland [ist] ein Synonym für Manipulation, Überredung, Entfesselung und Verführung der Massen", resümiert der Journalist Andreas Sentker.

praktisch: Rhetorik als manipulatives Handeln

(Bezug zu M 4)

(Bezug zu M 3)

Der wesentliche Hebel dazu ist **Emotionalisierung**. Cicero, der bedeutendste römische Rhetoriklehrer, betont: „Nichts ist in der Beredsamkeit wichtiger, als dass der Zuhörer […] so erschüttert werde, dass er sich mehr durch einen Drang des Gemütes und durch Leidenschaft als durch Urteil und Überlegung leiten lasse." Die gezielte Gefühlserregung paart sich oft mit dem Appell ans Kollektiv, an „Volk" und „man" – der **Drang dazuzugehören**, ist eine der stärksten menschlichen Antriebe. Zusammen mit der emotionalen Leichtgläubigkeit des Publikums – an der sich im Zeitalter der Massenmedien nichts geändert hat! – ergibt sich eine Verführbarkeit, die der rhetorischen Machtausübung Vorschub leistet.

Emotionalisierung als wesentliches Mittel
(Bezug zu M 3)

Appell ans Dazugehörigkeitsgefühl

Auf diese Weise untergräbt Meinungsmache Meinungspluralität und unterminiert die Demokratie. Wenn „[a]ls Schulstoff […] allenfalls die rhetorischen Figuren übrig" bleiben, wie Senkter konstatiert, wenn Rhetorik auf eine elaborierte psychologische und anthropologische Manipulationstechnik reduziert wird, liegt darin eine **politische Gefahr**. Und es liegt darin auch eine **Verkürzung** dessen, was Rhetorik einmal war und immer noch sein kann: Ein Diskurssystem zur **Verständigung** über das wahrscheinlich Beste, das im Gemeinwesen zu tun ist. Rhetorik diente dem politischen Abwägen. Diese Rhetorik der Waage ist geprägt von „Wahrheitsliebe und Prägnanz", nach Walter Jens die „Hauptcharakteristika eines demokratischen

Teil 3: Argumente dagegen, dass Rhetorik nur ein Manipulationsinstrument ist

Manipulation als Gefahr für die demokratische Auseinandersetzung

(Bezug zu M 3, M 5)

Politikers". Vorbild seien, da ist er sich mit Sentker einig, die Angelsachsen, wie Jens am Beispiel von Churchills berühmter Blut-Mühsal-Tränen-und-Schweiß-Rede von 1940 zeigt. (Ob er das im Zeitalter des Trumpismus noch so sagen würde?)

Der Verweis auf die Tradition, dass die Rhetorik in der Demokratie wurzle (Sentker), weil sie den antiken Stadtstaaten entstamme, genügt freilich nicht. Ueding formuliert eine zentrale Forderung einer Rhetorik der Waage: „**Meinung und Gegenmeinung** (um den Pluralismus der Meinungen modellhaft zu vereinfachen) müssen sich […] in einem Verhältnis zueinander befinden, das das Konkurrieren überhaupt fruchtbar macht und einen Fortschritt in der Lösung eines, sagen wir juristischen oder politischen Problems bringt." Das ist der **Rahmen**, in dem rhetorische Mittel als Überzeugungstechnik erst ihre **legitime Funktion** haben. Es geht, mit Protagoras gesagt, darum, „die schwächere Sache zur stärkeren" zu machen, um ihr das angemessene Gewicht bei der Suche nach der besten Lösung zu verleihen. Es geht um die **Kunst des Argumentierens** – nicht zufällig ist die argumentatio nach der rhetorischen Disposition der zentrale Teil einer Rede, der auf proömium (Einleitung) und narratio (Darstellung des Sachverhalts) folgt und die peroratio, die abschließende Forderung, begründet.

Neben der Wahrheitsorientierung impliziert das rhetorische Ethos **Dialogorientierung**. Rede ist kommunikatives Handeln. Dies verlangt, wenn die Rhetorik ein etabliertes Mittel des demokratischen Meinungswettstreits bleiben soll, eine Haltung, die die eigene Position auch infrage zu stellen bereit ist, verlangt eine Pflege der Debattenkultur, verlangt Aufrichtigkeit und Klarheit, verlangt Sachangemessenheit, verlangt eine Achtung des Gegenübers, d. h. auch Zuhören und Ernstnehmen von Gegenmeinungen. Diese Verantwortung tragen gleichermaßen Redner wie Zuhörer.

Die Forderungen nach Wahrheits- und Dialogorientierung waren und sind deshalb zentral, weil die politische Kommunikation stets **fragil** ist: „Die Probleme sind oft zu verwickelt, die Zuhörer leicht ablenkbar oder haben vorgefasste Meinungen", so die schon zitierte Einführung aus der „Zeit". Es bedarf der Haltung und der Anstrengung, wenn – nochmals Walter Jens – „die drei Worte Demokratie, Wahrhaftigkeit und Redekunst zusammengehör[en]" sollen.

Wenn Jens die politische Rhetorik pathetisch als „Seelenführung im Horizonte der Vernunft" apostrophiert, ist dies ganz sicher aus dem Geist der Verantwortung für Verständigung gesprochen, zeigt aber auch das Grundproblem jeder Aufklärung: eine Tendenz zur paternalistischen Bevormundung. Am Ende will auch die aufgeklärteste

---

Meinung und Gegenmeinung, Wahrheitsorientierung
(Bezug zu M 3, M 4)

Funktion rhetorischer Mittel
(Bezug zu M 4)

Argumentieren als Ziel der Rhetorik

Dialogorientierung als ethische Grundhaltung

Vertiefung: Notwendigkeit von Haltung angesichts der Fragilität der öffentlichen Auseinandersetzung
(Bezug zu M 2, M 5)

Einschränkung: Rhetorik zielt immer auf Durchsetzung und ist nie frei von einem Machtaspekt
(Bezug zu M 3)

Rhetorik etwas bewirken, will belehren, bewegen, begeistern, will überzeugen: **Rhetorik ist ohne eine Tendenz zur Machtausübung nicht denkbar**. In der Rede ist die Grenze zur Persuasion, also zur Überredung, oft hauchdünn und letztlich nur im Einzelfall und im Kontext zu beurteilen. Ob z. B. Framing ein adäquates Mittel zur Sensibilisierung oder ein inadäquates zur Täuschung ist, lässt sich abstrakt kaum entscheiden. Deshalb fordert die Rhetorik auch immer eine von Haltung und Ethos getragene **Urteilskraft**.

Die Rhetorik ist immer noch und medial verstärkt mehr denn je ein überaus machtvolles Instrument der Überzeugung, das als Technik vermittelt und inhaltsunabhängig eingesetzt werden kann. Wie jedes machtvolle Instrument fordert es **Verantwortung** im Umgang vom Redner, aber auch vom Zuhörer. Zweierlei ist mit Blick auf Tradition und Gegenwart vonnöten: die **Orientierung an Geltung, Wahrscheinlichkeit, Sache**; und die Orientierung an **Dialog und Austausch**. Wo Rhetorik monologisch wird und – menschlich leider naheliegend – nur noch an der Durchsetzung der eigenen Position interessiert ist, wird sie manipulativ, wird sie zur Walze, die die echte Rhetorik der Waage, wie sie der politische Diskurs braucht, platt macht.

Fazit: Wahrheits- und Dialogorientierung als Forderung an den Gebrauch der Rhetorik

Hessen Deutsch • Abiturprüfung 2024
Leistungskurs

Um Ihnen die Prüfung 2024 schnellstmöglich zur Verfügung stellen zu können, bringen wir sie in digitaler Form heraus.

Sobald die Original-Prüfungsaufgaben 2024 freigegeben sind, können sie als PDF auf der Plattform **MySTARK** heruntergeladen werden (Zugangscode vgl. Innenseite des Umschlags).

Aktuelle Prüfung

www.stark-verlag.de/mystark

Notizen

Notizen

PRÜFUNGS-ANGST

STOPP DIE PANIK

Mit der Fußsohlen-Methode

Prüfungen können Angst- und Fluchtsituationen sein. Dein Körper schüttet Adrenalin aus und dämpft das Gefühl in den Füßen. Z. B. beim Weglaufen ist es gut, wenn man die Füße nicht spürt. Eine Prüfung ist aber **keine Gefahrensituation**. Signalisiere deinem Körper, dass du nicht weglaufen musst, und bring das Gefühl in deine Füße zurück:

Setze oder stelle dich hin.
Die Füße müssen den **Boden** berühren.

spüre jeden einzelnen **Zeh** von klein bis **groß**.

Erkunde den **Bogen** deines Fußes.

Spüre den **Druck** auf dem Boden.

Schließe jetzt deine Augen und **denke** dich in deine Füße hinein.

Fahre in Gedanken um die **Fersen**.

Dein Körper **fühlt** die Füße wieder und denkt, er sei in keiner Panik-Situation, sondern in **Sicherheit**.

www.stark-verlag.de **STARK**

Bist du bereit für deinen Einstellungstest?

Hier kannst du testen, wie gut du in einem Einstellungstest zurechtkommen würdest.

1. Allgemeinwissen
Der Baustil des Kölner Doms ist dem/der … zuzuordnen.

a) Klassizismus   b) Romantizismus
c) Gotik   d) Barock

2. Wortschatz
Welches Wort ist das?

N O R I N E T K T A Z N O

3. Grundrechnen
-11 + 23 - (-1) =

a) 10   b) 11   c) 12   d) 13

4. Zahlenreihen
Welche Zahl ergänzt die Reihe logisch?

17 14 7 21 18 9 ?

5. Buchstabenreihen
Welche Auswahlmöglichkeit ergänzt die Reihe logisch?

e d f f e g g f h ? ? ?

a) h i j   b) h g i   c) f g h   d) g h i

Lösungen: 1 c; 2 Konzentration; 3 d; 4 27; 5 b

Alles zum Thema Einstellungstests findest du hier:

www.stark-verlag.de/einstellungstest   **STARK**

Dein kostenloses
Stärkenprofil

Du wagst demnächst den Schritt in die Berufswelt, aber weißt noch nicht, was du als Stärken angeben kannst?
Mit **Aivy** findest du es auf spielerische Art heraus.

 **Aivy** ist...

- ...für dich kostenlos.
- ...interaktiv und spielerisch.
- ...ganz auf deine Person fokussiert.

Lerne dich selbst besser kennen und  entdecke deine Berufung!

www.stark-verlag.de/staerkenprofil **STARK**

Eure Lerntipps
aus der Insta-Community

Chiara, 16
Verwendet Farben zum Lernen! Es wird viel übersichtlicher. Und wenn man den Lernzettel anschaut, ist man viel motivierter beim Lernen, weil er schön bunt ist.

Özgür, 20
Vergiss nicht, wie weit du bisher gekommen bist, und wie viel Potenzial in dir steckt.

Miriam, 18
Bewusst eine Auszeit zu nehmen ist effektiver, als alles nur aufzuschieben.

Mehr Lerntipps findet ihr in unserer Instagram-Community: @stark_verlag

STARK

www.stark-verlag.de